William H. Calvin

Wie der Schamane den Mond stahl

Auf der Suche nach dem Wissen der Steinzeit

Aus dem Amerikanischen
von Hartmut Schickert

Carl Hanser Verlag

Titel der Originalausgabe:
How the Shaman Stole the Moon
Bantam Books, New York 1991

1 2 3 4 5 00 99 98 97 96

ISBN 3-446-17310-2

Satz: Reinhard Amann, Aichstetten
Druck und Bindung:
Franz Spiegel Buch GmbH, Ulm
Printed in Germany

Für
G. O. »Doc« Watson[1],
William D. Neff[2] (†),
Eliot Elisofon[3] (†)
und
Harry S. Truman[4] (†),
die mich als Sechzehnjährigen ermutigten,
etwas Interessantes zu versuchen.

[1] Doc Watson war während meiner Highschool-Jahre nahe Kansas City Berater unserer Schulzeitung. Er hat mich nicht nur zum Schreiben gebracht, sondern mich auch während meiner Zeit als Sportredakteur vor dem Zorn des Football-Trainers in Schutz genommen. Im Alter von vierundachtzig Jahren fährt Doc heute noch Ski und ist gegenüber allem, was er in der Zeitung liest, so skeptisch wie eh und je.
[2] William D. Neff sen. war Verleger des Johnson County Herald, beschäftigte mich Mitte der fünfziger Jahre vier Jahre lang als freier Mitarbeiter und erteilte mir eine Menge guter Ratschläge bezüglich College und Karriere – besonders, wie man es schafft, als Provinzler nicht immer Provinzler zu bleiben.
[3] Eliot Elisofon war Fotograf beim Magazin Life und beschäftigte mich eine Zeitlang als seinen Handlanger; Elisofons breitgefächerte Interessen (er war auch Autor und Kunstsammler) inspirierten mich, und hartnäckig wies er mich darauf hin, was ich unternehmen müßte, um mich auf eine interessante Karriere vorzubereiten.
[4] Im Verlauf mehrere Wochen, in denen Elisofon an einem Foto-Essay arbeitete, der die Veröffentlichung der Memoiren des Präsidenten im Jahr 1955 begleitete, erzählte mir Harry S. Truman eine Menge Geschichten über interessante Leute, die alle die Botschaft einschlossen: »Das kannst du auch schaffen!« Auf einer Titelseite von Life bin ich als ein leichter Schatten verewigt, der über den Präsidenten und Mrs. Truman fällt, die vor ihrer Haustür stehen; erst später, als ich Grant Woods Gemälde American Gothic sah, ging mir auf, daß Elisofon dieses – meinen unbeabsichtigten Schatten ausgenommen – nachgeahmt hatte.

Inhalt

Vorwort

Warum, werden Sie sich fragen, schreibt ein Neurobiologe ein Buch über Astronomie? Den Astronomen werde ich darauf antworten, daß es sich hierbei um die Rache eines Neurobiologen handelt – schließlich hat der Astronom Carl Sagan einen Bestseller über Neurobiologie geschrieben. (*The Dragons of Eden* hat die Meßlatte für Leute, die ihre Nase gern in andere Dinge stecken, wirklich hoch gelegt.)

Oder warum, was das betrifft, schreibe ich ein Buch, das zum Teil von schamanistischen Praktiken und den möglichen Ursprüngen der Religion handelt? Das kann ich nicht so einfach beantworten, noch nicht einmal mir selbst; im Gegensatz zur Astronomie zählen solche Dinge nicht gerade zu meinen Hobbys. Doch während ich auf meinen Wanderungen den Ausblick von prähistorischen Ruinen wie Stonehenge bewunderte, stieß ich auf etwas Interessantes, auf einen Ansatz dafür, wie der erste Schamane, der erste Priester, der erste Prophet – vielleicht sogar der erste Wissenschaftler – damals in den Jäger-Sammler-Tagen der Eiszeit mit seiner Teilzeitbeschäftigung begonnen haben könnte. Inzwischen bin ich der Ansicht, daß die Astronomie der Frühzeit das erste »wissensbasierte Gewerbe« darstellte und daß ein Schamane wahrscheinlich zugleich der erste Wissenschaftler war.

Dennoch wäre ich vielleicht nicht darauf gekommen, ein Buch darüber zu schreiben, wenn nicht das, was ich entdeckte, so gut illustrieren würde, wie Wissenschaftler in Wirklichkeit arbeiten (im Gegensatz zu den Mythen, die sich darum aufgebaut haben). Wenn ich mit einer Reihe von einfachen Entdeckungen herumbastele, die auch mancher Oberschüler machen könnte, erinnert mich das daran, daß sie all die Jahre lang unbeachtet geblieben waren, während derer die Besucher dieser Stätten die Architektur bewunderten und sich fragten: »Wozu soll das gut gewesen sein?« – aber ohne den nächsten Schritt zu tun. Wie erhält man auf eine solche Frage jemals eine vorläufige Antwort, die den besser bekannten wissenschaftlichen Prozessen der Rationalität und sorgfältigen Erprobung zugänglich wäre? Wir lehren die rationale Seite der Wissenschaft (wenigstens jenen Studenten, die eines Tages die Minderheit von sechs Prozent der Bevölkerung darstellen, der mittels eines einfachen Tests »wissenschaftliche Bildung« bescheinigt werden kann), selten aber schaffen wir es, auf den kreativen Prozeß zu stoßen, der zwischen dem ersten »Ist das nicht interessant?« und den wissenschaftlichen Debatten in akademischen Zeitschriften liegt. Ich vermute, daß die wissenschaftliche Kreativität sich kaum von jener unterscheidet, die man zum Schreiben eines Romans oder zum Komponieren einer Symphonie braucht.

In den siebziger Jahren las ich die Stonehenge-Bücher von Gerald Hawkins und Fred Hoyle – und war gleichermaßen fasziniert wie frustriert. Bestimmt, so dachte ich, mußte es eine einfachere Möglichkeit geben, um Sonnen- oder Mondfinsternisse vorherzusagen, als jene ausgeklügelten Registrierungsverfahren, die diese Autoren vorgeschlagen hatten. Dank der zahlreichen Beispiele für emergente Eigenschaften, die ich kennengelernt habe, war ich mir bewußt, daß komplexe Ergebnisse oft von einfachen Regeln herrühren. Vielleicht, grübelte ich, konnten Regeln für die Vorhersage von Mond- und Sonnenfinsternissen entdeckt werden, ohne daß jemand wissen mußte, warum sie funktionierten.

Emergente Regeln stellen so ziemlich das Einzige dar, was das Thema dieses Buches mit meinem sonstigen Fachwissen zu tun hat. Archäoastronomie war anfangs nur ein Hobby, das mich im Urlaub jene langen Tage vergessen ließ, die ich in einem heißen Labor damit verbrachte, chirurgische und elektronische Probleme zu lösen und darüber nachzudenken, wie Gehirne funktionieren, wie sie sich entwickelt haben und was abrupte Klimawechsel ihnen antun können. Anhänger meiner Theorie über das Werfen oder meiner Darwinmaschine oder der Inseln im Geist werden diese Dinge hier nicht weiter ausgeführt finden – auch wenn das »evolutionäre Denken« genauso wieder vorkommt wie die Klimawechsel, die mich sehr interessieren. Wie jeder Tourist in Mesa Verde bald erfährt, verschwanden die Anasazi spurlos aufgrund einer großen Trockenheit, die den abrupten Klimaveränderungen andernorts ähnelt, welche dazu beigetragen haben mögen, daß unsere affengleichen Vorfahren sich aus eigener Kraft zu einem menschlicheren Maß von Intelligenz hocharbeiteten (was ich in einem weiteren Buch darlege).

Während ich in meinen früheren Büchern oft Reisen als Rahmenhandlungen benutzt habe, um wissenschaftliche Fragen zu erörtern, stellt dieses eine »Entdeckungsreise« im eigentlichen Sinn dar. Es handelt davon, wie eine Frage formuliert wurde, wie widersprüchliche Befunde gesammelt wurden, wie ich gelegentlich erkannte, daß vorher unzusammenhängende Fundstücke sich plötzlich ineinanderfügen, wie ich meine Theorie an Ort und Stelle revidierte und neue Informationen sammelte, bis ich schließlich das Gefühl hatte, daß ich die Welt mit den Augen eines alten Schamanen zu sehen begann. Einen Kompromiß mußte ich eingehen: Da ich ein allgemeinverständliches Buch schreiben wollte, habe ich die Reihenfolge meiner Entdeckungen geringfügig geändert. Beispielsweise habe ich die Präzisions-Meßstätte im Grand Canyon bis zum vorletzten Kapitel aufgehoben, obwohl sie von mir als erste entdeckt wurde und mich motivierte, mir andere Anasazi-Stätten anzusehen (die, wie sich herausstellte, auf ganz andere Weise funktionierten und mir abverlangten, die Dinge, die ich bei der ursprünglichen Entdeckung in Erfahrung gebracht hatte, mit völlig neuen Augen zu sehen). Persönlich hege ich den Verdacht, daß die meisten guten Geschichten über wissenschaftliche Entdeckungen ebenfalls bewußt oder unbewußt bearbeitet und umarrangiert worden sind, um sie besser erzählen zu können. Am Beginn wissenschaftlicher Arbeit stehen Konfusion, unzureichende Definitionen und Motivationen, die meist völlig andere sind als jene, die sich später entwickeln, wenn man der Lösung näherkommt. Die Konfusion, die ich in diesem Buch zu erkennen gebe, ist gering im Vergleich zu der, die ich fühlte!

Eine weitere Umgestaltung entsprang eher einer literarischen Versuchung als einer Erklärungsnot. In den ersten Kapiteln des

Buches habe ich davon abgesehen, eine schulbuchmäßige geometrische Erklärung für Eklipsen, also Sonnen- oder Mondfinsternisse, zu geben (und auch für die Positionsveränderungen des Sonnen- wie Mondaufgangs zwischen Nordost und Südost), um der Leserin und dem Leser Gelegenheit zu geben nachzuvollziehen, wie ein Jäger-Sammler mit seiner Ansicht von einer flachen Erde sich dem Problem genähert haben könnte: welche Phänomene es zu beobachten gab, welchen Nutzen irgend jemand aus den ungeschlachten Anfängen hätte ziehen können und wie jemand schließlich darauf verfallen konnte, Wissenschaft zu betreiben, ohne dies eigentlich beabsichtigt zu haben.

Allmählich zum Vorschein kommende wissenschaftliche Fragen sind besonders geeignet, um Nichtwissenschaftler mit den kreativen Aspekten der Wissenschaft vertraut zu machen; Nichtwissenschaftler haben oft das Gefühl, daß im Gegensatz zu Literatur und Politik in der Wissenschaft kein Platz für ihre Meinungen ist, daß alles »harte Fakten« seien, die sie nicht in vertrauter Weise diskutieren können, daß es unvorstellbar langer Jahre der Übung bedarf, um einen neuen Beitrag zu erbringen. Und so ist dies ein Buch für jene Nichtwissenschaftler, die schon immer Lust verspürt haben, sich an einer spannenden Suche zu beteiligen, die daran interessiert sind, alte Ruinen in neuem Licht zu sehen – und zusammen mit diesen Ruinen einen Blick davon zu erhaschen, wie unsere Pioniervorfahren sich an den eigenen Haaren aus dem Aberglauben herauszogen.

W.H.C.
Woods Hole und Seattle

1.
Christoph Kolumbus, Zaubermeister

Glaubt ihr denn, daß die Wissenschaften entstanden und groß geworden wären, wenn ihnen nicht die Zauberer, Alchimisten, Astrologen und Hexen vorangelaufen wären als die, welche mit ihren Verheißungen und Vorspiegelungen erst Durst, Hunger und Wohlgeschmack an verborgenen und verbotenen Mächten schaffen mußten?

Friedrich Nietzsche, Die fröhliche Wissenschaft, 1882

Wahrscheinlich hat sich jeder schon einmal gewünscht, bei einem entscheidenden Augenblick der Geschichte zugegen sein zu können, einfach um die erstaunten Gesichter der Leute zu sehen, ihr Gemurmel und ihre Ausrufe zu hören. Ich persönlich würde gern ein Treffen vor rund 500 Jahren belauschen, dessen nur selten gedacht wird. Es handelte sich um ein wohlinszeniertes Schauspiel, das gut als Beispiel dafür dienen kann, wie sich der Übergang vom Jäger-und-Sammler-Leben zur Zivilisation gestaltete .

Die Wissenschaften – und möglicherweise die Religionen – haben in solchen Begebenheiten vielleicht ihren Ursprung. Obwohl wir sie als etwas Gegensätzliches betrachten, war der Unterschied zwischen ihnen einst nicht so groß. Die Anfänge der einen können gut den Beginn der anderen kennzeichnen.

Auf seiner vierten Reise in die Neue Welt strandete Christoph Kolumbus während einer Erkundungsfahrt in der Karibik. Es handelte sich nicht um einen Navigationsfehler: Sein wurmzerfressenes Schiff war so sehr leckgeschlagen, daß es zur Reparatur auf den Strand gesetzt werden mußte; der Ort ist heute als St. Anne's Bay auf Jamaica bekannt. Länger als ein Jahr saß er dort fest und wartete ungeduldig auf die Rückkehr seines Leutnants, der mit seinem Schiff Hilfe bringen sollte.

Die Eingeborenen hatten Kolumbus und seine Männer mit großer Freundlichkeit aufgenommen. Doch die Seeleute hatten während dieser Reise schon einmal aufbegehrt, und nun brach sich der Unmut wieder Bahn. Das zügellose Verhalten der Matrosen befremdete die Eingeborenen, die daraufhin die Versorgung mit Lebensmitteln einstellten; das ließ die Seeleute natürlich noch mehr meutern. Wie Christoph Kolumbus aus dieser

Klemme herausfand, zeigt eine Genialität, die seine navigatorischen Fähigkeiten weit übertraf. Umsichtig setzte er ein Treffen mit den Indianerhäuptlingen auf den 29. Februar 1504 kurz vor Sonnenuntergang fest.

Als sie sich versammelt hatten, verkündete Kolumbus feierlich: Gott mißbillige die Weise, wie die Eingeborenen Kolumbus und seine Mannschaft behandelten. Und so hätte der Allmächtige beschlossen, als Zeichen seines Unmuts den Mond auf immer zu entfernen.

Ob die Eingeborenen gelacht haben oder nicht, ist uns nicht überliefert. Eine kleine Weile nach dieser Ankündigung kurz vor Sonnenuntergang begann der Vollmond über den östlichen Horizont zu blinzeln. Während er weiter emporstieg, ging die Sonne unter. Die langen Schatten, die die letzten Sonnenstrahlen warfen, schienen genau auf den Mond zu zeigen, der nun seinen Auftritt hatte. Gespannte Aufmerksamkeit bemächtigte sich aller.

Ah! Da war er doch! Ziemlich rot, aber er war da. Bestimmt erhob sich ein Flüstern und Tuscheln.

Doch als der Mond noch ein bißchen höher stieg, muß das Raunen mit einem Mal verstummt sein. Irgend etwas stimmte nicht. Als sich der Mond eine Minute später frei über den Horizont erhob, war allen, die Augen hatten zu sehen, klargeworden, daß ein Stück der unteren Hälfte des Mondes fehlte, ein sichelförmiges Stückchen.

Im Verlauf von rund einer Stunde verdunkelte sich der Mond immer mehr. Schließlich war nur noch ein Splitter übrig. Und dann wurde es ganz dunkel; ein düster-roter Mond hing am sternenübersäten Nachthimmel, nur noch ein Gespenst seiner einstigen Brillanz, von funkelnden Sternen umgeben, die für gewöhnlich im hellen Glanz des Mondes nicht zu sehen waren.

Die Eingeborenen, so wird uns berichtet, waren entsetzt. Flehentlich baten sie Kolumbus, den Mond zurückzurufen; sie würden ihm alle Nahrung geben, die er verlangte, wenn er nur den Mond wiederbringen würde.

Eine dramatische Pause folgte. Kolumbus sagte ihnen, daß er sich zurückziehen mußte, Um mit dem Allmächtigen zu konferieren (bei jenem soll es sich um ein Stundenglas gehandelt haben, das er benutzte, um die 48minütige Dauer der totalen Verfinsterung abzumessen!). Unruhe kam auf, und wahrscheinlich mußten sich die Häuptlinge, die so dreist die Nahrungsmittel verweigert hatten, einige Vorwürfe gefallen lassen.

Kurz bevor das Ende der Mondfinsternis anstand, kam Kolumbus zurück. Huldvoll verkündete er, der Allmächtige hätte den Indianern vergeben und würde dem Mond die Rückkehr gestatten. Und tatsächlich erschien bald darauf am unteren Rand der dunkelroten Kugel ein schmaler weißer Streifen. Innerhalb der nächsten eineinhalb Stunden wurde der Mond nach und nach den Eingeborenen wiedergegeben. Kolumbus hatte sein Versprechen wahrgemacht. Bestimmt bereiteten ihm danach die Eingeborenen nicht mehr viel Kummer. Vielleicht waren sogar seine meuternden Matrosen nachhaltig beeindruckt und hörten auf, gegen ihren Kapitän aufzubegehren. Denn wenn er so gute private Beziehungen zum Allmächtigen unterhielt, mochte der Himmel wissen, was für Unheil er noch anrichten könnte.

Was Kolumbus – wie die anderen Segelschiffkapitäne seiner Zeit – in Wirklichkeit unterhielt, waren direkte Beziehungen zum angehäuften Wissen aus Jahrtausenden persischer, griechischer, islamischer und europäischer Wissenschaft: ein nautischer Almanach, in dem die Voraussagen zukünftiger Verfinsterungen aufgelistet waren. Vermutlich hat Kolumbus ihn benutzt, um jenes Treffen zu planen.

Es war, wie gesagt, Anno Domini 1504: Wer immer Kolumbus' Almanach verfaßt hatte, tat es vermutlich in Unkenntnis der Geometrie unseres Sonnensystems mit seinen fast kreisförmigen Umlaufbahnen und kegelförmigen Schattenwürfen. Kopernikus' revolutionäre Darlegung eines heliozentrischen Universums erschien erst im Jahr seines Todes, 1543. Galileo starb 1642, im Geburtsjahr Isaac Newtons. Also kann jener Almanach um das Jahr 1500 anstelle eines wissenschaftlichen Verständnisses der Vorgänge nur empirische Methoden benutzt haben, um Verfinsterungen vorherzusagen; vielleicht ein System »magischer Zahlen«, das sich über die Jahre als verläßlich erwiesen hatte.

Man darf auch nicht vergessen, welche Geisteshaltung vermutlich die meisten Menschen zu Kolumbus', Zeit kennzeichnete. Obwohl ältere Indianer wahrscheinlich schon mehrfach eine totale Mondfinsternis erlebt hatten, muß es ihnen wie machtvoller Zauber vorgekommen sein, eine solche »hervorrufen« zu können. Wenn jemand behauptet, daß etwas Unwahrscheinliches passieren wird, und es geschieht dann, ist der Effekt ein völlig anderer als bei einem spontanen Vorkommnis. Selbst heute neigt man dann dazu, an Ursache und Wirkung zu glauben.

Kolumbus ist wohl kaum der erste gewesen, der sein Publikum damit beeindruckte, daß er der Sonne oder dem Mond zu verschwinden und dann wiederzukehren befahl: Kluge Leute haben wahrscheinlich jahrtausendelang dasselbe Kunststück vollbracht. Man stelle sich vor, welchen Eindruck das auf ein Publikum gemacht haben muß, das nichts von dem wußte, was uns als sicher gilt: daß es nur eine vorhersagbare, uhrwerkgleiche Angelegenheit von Umlaufbahnen und Schattenwürfen ist, die sich keinerlei menschlichen Launen unterwerfen läßt. Wer war aber der erste, der eine Verfinsterung prophezeite, und wie hat er oder sie das herausgefunden?

Die Vorhersagemethoden liegen nicht einfach auf der Hand. Wenn eine Gruppe moderner Astronomen, die alles über Umlaufbahnen und Schattenkegel wissen, auf einer Insel Schiffbruch erlitte, wäre sie ohne die Hilfe von Büchern oder Computern wahrscheinlich nicht in der Lage, die Eingeborenen mit ihren Wissen um die Verfinsterungen zu beeindrucken. Wie auch immer die frühsten Astronomen damit begonnen haben mögen, Verfinsterungen zu prophezeien, ihre Methode hat sich durch die Überlagerung von unzähligen Verbesserungen verloren, genauso wie die Menschen es verlernt haben, Steinmesser herzustellen, nachdem metallene in Gebrauch gekommen waren.

Es ist ganz unwahrscheinlich, daß die Wissenschaft in ihren Anfängen in der Weise auf Ratio und Logik aufbaute, wie uns das der Mythos nahelegt, der um die modernen Wissenschaften entstanden ist. Die Logik ist für gewöhnlich nur der letzte

Schritt nach einem langen Hin- und Herprobieren – ganz wie der Schreiner eine Tür in den Rahmen einpaßt. Um eine ungefähre Vorstellung zu bekommen, wie sich die Dinge entwickelt haben, muß man bedenken, daß sich die Philosophie erst vor wenigen Jahrhunderten in Natur- und Religionsphilosophie (woraus dann Theologie wurde) aufspaltete und daß sich dann im vergangenen Jahrhundert die Naturphilosophie weiter aufteilte in die Naturwissenschaften einerseits und das, was wir heute »Philosophie« nennen, andererseits. Im Rückblick legen diese Aufspaltungen nahe, daß Philosophie, Religion und Wissenschaft ursprünglich miteinander vermengt waren – daß das, was wir Wissenschaft nennen, einst Teil der Religion war, daß Wissenschaftler einst Priester waren. Oder umgekehrt. Den Priestern aber gingen die Schamanen voraus.

War der erste Wissenschaftler ein Schamane, der geistige Führer einer Steinzeithorde oder -sippe? Vermutlich. Ich sehe eine Möglichkeit, wie eine frühe Wissenschaft sich ganz stattlich ausgezahlt haben könnte (auch ohne soziale Manipulationen nach Kolumbus' Art); dazu brauchten nur ein paar einfache Beobachtungen mit Aberglauben und übernatürlichen Mächten in Verbindung gebracht zu werden. Der Lohn der Mühe, so eigenartig das klingen mag, war eine von Priestern ausgeübte Religion.

Daß Menschen sich obsessiv mit Verfinsterungen zu beschäftigen begannen, mag schon sehr lange her sein; vielleicht taten es schon kleine Horden von Jägern und Sammlern, lange bevor sich vor 12 000 Jahren der Ackerbau entwickelte. Wie früh mögen Menschen damit begonnen haben? Möglicherweise sobald sie sich um die Zukunft Gedanken zu machen begannen (bei Affen hat man immerhin noch nicht beobachtet, daß sie über den Tag hinaus denken oder Pläne für die Zukunft schmieden). Die Entdeckung einer uralten Beziehung zu den Mondphasen mußte aber fast zwangsläufig dazu führen.

Warum sollte man dem Mond Beachtung schenken? Alle Tiere haben eingebaute Rhythmen, von denen der zirkadiane Rhythmus der bekannteste ist: Selbst wenn wir in einer tiefen

Höhle leben, wo es weder Tag noch Nacht gibt, weisen unsere Körper Aktivititätszyklen von etwa 94 bis 25 Stunden Dauer auf. Und auch wenn Lebewesen in keiner ersichtlichen Weise den Mondphasen Beachtung schenken, haben ihre Körper oft Aktivitätszyklen von 28 bis 30 Tagen Dauer (der Menstruationszyklus der Frau ist ein Beispiel); sie sind Überbleibsel uralter Reproduktionsrhythmen, die Paarung oder Geburt mit dem vom Vollmond verursachten Fluthochwasser synchronisierten.

Abgesehen von solchen Prädispositionen bietet der Vollmond manchmal auch ein hübsches Schauspiel – etwa wenn er kurz vor Sonnenuntergang dunkelrot auf dem östlichen Horizont sitzt. Beim ersten Auftauchen sieht der Mond immer besonders groß aus, doch so dunkelrot auf dem Horizont thronend bietet er noch einmal einen völlig anderen Anblick – riesig und fremdartig. Wenn er eine Stunde später dann am Himmel höhergeklettert ist, scheint derselbe Mond wieder weiß und wirkt erheblich kleiner.

Gelegentlich wird ihm später am Abend ein Stückchen herausgebissen, und manchmal verschwindet der Mond für ungefähr eine Stunde fast ganz, wird zu einem düsteren Schatten seines früheren Selbsts. Ungewöhnlich rote Mondaufgänge kommen ein paar Mal pro Jahr vor, und zu merklichen Verfinsterungen des Mondes kommt es noch seltener, aber der dramatisch rote Auftritt geht immer (bei klarem Himmel) dem beeindruckenden Schauspiel einer Mondfinsternis voraus. Und so schenken wir dem Vollmond unsere Aufmerksamkeit.

Betrachten wir ein wenig genauer, was das Verschwinden des Mondes psychologisch bedeutet. Wir neigen dazu, ungewöhnliche Ereignisse zueinander in Beziehung zu setzen. Und nicht nur wir Menschen: Wenn man einen Affen darauf trainiert, einen Knopf zu drücken, damit er etwas zu fressen bekommt (die Psychologen-Version eines Verkaufsautomaten), wird er oft »abergläubisch«. Wenn er zufällig gerade seinen Schwanz gejagt hat, ehe er unbeabsichtigt den Knopf drückt, wird er in einigen Fällen, ehe er mit Absicht den Knopf drückt, erst wieder seinen

Schwanz jagen (»Scheint zu funktionieren – warum sollte ich dann etwas ändern?«: So rationalisieren manche Menschen ein ähnliches Verhalten).

Von Assoziationen geht eine große Überzeugungskraft aus. Mary Catherine Bateson erzählte mir einmal von einem Erdbeben, das sich an der Küste des Kaspischen Meeres bei Babolsar ereignete, als sie 1978 im Iran weilte. Die Deckenlampen schaukelten hin und her, und alle rannten aus den Häusern hinaus in die Nacht – und in jener Nacht gab es eine Mondfinsternis! Nach diesem denkwürdigen Erdbeben gaben die Leute einem anderen Teil ihres Universums, das aus den Fugen geraten schien, die Schuld daran. Was war vor dieser denkwürdigen Nacht geschehen? Nun, der Schah von Persien hatte sich eigenartig verhalten und Anlaß zu allen möglichen Deutungen geboten. Er hatte sich doch tatsächlich bei seinem Volk für Fehler der Vergangenheit entschuldigt; diese versöhnliche Geste war höchst ungewöhnlich (all ihrer Erfahrung nach verhielten sich Regierende nunmal wie absolute Herrscher). Es mußte die Vorwegnahme von etwas anderem gewesen sein: Der Schah, so schlußfolgerten sie, war für das Erdbeben verantwortlich! Aber wie? Da sie ja den Schah für omnipotent hielten, rationalisierten sie seine Verbindung mit dem Erdbeben auf ganz moderne Weise, indem sie feststellten, daß er es durch einen unterirdischen Atombombentest ausgelöst habe.

Was würden Sie tun, wenn Sie (aus welchen Gründen auch immer) Mondfinsternisse mit allen Arten von Unheil in Verbindung brächten und jemand Ihnen feierlich erzählte, daß eine Verfinsterung bevorstünde – jemand, der schon das letzte Mal Recht hatte? Wie immer es begonnen haben mag, der Versuch, Verfinsterungen vor oder während des Ereignisses durch inbrünstige Gebete zu verhindern, muß allem Anschein nach in den meisten Fällen funktioniert haben. Schließlich war es ja so:

– Zu vielen vorhergesagten Verfinsterungen kam es gar nicht (die Methoden waren ungenau, so daß es oft blinden Alarm gab); das mag viele Menschen in dem Glauben bestärkt haben, ihre Gebete hätten die Verfinsterung verhindert.

– In zahlreichen vorhergesagten Fällen ereignete sich nur eine Teilfinsternis, was den Schluß erlaubte, die Gebete hätten den Mond wieder in seine richtige Bahn gelenkt und sein völliges Verschwinden verhindert.

So wurde das Vertrauen in die Gebete machtvoll untermauert, denn sie schienen zu wirken. Wenn die priesterlichen Prophezeiungen fast immer falsch gewesen wären, hätten ihre Vorankündigungen bald ihre Glaubwürdigkeit verloren (ihr Verhalten wäre der »Auslöschung« anheim gefallen, wie die Psychologen das nennen). Wenn die Prophezeiungen immer richtig gewesen wären (wie es heute bei Finsternissen der Fall ist, wenn auch nicht bei Erdbeben und Ähnlichem), hätten die Verfinsterungen für viele Menschen ihre Faszination verloren. Gerade halbwegs oft genug richtig getippt zu haben, das macht so manche Situationen, etwa im Glücksspiel, so attraktiv.

Hätte man in einem Kontrollexperiment bei der Hälfte aller Finsternis-Prophezeiungen auf Gebete verzichtet, wäre klar geworden, daß weder der Eintritt noch die Dauer einer Verfinsterung von Gebeten abhängig waren. Abermals hätte die Glaubwürdigkeit der Priester gelitten. Kontrollexperimente sind aber eine ziemlich junge wissenschaftliche Innovation und wurden erst erfunden, nachdem Wissenschaftler entdeckt hatten, daß sie zu oft vom schieren Zufall genarrt worden waren.

Ich kann mir gut vorstellen, daß große Gruppen von Menschen in diese psychologische Falle gingen und vorhergesagte Verfinsterungen sie an die Macht des Wunschdenkens glauben ließen. Es überrascht mich nicht, daß die Leute sich von der Regel *post hoc, ergo propter hoc* täuschen ließen, dem klassischen Trugschluß »nach diesem, also wegen diesem«, der uns sogar heute noch täglich zum Narren hält, selbst wenn wir uns dessen bewußt sind. Daß ein Ding dem anderen folgt, ist, bei aller Unzuverlässigkeit der Methode, immer noch eine überzeugende Regel, nach der wir uns in unserer Umwelt zurechtzufinden lernen, besonders wenn wir es mit unvertrauten, neuen Ereignissen zu tun haben.

Eine partielle Sonnen- oder Mondfinsternis mag vielleicht

Anlaß gegeben haben, es mit Gebeten zu versuchen, bevor die Möglichkeit der Vorhersage entdeckt wurde. Schließlich wird jede totale Finsternis von einer partiellen davor und danach begleitet – die meisten sind jedoch ausschließlich partiell. Wenn sich die Abschattung umzukehren begonnen hatte, konnte man es dem Wunschdenken während der partiellen Phasen zuschreiben, daß die Verfinsterung sich nicht vollständig ausgebildet hatte. Wenn irgend etwas (etwa die Warnung des Schamanen) die Gebete ein paar Stunden oder Tage vor dem Ereignis ausgelöst hatte, schien die Wirkung sogar noch stärker: Manchmal kam es erst gar nicht zu einer Verfinsterung! Die Überzeugung, die Macht des Gebets könne die Himmel bewegen, mußte zwangsläufig Verbreitung finden – und natürlich mußte die Vorhersage selbst sich bei der Stammesführung gehöriger Wertschätzung erfreuen: Sie war ein machtvoller Ansporn, mehr und besseres Wissen anzuhäufen.

Keine andere frühe wissenschaftliche Entdeckung, die wir uns vorstellen können, war so gut geeignet, große Mengen von Menschen zu beeindrucken und zu manipulieren, wie die Vorhersage von Sonnen- und Mondfinsternissen. Wenn seine Prophezeiungen oft eintrafen, konnte sich ein Schamane zu einem ausgewachsenen Propheten entwickeln, dessen Autorität auch auf alles andere ausstrahlte, was der Seher zu sonstigen Themen zu sagen hatte. Der Satz des Pythagoras ist richtig, und genauso sind es die Sätze der euklidischen Geometrie, aber niemand kann sich vorstellen, daß sich von ihrer Proklamation die Massen hinreißen ließen. Die wissenschaftliche Entdeckung, daß die Erde nicht die Mitte des Weltalls ist, hat den Massen überhaupt nicht gefallen.

Die Vorhersage einer Sonnen- oder Mondfinsternis war dem Schamanen auch bei Alltagsangelegenheiten dienlich. Bei den meisten Jäger-Sammler-Gesellschaften kommt dem Schamanen die Aufgabe zu, das Wetter vorherzusagen, Krankheiten zu kurieren und Unheil auf die Feinde herabzubeschwören. Bedenkt man die Stärke von Placebo-Effekten (die Macht der Suggestion allein nimmt offensichtlich einem von drei Leidenden die Schmerzen), so kann man sich leicht vorstellen, daß ein Schamane, der gerade den Mond oder die Sonne manipuliert hatte, bei der Linderung von Schmerzen noch erfolgreicher war als sonst.

Auch wenn die Stammesführer nichts von den Kolumbusschen Manipulationsmöglichkeiten wußten, auch wenn die Heiler nichts von Sonnen- oder Mondfinsternissen verstanden, so konnte ein Wahrsager doch mit ihrer Vorhersage gut sein Auskommen finden. Wir Menschen scheinen unbändig nach Zukunftsprophezeiungen zu dürsten. Auch wenn eine Mondfinsternis nichts mit dem Standardrepertoire à la »Sie werden einen großen dunklen Fremden treffen« zu tun hat, so wäre die Fähigkeit eines Wahrsagers, sie richtig vorherzusagen, doch eine machtvolle Bestätigung seines Könnens. (Wer recht damit hatte, daß der Mond für eine Stunde verschwinden wird, muß mit Sicherheit über beste Verbindungen zu den Geistern verfügen, und wir tun vielleicht gut daran, ihm oder ihr ein hübsches Geschenk zu machen.)

Während diese Geschichte zum Teil also davon handelt, wie sich die prädiktive Wissenschaft aus noch mangelhaften Methoden heraus entwickelt haben könnte, kann sie zugleich eine der Geschichten darüber sein, wie primitive Religionen entstanden und durch ihren offensichtlichen Erfolg bei der Vorhersage oder Manipulation himmlischer Ereignisse gestärkt wurden. Diese potentielle Grundlage des menschlichen Glaubens ist von viel größerer Bedeutung als die Eklipsen selbst. Die soziale Organisation, die die Religion besorgte, ist von entscheidender Bedeutung für die menschliche Entwicklung gewesen, obwohl wir uns keine Vorstellung machen können, wie weit zurück der religiöse Impuls reicht (andererseits hat noch niemand einen Affen bei der Morgenandacht beobachtet). Entstand die prädiktive Wissenschaft vor einer Million Jahren in frühmenschlicher Zeit oder in den Tagen der Jäger und Sammler der letzten Eiszeit oder zusammen mit den großen Ackerbaukulturen vor 6000 Jahren? Oder erst unter Euklids Vorläufern im alten Griechenland vor vielleicht 2600 Jahren?

Die Erfindung der Eklipsen-Vorhersage einmal vorausgesetzt, habe ich keine Schwierigkeiten, mir eine fast moderne Form von

Massenreligion vorzustellen, die an die Effizienz des Wunschdenkens glaubt (was ja, auch wenn Gebete nicht den Mond bewegen, mental immer noch nützlich sein kann) und die mächtige Anführer mit hochspezialisiertem Wissen hervorbringt. Bei diesen frühen Religionsführern mag es sich um Schamanen gehandelt haben, die Macht über die Sonne und den Mond zu haben schienen, weil sie eine Methode zur Vorhersage ihrer Verfinsterung herausgefunden hatten – und höchstwahrscheinlich dies unter ihresgleichen als Geheimnis behandelten. Fragt man nach den Ursprüngen der Eklipsen-Vorhersage, so ist dies nicht allein ein Versuch, eines der größten Naturschauspiele zu verstehen oder die Ursprünge von Religion, Wahrsagerei, früher Astronomie, Astrologie oder Kosmologie zu begreifen, so faszinierend, wie das alles sein mag. Es ist auch ein Versuch, den Ursprung der Wissenschaft zu ergründen.

Es waren enorme intellektuelle Herausforderungen, mit denen sich diese allerfrühesten Wissenschaftler konfrontiert sahen; ohne jegliche wissenschaftliche Vorläufer mußten sie versuchen, die ersten Schritte zu tun. Im Rahmen welcher Tradition bewegten sie sich, was brachte sie dazu zu entdecken, wie man eine Mondfinsternis prophezeit?

> Newton war nicht der erste Auflclärer. Er war der letzte der Magier, der letzte der Babylonier und Sumerer, der letzte große Geist, der auf die sichtbare und intellektuelle Welt mit denselben Augen schaute wie jene, die vor etwas weniger als 10 000 Jahren unser intellektuelles Erbe zu bauen begonnen hatten.
>
> John Maynard Keynes, 1942

2.
Wie funktioniert Stonehenge?

[Die Steine von Stonehelege] sind so erstaunlich wie jede der Geschichten, die ich irgendwann darüber gehört habe, und sie zu sehen ist diese Reise wert. Gott allein weiß, was ihre Bestimmung war!

Samuel Pepys, Tagebuch, 11. Juni 1668

Wer heute nach Stonehenge pilgert, dürfte sich wohl als Tourist bezeichnen, ging mir durch den Kopf, als ich durch das Tal in der Ebene von Salisbury fuhr. Ich selbst fühlte mich allerdings eher als Pilger. Die asphaltierte Straße überlagert den ausgetretenen Fußweg vergangener Wallfahrten. Der erste Anblick der hochaufragenden Steine am Horizont muß für den damaligen Reisenden, der nicht durch Ansichtskarten oder Fernsehberichte eingestimmt war, besonders faszinierend gewesen sein.

Die Größe der Steine ist schwer zu schätzen, denn es gibt keine Bäume in der Nähe, mit denen man sie vergleichen könnte. Daß einige der senkrechten Steine durch waagerechte Blöcke verbunden sind, ist schon von weitem zu erkennen. Einst gab es viele dieser Quersteine: Riesige Oberschwellen waren emporgehievt und sorgfältig so plaziert worden, daß sie hoch in der Luft einen steinernen Kreis bildeten. Wenn man dann näher an Stonehenge herankommt und Menschen daneben erkennen kann, wird deutlich, wie ungeheuer groß die Steine sind. Dem Pilger früherer Zeiten, der nicht an Hochhäuser gewöhnt war, erschienen sie sicherlich ebenso gewaltig wie exotisch.

Ich habe den Verdacht, daß diese Pilger erst einmal stehenbleiben und sich sammeln mußten, bevor sie den ehrwürdigen Bezirk betraten – genau wie ich anstehen mußte, bevor ich mit einigen Münzen meinen Beitrag an die gegenwärtige Regierung der Insel leisten konnte. Wenigstens mußten die Pilger früherer Zeiten nicht unter einer Landstraße hindurchgehen und dann aus einem Tunnel heraufklettern, bevor sie jene Bühne erreichten, die heute nicht mehr bespielt wird.

In ihren Anfängen bestand die Stätte aus einer einfachen runden Anlage oder »Henge«: Die freie Fläche wurde von einem

Wall aus Kalkstein eingegrenzt und war groß genug, um einige hundert Menschen aufzunehmen. Vor dem Eingang stand ein verwitterter Stein, der bekannte »Heel Stone«. Etwa 1000 Jahre lang, über 40 oder mehr unbekannte Generationen hinweg, war der Kreis Treffpunkt der ansässigen Bauern und blieb unverändert mit der einen Ausnahme, daß direkt innerhalb des Walls ein Kreis von Gruben, die sogenannten Aubrey-Löcher, gegraben wurde.

Erst um 2200 v. Chr. brachten die Menschen einige Doleritsteine aus Wales auf die Stätte und begannen, die Steine in zwei konzentrischen Kreisen aufzustellen. Und sie bauten eine schnurgerade breite Straße, die über die nördliche Hügelflanke zum Eingang des Kreises führt. Diese Arbeiten endeten abrupt. Die Doleritblöcke wurden entfernt, und an ihre Stelle kamen Dutzende von massiven Sandsteinblöcken, die über gut 30 mühevolle Kilometer von den Marlborough Downs herangeschleppt werden mußten. Aus ihnen wurden fünf Steintore, die Trilithen, in hufeisenförmiger Anordnung errichtet. Darum wurde ein Kreis von senkrechten dunklen Steinen gestellt, die mit Oberschwellen belegt waren ... Später wurden die Doleritsteine wieder verwendet, zu einem Kreis zusammengestellt, abgebaut und anders arrangiert ... 2000 Jahre nachdem ihre Vorfahren damit begonnen hatten, gaben die Arbeiter ihr Werk schließlich auf ...

Aubrey Burl, *The Stonenehenge People*, 1987

Ich hörte, wie Leute über die technischen Großtaten staunten; sie sagten die gleichen Dinge wie die Besuchergruppen bei den ägyptischen Pyramiden. Stonehenge wurde etwa zur selben Zeit erbaut, vor fast 5000 Jahren, also lange bevor es das Rad, Kräne oder hydraulische Aufzüge gab. Jene großen senkrechten Sandsteinblöcke mußten von den Marlborough Downs herangeschafft werden – ein Weg, auf dem auch ein größeres Flußtal zu überwinden war. Die kleineren Doleritsteine wurden von weit jenseits des fernen westlichen Horizonts herbeigeholt: Sie kamen aus den Preseli Bergen im Südwesten von Wales. Obwohl Gletscher die Steine mit sich geführt und hier zurückgelassen haben könnten, lautet die gängige Annahme, daß die Erbauer von Stonehenge ihre Steine größtenteils auf dem Wasserweg transportiert haben. Auf jeden Fall mußten sie sie aber den Berg hinauf bis Stonehenge ziehen. Warum haben sie genau hier gebaut? Warum haben sie ihre Kultstätte nicht näher am Flußufer des Avon errichtet, also unten zwischen den Hochebenen von Salisbury und Marlborough?

Vielleicht haben sie den Platz gewählt, weil hier oben ein besserer Ausblick möglich ist. Die Gegend wird zwar Ebene von Salisbury genannt, aber sie ist nicht richtig flach. Die »Ebene« hat einige tiefe Einschnitte. Abfließendes Wasser hat sie über Jahrtausende hinweg in den Kalkfelsen gegraben, der hier unter einer dünnen Schicht von Erde und Gras liegt. Die Straßen folgen diesen Einschnitten. Deshalb bleibt der Blick des Reisenden begrenzt, bis man sich Stonehenge so weit genähert hat, daß man Einzelheiten, etwa die Oberschwellen, ausmachen kann. Erst wenn man in Stonehenge angekommen ist, wird der Blick frei. Man kann ungehindert nach allen Seiten bis zum Horizont sehen. Allerdings nicht wie von einem Berg – mich hat es eher an das Meer mit seinem rundum flachen (von ein oder zwei Wellen mal abgesehen) Horizont erinnert. Außer den großen exotischen Steinen verstellt nichts den Blick.

Daß man so weit sehen kann, liegt auch an dem Kalkfelsen, der unter der dünnen Erdschicht Baumwurzeln wenig Ausbreitungsmöglichkeiten bietet. Dem Kalk ist es auch zu verdanken, daß die Steine immer noch stehen. Viele der Sandsteinblöcke

haben die Jahrtausende aufrecht überdauert, weil die Arbeiter sie damals in Löcher setzten, die sie in den Kalk gehauen hatten (ähnlich wie Zähne im Kiefer verankert sind). Deshalb kippen die Steine nicht so leicht um. Im Lauf der Jahre hat sich schon mancher Steinmetz auf der Suche nach schönem Rohmaterial daran versucht, Stonehenge als Steinbruch zu benutzen. Und gelegentlich waren diese Steinmetze auch erfolgreich – deshalb fehlt so viel von Stonehenge. Wenn es erlaubt wäre, den Boden nach einem starken Regen mit einem Florett zu sondieren, könnte man viele Stellen finden, wo die Schneide bis aufs Heft eindringen würde, während man normalerweise schon bei Messerlänge auf die harte Kalkschicht stößt. Über hundert solcher leeren Steinlöcher sind unter den Grasnarben verborgen.

Einige der Löcher bilden Kreise um die Steine in der Mitte. So gibt es einen Ring aus dreißig sogenannten »Z-Löchern« und direkt um ihn herum einen weiteren aus dreißig »Y-Löchern«. Weiter entfernt, gerade noch innerhalb des Walls, befindet sich ein Ring mit Löchern für kleinere Steine, die älter als die anderen sind. Diese 56 Löcher werden nach John Aubrey, der Stonehenge im 17. Jahrhundert erforscht hat, als »Aubrey-Löcher« bezeichnet.

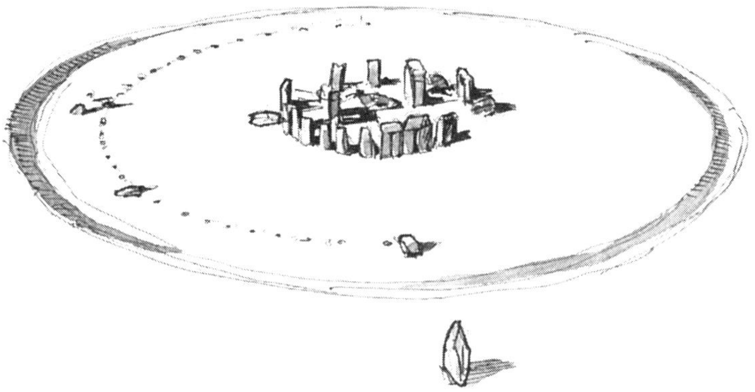

Stonehenge ist von einem niedrigen Erdwall umgeben, davor verläuft ein Graben. Er ist kaum groß genug, um als Verteidigungsgraben gelten zu können, und es ist heute schwierig, ihn noch zu erkennen. Nordöstlich stehen mehrere große Steine außerhalb des Kreises, den Wall und Graben bilden, so auch der »Heel Stone«. Die große Straße, die zu diesen Steinen führt, wird ebenfalls von Wällen und Gräben gesäumt, allerdings wurden diese später hinzugefügt.

Hinter den wenigen Bäumen, die jetzt hier wachsen (aufgrund der Analyse von alten Pollen kann man davon ausgehen, daß es früher mehr Bäume gab), erkennt man vor allem im Norden mehrere eigentümlich geformte Hügel. Sie sind ebenfalls künstlich und entstanden in der frühesten Zeit von Stonehenge, also vor etwa 5000 Jahren. Sonst gibt es in der Landschaft ringsum einfach nichts, was den Blick auf sich zieht. Man kann die Lage nicht mit der griechischer Tempel vergleichen. Jene wurden so gebaut, daß die Besucher sowohl durch die Aussicht vom Tempel aus wie durch dessen Anblick auf dem Weg dorthin beeindruckt waren. Was also machte den Ausblick von Stonehenge so bedeutsam?

Vielleicht zogen die Erbauer statt dessen den Anblick des *Nachthimmels* vor. Es wird vielfach vermutet, daß für unsere Vorfahren damals, als es im Dunkeln nur eingeschränkte Unterhaltungsmöglichkeiten gab, die Beobachtung des Himmels von größerem Interesse war.

Allerdings wäre der Blick auf den Himmel unten vom Fluß aus kaum schlechter gewesen. Meist lohnt es sich noch nicht einmal, kleinere Sichthindernisse zu entfernen, denn Sterne in Horizontnähe sind sowieso verzerrt, weil ihr Licht einen besonders langen Weg durch unsere Atmosphäre nehmen muß. Wäre Stonehenge in der Nähe des Avon errichtet worden, hätte man es sich erspart, sowohl die Steine als auch Trinkwasser über weite Strecken heranschleppen zu müssen. Und man wäre dem Wind nicht ausgesetzt gewesen.

Doch vielleicht war der Ausblick Teil der Szenerie für Zeremonien, so wie in Delphi die weite Sicht von den Stätten an den Felskanten. Mir erscheint der Blick hier, abgesehen von dem auf Stonehenge selbst, allerdings wenig aufregend, und ganz sicher ist er kaum anders als an anderen Stellen in der Ebene von Salisbury.

Also bleibt nur eine andere Möglichkeit: Der Ausblick hatte wissenschaftliche Gründe. Mittlerweile gilt Stonehenge allgemein als Manifestation einer Wissenschaftskultur in prähistorischer Zeit, genau wie die Höhlen von Lascaux, Niaux und Altamira für uns die Kunst der eiszeitlichen Kulturen repräsentieren. Jedoch sprechen jene 25 000 Jahre alten Höhlenmalereien weitgehend für sich selbst, während man das vom 5000 Jahre alten Stonehenge nicht sagen kann. Unsere Erkenntnisse, was die Funktion dieser Steine war, gehen nicht sehr tief. Wurden sie benutzt, um Himmelskarten anzufertigen? Um einen Kalender zu führen? Oder um Sonnen- und Mondfinsternisse vorauszusagen – waren sie somit ein Schritt zu jenem Wissen, das Christoph Kolumbus das Leben rettete?

Mit wessen Augen sollen wir Stonehenge betrachten? Wie weit müssen wir zurückgehen, wenn wir versuchen, mit den Augen der frühesten Wissenschaftler zu schauen? Statt in den Kategorien agrarischer Zivilisationen zu denken, die – wie in Sumer oder Babylon – Aufzeichnungen machten, müssen wir bei der Betrachtung der Welt vielleicht die Perspektive der Jäger und Sammler einnehmen, die ihre Vorläufer waren, oder aber die der

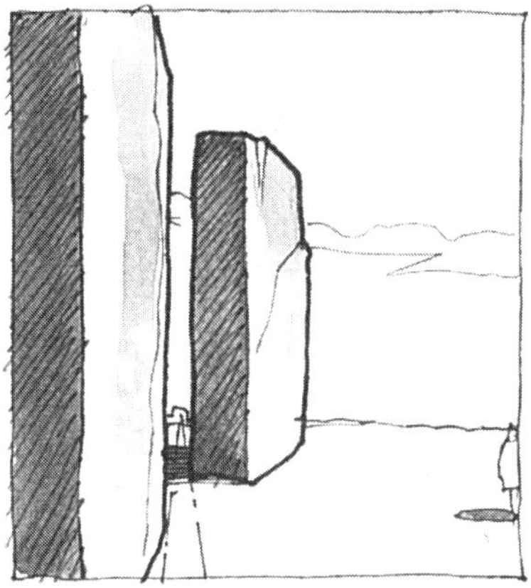

ersten Bauern, die seßhaft wurden. Heutige Jäger-Sammler-Gesellschaften haben einen ausgesprochen übernatürlichen Ansatz, wenn es darum geht, Naturerscheinungen zu erklären. Wenn das ein Hinweis daraufist, wie prähistorische Gesellschaften dachten, so war ein Schema, mit dem Finsternisse nur in der Hälfte der Fälle richtig vorausgesagt werden konnten, sicher bereits ein großer Erfolg, denn es unterstützte das Wunschdenken. Ich bezweifle, daß unsere Vorfahren unsere modernen Anforderungen daran teilten, wie genau eine wissenschaftliche Erklärung zu sein hat, um Anerkennung zu finden.

Während ich um Stonehenge herumgehe, schaue ich zwischen den Steinen hindurch. Wo immer zwei beieinander stehen, spähe ich an ihren Kanten entlang. Wenn ich die rechte Seite des einen Steins nehme und die linke des etwas weiter entfernten, wird der Ausblick nadeldünn und zeigt in eine wohldefinierte Richtung. Bei einem Gewehr zielt man durch das Visier über Kimme und Korn, aber auch diese einander gegenüberstehenden Kanten können gut eine frühe Methode gewesen sein, eine Blickrichtung zu definieren. Und wohin zielen solche Peilungen? In Stonehenge weisen sie nur auf verschiedene Stellen an entfernten Horizont, von denen keine (mir jedenfalls) sonderlich interessant erscheint.

Jedenfalls sind jene Stellen am Horizont nicht jetzt, mitten am Tag, interessant, wenn Stonehenge für die Besucher geöffnet ist. Wäre ich bei Sonnenaufgang hier, wanderte zwischen den langen Schatten herum und spähte durch den Rahmen der rötlich getönten Steine, könnte ich am Ende meines schmalen Blickfeldes die Sonne sehen. Aber das würde nur an bestimmten Tagen geschehen, etwa am kürzesten Tag des Jahres spät im Dezember – was, aus Gründen, die ich hier nicht ausbreiten will, zugleich der Tag ist, an dem der Sonnenaufgang seine extreme Position am südöstlichen Horizont erreicht. Am nächsten Tag wendet die Sonne und eilt mit jedem machfolgenden Sonnenaufgang weiter nach Norden.

Einen weiteren interessanten Tag gibt es im späten Juni, den längsten Tag des Jahres, an dem die Sonne in ihrem nordöstlichen Extrem wendet. Eigentlich bleibt der Anblick des Sonnenaufgangs gut eine Woche lang mehr oder weniger gleich, denn die tägliche Verschiebung der Sonnenposition am Horizont vollzieht sich zu jenen Jahreszeiten nur sehr langsam (weswegen sie auch Winter- und Sommersolstitium genannt werdell, nach dem lateinischen Wort für »Sonnenstillstand«). In der Mitte zwischen den Solstitien, nahe den Tagundnachtgleichen im März und September, scheint die Stelle, wo die Sonne aufgeht, von Tag zu Tag praktisch zu galoppieren; mehr als einen ganzen Sonnendurchmesser springt sie von einem Morgen zum nächsten am Horizont und läßt den dazwischenliegenden Raum unberührt.

Andere Peilungen in Stonehenge weisen auf die äußersten Sonnenuntergangspositionen im Süd- und Nordwesten. Es gibt auch welche für die äußersten Positionen des Mondauf- und -untergangs. Den Mond sieht man aber nicht oft am Ende solcher Peillinien, da sein Zyklus annähernd 18,61 Jahre lang ist. (Die

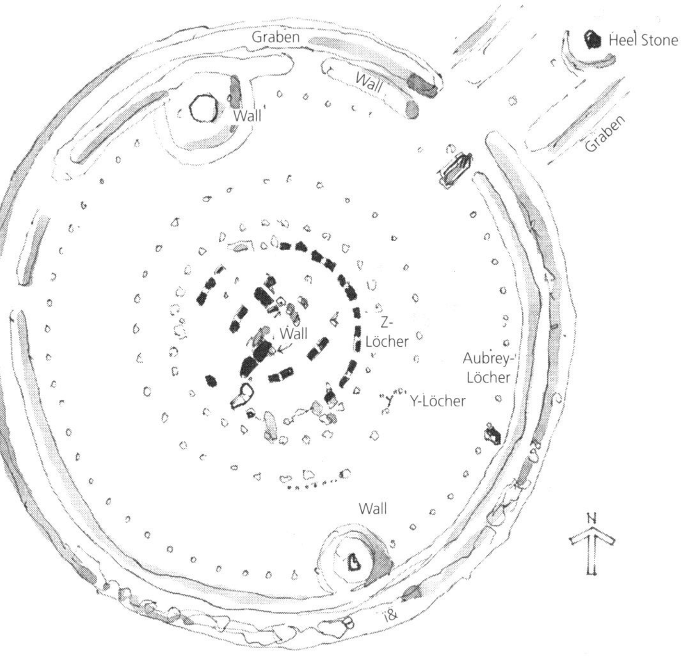

langsam vorrückenden »Knotenpunkte« der geneigten Mondbahn brauchen so lange für einen vollständigen Durchgang. Aufgerundet sind es 19 Jahre, drei dieser Zyklen ergeben rund 56 Jahre.)

> Diese Insel ... liegt im Norden und wird von den Hyperboreern bewohnt, die mit diesem Namen benannt werden. weil ihre Heimat jenseits des Punktes liegt, wo der Nordwind (Boreas) weht; und das Land ist auch fruchtbar und bringt jede Art Getreide hervor, und weil es ein ungewöhnlich temperiertes Klima hat, produziert es zwei Ernten jedes Jahr ... Es wird auch berichtet, daß der Gott die Inseln alle 19 Jahre besucht, die Zeit, in der sich die Rückkehr der Sterne an dieselbe Stelle der Himmel vollzieht; und aus diesem Grund wird die neunzehnjährige Periode von den Griechen das »Jahr des Meton« genannt.
>
> Hekataios von Milet, um 500 v. Chr.

Die durch die Steine gebildeten Peilungen sind die konventionelle »Erklärung« für die Architektur von Stonehenge; zum ersten Mal wurde sie vor vier Jahrhunderten vorgeschlagen, als man bemerkte, daß die breite Straße, die zum außenliegenden Heel Stone führt zugleich die Blickrichtung zum Sonnenaufgang am längsten Tag des Jahres vorgibt. In der Tat kennen wir heute viele Steinmonumente auf den Britischen Inseln, die auf ähnliche Weise fungieren können. Was Stonehenge zu etwas besonderem macht, ist die Behauptung verschiedener archäologisch interessierter Astronomen, daß die Architektur von Stonehenge dazu benutzt worden sei, Sonnen- und Mondfinsternisse vorherzusagen, und daß Stonehenge dazu gebaut worden sei, als ein Jungsteinzeit-Computer zu »funktionieren«.

Astronomen wie Historiker nehmen üblicherweise an, daß das Geheimnis der Eklipsen mittels Aufzeichnungen von Beobachtungen gelüftet worden sei: Die Menschen notierten sorgfältig die Mondzyklen und wie sie mit den Sonnen- und Mondfinsternissen korrespondieren, und dann bemerkten sie, daß sich die

Eklipsen in einem Rhythmus von 6585,3 Tagen (dem *Saroszyklus* von 18 Jahren und elf Tagen) wiederholen. Durch Extrapolieren müßte man in der Lage sein, aus den Daten vergangener Sonnen- und Mondfinsternisse diejenigen der zukünftigen vorherzusagen.

Drei Theorien sind über die Eklipsen-Vorhersage in Stonehenge aufgestellt worden. Fred Hoyles kompliziertes System konzentriert sich auf den genannten Wiederholungszyklus und benutzt jene 96 Aubrey-Locher in dem Ring, der die zentralen Megalithen umgibt (und der älter als diese ist). Hoyle hat die Hypothese aufgestellt, daß mehrere bewegliche Markierungen von Stein zu Stein um den Ring herum weiterbewegt wurden (die vermutlich schwer genug sein mußten, um 56 aufeinanderfolgende Jahre lang böswilligen Jugendlichen und kräftigen Stürmen zu trotzen). Mit Hilfe eines solchen Berechnungssystems wurde ein »Countdown« bis zur nächsten Finsternis durchgeführt. Gerald Hawkins ursprüngliche Theorie ist wesentlich einfacher; er vermutet, daß die Stonehenge-Astronomen hier einfach die saisonalen Eklipsen-Häufungen abzählten, die sich etwa alle sechs Monate wiederholen.

Der einzige stichhaltige Beleg für jede der faszinierenden Theorien ist in jenen 56 Löchern im frühesten Steinring zu Stonehenge und in 19 Löchern eines späteren zu sehen. Sie lassen sich nicht zwingend aus der Theorie herleiten, sondern stellen nur einige der vielen Annahmen dar, die in die Theorie eingehen. Folglich sind auf den Seiten von *NATURE* und *SCIENCE* viele gelehrte Dispute zwischen Archäologen und Astronomen veröffentlicht worden, die versuchen, das beste aus den unvermeidlich dünnen Befunden zu machen. Auch in der Wissenschaft gibt es die weitverbreitete Tendenz, daß man seine Meinung um so vehementer verkündet, je spärlicher die Beweislage ist. Eine frühe archäologische Kritik nannte das Buch *Stonehenge Decoded* des Astronomen Gerald Hawkins »tendenziös, arrogant, schlampig und nicht überzeugend«, was sich im nachhinein als unwahr herausgestellt hat. Im besonderen wartete es mit einer großen Überraschung auf: Die Leute von Stonehenge beobachteten auch den Horizontzyklus des Mondes, nicht nur den der Sonne.

Jene 56-Jahre-Systeme sind so kompllziert, daß sogar jemand

wie ich, der eine Ausbildung in sphärischer Trigonometrie und Astronomie genossen hat, sie eine Weile lang studieren muß, bevor sie Sinn machen. Ich kann mir nicht vorstellen, daß ich sie jemandem ohne die Hilfe einiger komplizierter dreidimensionaler Diagramme der Mondbahn um die Erde sowie der Erde-Mond-Bewegung um die Sonne erklären könnte. Wahrscheinlich hat irgend jemand irgendwo eines dieser drei Systeme, die auf 56 Jahre lang geführten Aufzeichnungen basieren, benutzt, auch wenn es vielleicht nicht die Leute von Stonehenge gewesen sein sollten. Diese komplizierten Systeme sind sicherlich nichts, auf das man zufällig stößt – deswegen glaube ich, sie sind eher Kandidaten für irgendeine mittlere Entwicklungsstufe in der Astronomie, aber nicht für eine frühe. Womit hat die Eklipsen-Vorhersage dann begonnen? Vielleicht mit einer Methode, die nur eine Zeitlang funktionierte, bei der aber nur einfache Beobachtungen, einfache Aufzeichnungen und einfache Schlüsse nötig waren?

Als ich meine Schritte zurück durch die Unterführung lenkte, dachte ich darüber nach, daß unabhängig von der Frage, ob nun die Stonehenge-Priester tatsächlich die Eklipsen-Vorhersage zuwege brachten, doch zu einem bestimnaten Zeitpunkt der Entwicklung verschiedene andere Leute es ganz klar geschafft haben. Zum Beispiel hat der griechische Philosoph Thales irgendwie die Sonnenfinsternis von 585 vorhergesagt; auch die Astronomen von Babylon scheinen eine Menge über Eklipsen gewußt zu haben (selbst wenn sie nicht über ein geometrisches Modell verfügten).

Sogar die Urbewohner Amerikas, die wahrscheinlich mehr als 10 000 Jahre lang von jedweder eurasischen Protowissenschaft isoliert waren, haben es geschafft, Eklipsen vorherzusagen. Und die Beweislage, daß die Menschen der Neuen Welt dies taten, ist besser als die für die Bewohner der Alten Welt: Der Dresdner Codex (aus Rinde, nicht aus Porzellan) hat seinen Namen nach seinem heutigen Aufbewahrungsort erhalten; er ist eines von nur vier umfangreichen Zeugnissen der Maya-Aufzeichnungen in

Mexiko, die die katholischen Missionare überlebt haben. Nachdem seine Inschriften entziffert und analysiert waren, wurde offensichtlich, daß die Maya einfach alles über Sonnenfinsternisse wußten. Die Aufzeichnungen umfassen die Jahre 755–788 n. Chr., und nicht eine einzige der 77 partiellen oder totalen Sonnenfinsternisse dieser Periode fehlt.

Waren die Maya also große Beobachter, die aus ausführlichen Augenzeugenberichten einen »Maya-Almanach« zusammenstellten? Nein. Nur vier jener 77 Sonnenfinsternisse hätten überhaupt in Mexiko beobachtet werden können, und wie gut ihr Kommunikationssystem auch gewesen sein mag, *so* gut kann es nicht gewesen sein: Ein paar der aufgelisteten Eklipsen waren ausschließlich in der Antarktis zu sehen, und die meisten partiellen Sonnenfinsternisse werden kaum jemals wahrgenommen. Also handelt es sich bei diesem »Maya-Almanach« um eine weltweit gültige *Vorhersage*-Tabelle, nicht um eine Auflistung von *Beobachtungen*. Die Maya kannten die Zyklen von Sonne und Mond gut genug, um auf jede Eklipse vorbereitet zu sein, obwohl sie wahrscheinlich nicht wußten, wo auf der Erde man sie beobachten konnte.

Man kann den Dresdner Codex dahingehend interpretieren, daß er auch etwa 98 Prozent aller Mondfinsternisse vorhersagt. Daß es hier etwas an Perfektion mangelte, läßt den Schluß zu, daß der Codex vermutlich speziell für Sonnenfinsternisse ausgelegt war und andere Rindenaufzeichnungen existierten, die speziell Mondfinsternisse vorhersagten, aber verlorengegangen sind (oder von frommen Spaniern verbrannt wurden). Mit den entsprechenden Korrekturen könnte der Dresdner Codex sogar dazu benutzt werden, heutige Finsternisse vorherzusagen: Wenn die erwähnten schiffbrüchigen modernen Astronomen eine Replik der alten Maya-Rindentafeln hätten, könnten auch sie ohne weitere Referenzliteratur Eklipsen vorhersagen.

Doch damit hat das Ganze sicherlich nicht angefangen, dachte ich, während ich auf der Straße nach Norden zu einem anderen Megalith-Monument fuhr. Eine knappe Autostunde nördlich von Stonehenge liegt Avebury; für einen Pilger vergangener

Zeiten war das eine lange Tagesreise. Avebury liegt auf einer weiteren Kalkhochebene, genannt Marlborough Downs; die Pilger mußten hinunter in das Vale of Pewsey wandern, den Avon überqueren, und dann wieder den Berg hinauf. Entlang des Weges machten sie wahrscheinlich an den riesigen, künstlichen Erdaufschüttungen wie dem Silbury Hill halt.

Beobachtet man Sonnenfinsternisse von einer Insel aus, liegen oft 400 bis 800 Jahre zwischen ihnen. Selbst wenn man ein weitreichendes Kommunikationssystem hat, so daß Nachrichten weit entfernt beobachteter Sonnenfinsternisse einen erreichen, müßte man sie über einen langen Zeitraum sehr sorgfaltig aufzeichnen, um die Regelhaftigkeit ihrer Wiederkehr zu erkennen. Doch die meisten Kulturen sind nicht so stabil. Aufstände zerstören die wohlgeordneten Aufzeichnungen der Ereignisse. Epidemien raffen die Schriftgelehrten dahin, religiöse und philosophische Differenzen führen häufig dazu, daß Schriftstücke vernichtet werden. Die Priester im Troß der spanischen Eroberer werden immer wieder von Forschern dafür verflucht, daß sie so gut wie alle der auf Rinde geschriebenen Maya-Bücher verbrannt haben. (Sie wiederum paßten wahrscheinlich auf, daß sie nicht unter der Anklage mangelnder Härte gegenüber dem Heidenglauben vor das lokale Inquisitionskapitel gebracht werden konnten.)

Manchmal gingen auch Menschen, die über das entsprechende Wissen verfügten, verloren. Die früheste jemals aufgezeichnete Sonnenfinsternis ist wahrscheinlich die vom 22. Oktober des Jahres 2134 v. Chr. Alte chinesische Quellen berichten, daß »Sonne und Mond sich nicht harmonisch trafen«. Die beiden chinesischen Hofastronomen, Hsi und Ho, die sie nicht vorhergesehen hatten, ließ der unglückselige Kaiser exekutieren. Bei anderen langlebigen Hochkulturen, so im alten Ägypten oder im mittelalterlichen Europa, fand sich nicht eine einzige Aufzeichnung oder Erwähnung von Eklipsen. Dies läßt vermuten, daß Eklipsen vielleicht als zu heilig galten, um überhaupt erwähnt werden zu können. Unter ein paar Auserwählten stellt die mündliche Überlieferung eine sehr gute Möglichkeit dar, die Methode für Eklipsen-Vorhersage geheimzuhalten; doch wird es dadurch auch möglich, daß das Geheimnis verlorengeht, wenn plötzlich mehrere Menschen zugleich sterben.

Die Buchführung – eine Tabelle der Eklipsen-Beobachtungen – muß ziemlich gut sein, bevor sie von einigem Nutzen für die Vorhersage ist. Lücken in den Aufzeichnungen können ein großes Problem darstellen, solange man nicht genau weiß, welchen Zeitraum die Lücke umfaßt. Vergleicht man die Aufzeichnungen verschiedener Beobachter, braucht man auch einen universell gültigen Kalender, so daß ein »Datum« auch wirklich denselben Tag an beiden Örtlichkeiten repräsentiert. Wir haben schon genug Probleme damit, den Julianischen Kalender in unseren Gregorianischen zu überführen; viel schlimmer war das noch in jenen Tagen der Römer, als ein komplizierter, auf dem Mondlauf basierender Kalender in Mode war. Voltaire machte einmal die geistreiche Bemerkung, daß die römischen Generäle zwar immer die Schlachten gewannen, aber niemals wußten, an welchem Tag sie den Sieg errungen hatten. Im Mittelalter verloren dann die Skribenten gelegentlich den Faden bei der Jahreszählung, und aus diesem Grund wird die Geburt Jesu heute meist auf das Jahr 6 v. Chr. datiert. Der Jahreswechsel scheint auch ein bißchen zurückverlegt worden zu sein, vom Frühlingsanfang auf ein paar Tage nach der Wintersonnenwende.

Abgesehen von historischen Aufzeichnungen gab es vielleicht noch eine andere frühe Methode, um Eklipsen vorherzusagen; Beobachtungslisten wären dann erst später hinzugekommen als die Buchführung besser wurde, woraufhin dann jemand den Wiederholungszyklus herausfinden konnte. Vielleicht kodierten die Tabellen nur das Wissen, das sich aus der gründlichen Aufmerksamkeit aufbaute, die man dank der Erfolge einer primitiveren Vorhersagemethode den Eklipsen schenkte. Aber was für eine Methode soll das gewesen sein, wenn noch nicht einmal ein moderner Astronom ohne Hilfsmittel auskommt?

Die Beobachtung, daß eine Mondfinsternis nur bei Vollmond eintritt, wenn der Aufgang des Mondes um die Zeit des Sonnenuntergangs erfolgt, war wahrscheinlich der erste Schritt. Vielleicht war der Neumond in ähnlicher Weise dafür bekannt, eine gefährliche Periode für Sonnenfinsternisse zu sein. Zu Eklipsen kommt es einfach niemals, wenn der Mond zu- oder abnimmt. Bestimmt hat man in den Monaten, die einer Mondfinsternis folgten, jeden Vollmond sorgfältig beobachtet.

Ansichtskarten zeigen Avebury als einen großen Kreis mit einem hohen Erdwall. Im Gegensatz zu Stonehenge hat Avebury einen inneren Wallgraben (was die Vorstellung unterminiert, daß es sich bei diesen Gräben um Verteidigungsanlagen handelte). Avebury hat einen Durchmesser von mehreren Straßenblocks, und auf Luftaufnahmen sieht die Anlage wie ein eingegrabener prähistorischer Teilchenbeschleuniger aus. Der hohe Ringwall ist heute jedoch an vier Stellen unterbrochen, um modernen Straßen Platz zu machen; es ist kaum zu glauben, aber an der Straßenkreuzung in der Mitte des Avebury-Kreises steht eine Eckkneipe, und vom angrenzenden Dorf ist in den vergangenen Jahrhunderten ein Teil der Wall-und-Graben-Anlage bis zur Unkenntlichkeit zerstört worden.

In jedem der Quadranten, die von den Straßen gebildet werden, stehen aufrecht Steine in Löchern, die in den Kalkfelsen geschlagen wurden. Und die Steine von Avebury sehen wirklich oft wie Schneide-, Eck- und Backenzähne aus. Auch unter den Marlborough Downs liegt Kalkfelsen. So ist es fast überall in England, wie man an den weißen Klippen von Dover sehen kann.

Die Steine von Avebury marschieren in einer würdevollen Prozession einher – zu weit voneinander entfernt, um wie in Stonehenge von Oberschwellen überbrückt werden zu können. Innerhalb des großen Kreises von Avebury liegen zwei kleine Steinkreise, aber im Gegensatz zur konzentrischen Anordnung in Stonehenge liegen diese kleinen nebeneinander. Wie in Stonehenge gibt es keine eindeutig erkennbaren Peilungen in Avebury – besser gesagt, es gibt zu viele davon, denn bei so zahlreichen Steinen können die Peillinien zwischen ihnen leicht dazu herhalten, in eine Unzahl verschiedener Richtungen zu deuten. Selbst wenn ein paar davon auf einen Sonnenwendpunkt oder einen lunaren Extrempunkt weisen sollten, wozu

Die Steine von Avebury (Mitte links), der tiefe Graben und der entsprechend hohe Wall. Die Spaziergänger rechts ermöglichen einen guten Größenvergleich.

dienten dann all die anderen? Um den eigentlichen Zweck der wenigen zu verheimlichen?

Wer immer einer ausgewählten Peilung eine Bedeutung beimißt, projiziert vielleicht einfach nur seine eigene vorgefaßte Meinung auf die Anlage – es macht die Sache glaubwürdiger, wenn es nur einige wenige Peillinien gibt und die meisten von ihnen auf Sonnen- oder Mondextreme verweisen. Stonehenge hat zwischen seinen frühesten Steinen mindestens zehn solcher Peilungen, wozu auch die besonders offensichtliche Hauptachse durch den Heel Stone in Richtung des Sommersonnenwendpunktes gehört. Wenn man die jüngeren Steine mit hinzunimmt, kommt man in Stonehenge auf Peillinien, die in alle möglichen Richtungen weisen, nicht nur auf die Extrempositionen von Sonne und Mond am Horizont. So ist es auch in Avebury – Peilungen nach überall hin.

Die Größe von Avebury und seine vielen Kreise stattlicher

Steine rufen einem in Erinnerung, daß auch Stonehenge einst Steine in jenen Aubrey-Löchern hatte. Und es war ebenfalls von einem bemerkenswerten Wall samt Graben umgeben. In Avebury ist der Wall vom Grund des Grabens aus gesehen mehrere Stockwerke hoch, viel höher als irgend etwas in Stonehenge. Die verbliebenen Abschnitte des Walls scheinen von gleicher Höhe zu sein, so daß ein Betrachter, der nahe der Zentralsteine steht, mit einem künstlich nivellierten Horizont konfrontiert ist, einem, der die Bäume und Hügel in der Ferne verbirgt, die Unregelmäßigkeiten im wahrgenommenen Horizont darstellen würden. War das die intendierte Funktion des Walls, den Horizont des Betrachters dadurch zu glätten, daß man ihn ein wenig erhöhte?

Fundstück A: Ein glatter Horizont. Wozu dient er?

Ein weiterer historischer Moment, den ich gern belauschen würde, ist jener in der Vorzeit, als jemand beim Beobachten einer Mondfinsternis zum ersten Mal sagte: »Passiert das nicht furchtbar oft? Wann war das letzte Mal? Das ist doch noch gar nicht so lang her.« Und dann würden die Leute über die letzte Mondfinsternis zu dtbattieren beginnen, wobei sie sich gegenseitig mit Beispielen für Ereignisse, die mit jedem der kürzlichen Vollmonde zusammenhingen, korrigieren würden. Wie oft genau könnte ein aufmerksamer Beobachter eine weitere Eklipse sehen?

Darüber dachte ich nach, während ich nach Hause flog, und schließlich ging mir auf, daß es eine Möglichkeit gab, diese Frage zu beantworten, ohne selbst Jahre der Beobachtung opfern zu müssen. An meinem Weg in die physikalisch-astronomische Bibliothek der Universität von Washington liegt eine überaus beeindruckende moderne Peillinie: ein Fußweg mit Grünanlagen auf einer Nordwest-Südost-Achse bergab durch den Campus. Er zeigt genau auf den Mount Rainier. Wenn sich irgendwo in Seattle ein weiter, freier Blick auftut, schaut man automatisch zum Horizont und guckt, ob irgendwo der große weiße Vulkan durch die Wolken zu sehen ist. Ich vermute, daß ich aus diesem

Grund vom Horizont in Stonehenge so enttäuscht war: ein Aussichtspunkt ohne Aussicht.

Nahe den Fenstern der Bibliothek setzte ich mich mit einigen dicken Büchern aus Wien hin, die sämtliche Eklipsen seit 2002 v. Chr. auflisten. Obwohl sie »Kanons« genannt werden, handelt es sich nicht um große, ledergebundene Bände in Frakturschrift, sondern um broschierte Computerausdrucke. Sie verzeichnen beinahe 20 000 Eklipsen – wo soll man da anfangen? Zuerst wählte ich eine Region aus, wo Beobachter gelebt haben könnten: Von Wolken abgesehen, ist der eine Ort so gut wie der andere, wenn man Verfinsterungen sehen will. Weil ich mich aus anderen Gründen für Anasazi-Indiander des amerikanischen Südwesten um 700 n. Chr. interessiere, wählte ich diesen Ort und diese Zeit. Dann begann ich die Daten der Sonnen- und Mondfinsternisse im meinen Laptop-Computer einzugeben – nicht alle, sondern nur jene, die man damals dort hätte sehen können .

Nach 125 Jahren wurde ich dessen langsam müde, also begann ich die Statistik zu erstellen. In der Zeit zwischen 700 und 824 n. Chr. hätte ein Beobachter bis zu 56 totale und 57 partielle Mondfinsternisse sehen können. Es gab auch 14 Sonnenfinsternisse, bei denen mehr als die Hälfte der Sonnenscheibe verdeckt war. Eine partielle Sonnenfinsternis nimmt man für gewöhnlich nicht wahr, also zählte ich nur jene, bei denen in der Nähe eine Totalverfinsterung zu sehen war; ich nahm an, daß die Nachricht von einer Totaleklipse sich wohl ein paar hundert Kilometer weit bis zu meinem hypothetischen Beobachter im Vierländereck verbreitet hätte (wo die heutigen Staaten Arizona, New Mexico, Colorado und Utah zusammentreffen).

Dies bedeutet, daß es ungefähr zu einer potentiell beobachtbaren Eklipse in einem »durchschnittlichen Jahr« kommt. Wie ich jedoch beim Durchforsten meiner Liste bemerkte, sind die Eklipsen nicht gleichmaßig verteilt: Manchmal kommen drei oder vier im Verlauf einer Zweijahresperiode vor; zu anderen Zeiten läßt sich ungefähr vier Jahre lang keine einzige beobachten. Sie häufen sich also. Oft gab es eine zweite Mondfinsternis beim sechsten Vollmond nach einer ersten. Nun, war das nicht nett!

Wenn man bei Mondaufgang sorgfältig nach dem Ende einer partiellen Mondfinsternis Ausschau hält, die Wache die ganze Nacht fortsetzt, während die meisten Menschen schlafen, und bei Monduntergang kurz vor Sonnenaufgang am nächsten Morgen nach Zeichen einer beginnenden Partialeklipse Ausschau hält, wird der gewissenhafte Beobachter viel mehr Finsternisse sehen, als ein heutiger Betrachter, der nur seinen Abend opfert. Setzt man so gründliche Beobachtungen und klare Sichtbedingungen voraus, beträgt die Wahrscheinlichkeit 56 Prozent, daß mam beim sechsten Vollmond nach einer Mondfinsternis eine weitere sieht; elf Prozent beträgt die Wahrscheinlichkeit für den zwölften Vollmond, acht für den 17. und fünf für den 18. Wenn Bewölkung oder Müdigkeit den Beobachter eine Eklipse beim sechsten Vollmond verpassen lassen, könnte es den Anschein ergeben, das Eklipsenintervall betrüge statt dessen zwölf.

Sicherlich hätte eine zweite Mondfinsternis innerhalb eines Jahres einigen Beobachtern genügend Anlaß zu Diskussionen darüber gegeben, wann sich die letzte ereignet hatte; zurückzählend, hätten sie entdeckt, daß es entweder sechs oder zwölf Vollmonde her war. Und so konnten der sechste und der zwölfte Vollmond nach einer Mondfinsternis leicht in den Ruf kommen, besonders gefährliche Zeiten zu sein. *Zähle bis sechs, und dann zähle noch mal bis sechs.*

Zu schade, daß wir an der Hand nur fünf Finger haben, meinen Sie? Entgegen der weitverbreiteten dezimalen Vorstellung, kann man leicht mit den Fingern bis sechs und zwölf zählen. Beim sechsten Vollmond beugt man die fünf ausgestreckten Finger und ballt sie zu Faust. Beim siebten zählt man mit der anderen Hand weiter, streckt einen Finger – und so weiter, bis man beim zwölften Vollmond zwei geballte Fäuste hat. Das läßt die Vollmonde, die mit einer geballten Faust zusammenfallen, zu den »gefährlichen« werden, die zu verschwinden drohen.

Etwa 67 Prozent aller Mondfinsternisse ereignen sich entweder beim sechsten oder beim zwölften Vollmond, der einer beobachteten Eklipse folgt, also funktioniert die Methode der geballten Faust für sich allein in zwei Drittel aller Fälle. Wenn man jedoch ein Jahr lang keine Mondfinsternisse bcobachtet hat, wird die Sache etwas komplizierter. Obwohl es auch an den späteren Vielfachen von sechs (18, 24, 30 und so weiter) zu Eklipsen kommt, ereignen sich viele doch einen Monat früher (17, 23, 29, 35 und 93 Monate im Zeitraum 700 bis 824 n. Chr.). Solche Eklipsenintervalle von mehr als einem Jahr Dauer machen 33 Prozent der Gesamtzahl aus; indem man einfach die späteren eklipsenträchtigen Perioden als zweimonatige auffaßt (17 - 18, 23 - 24 und so weiter) kann man so gut wie alle Fälle erfassen.

Sonnenfinsternisse, so entnahm ich den Listen, kommen auch im selben sechsmonatigen Abstand vor wie die Mondfinsternisse. Sie liegen nur einen halben Monat früher oder später als die Gefahrenzone für eine Mondfinsternis, denn sie ereignen sich bei dem Neumond, der dem Vollmond-Eklipsenalarm vorausgeht oder folgt. Sonnenfinsternisse sind aber etwa acht Mal seltener (wenn man mein Kriterium zugrunde legt, daß ein großer Teil der Sonnenscheibe verdeckt sein muß und die Kunde von ihnen sich nur ein paar hundert Kilometer weit ausbreiten kann). Und wahrscheinlich lassen sie sich noch seltener beobachten; dieser Bruchteil variiert, im Gegensatz zu Mondfinsternissen, wahrscheinlich je nach dem Jahrhundert und der Lage des Beobachtungspunkts. Wenn man also mit der Vorhersage von Sonnenfinsternissen beginnen will, muß man eine beobachten und danach die Neumonde zählen. Das kann man damit synchronisieren, daß man eine auch nur partielle Mondfinsternis beobachtet, in Sechserschritten zählt (wobei man nach einem Jahr ohne Eklipse etwas großzügiger wird) und nach den Neumondphasen Ausschau hält, die Mondfinsternis-Alarmen vorausgehen oder folgen. Wegen dieser Verbindung zwischen Sonne und Mond *wurde warhrscheinlich die Sonnenfinsternis-Vorhersage dadurch entdeckt, daß man lernte, die gewöhnlich zu beobachtenden Mondfinsternisse vorauszusagen.*

Also ist die Eklipsen-Vorhersage eigentlich ziemlich einfach, solange man es sich leisten kann, in der Hälfte aller Fälle falschzuliegen. Und da es zum Glauben gehört, daß Bestätigungen gelegentlich ausbleiben, läßt sich vermuten, daß es paradoxerweise von psychologischem Vorteil ist, gelegentlich eine falsche Vorhersage zu machen.

Das Zählschema mit den geballten Fäusten ist unkompliziert, man kann leicht darauf kommen und es noch leichter über Jahre hinweg beibehalten. (Ich habe diese Regelmäßigkeit zwar mit der Hilfe moderner Computer entdeckt, aber jeder, der wissen will, wann die letzte Verfinsterung war, hätte die Regel genauso binnen weniger Jahre erraten.)

Natürlich, so grübelte ich (als sich meine Aufregung über die Entdeckung legte), haben die Extrempunkte von Sonne und Mond am Horizont nichts mit meiner Eklipsen-Vorhersage anhand der Sechserzählung zu tun. Dasselbe gilt für Zählsysteme, bei denen bewegliche Markierungen in 56 Löcher gesteckt werden. Für die Methode der geballten Faust braucht man in der Tat überhaupt keine Horizontbeobachtungen, und ganz bestimmt nicht den künstlich geglätteten Horizont, der mich in Avebury so beeindruckte. Ironischerweise hatte ich etwas »erklärt«, ohne *irgendeines* der Puzzlestücke zu verwenden, die bislang von anderen identifiziert worden waren.

Daß ich aber ein einfaches System für die Eklipsen-Vorhersage gefunden habe, führt mich zu der Frage: Gibt es noch andere? Können genauso einfache Schemata sich Beobachtungen von Sonne und Mond auf dem flachen Horizont zunutze machen, wie sie die Erbauer von Stonehenge anstellten – und deshalb in ihrer Architektur unsterblich werden ließen?

> Jeder der einen langen
> Winter in England verlebte,
> wird verstehen,
> daß sie Stonehenge bauten,
> um die Sonne zurückzuholen.
>
> Der Verhaltensforscher Alison Jolly, 1988

3.
Die verfinsterte Sonne, durchs heilige Blatt gesehen

Zwischen Idee
Und Wirklichkeit
Zwischen Regung
Und Tat
Fällt der Schatten

T. S. Eliot, Die hohlen Männer, 1925
Deutsch von H. M. Enzensberger

Totalfinsternis. Allein das Wort beschwört das Bild einer unheimlichen Szenerie und führt zu paradoxen Formulierungen wie der von der »Nacht am hellichten Tag«. Eine totale Sonnenfinsternis ist normalerweise ein Ereignis, das dem, der das Glück hat sie zu beobachten, nur einmal im Leben widerfährt. Jeder, der eine totale Sonnenfinsternis erleben kann, sieht zugleich eine partielle, wenn der Mond langsam die Sonnenscheibe bedeckt und dann wieder freigibt. Die meisten Menschen sehen jedoch nur eine partielle, weil sie sich nicht in dem 264 Kilometer breiten Pfad des Mondschattens aufhalten: Wenn man sich nicht in diesem Pfad der Totalität befindet, bedeckt der Mond die Sonne nur zum Teil, bevor er umkehrt.

Wenn der Mond es nicht ganz schafft, die Sonne zu verdunkeln, ist die Eklipse nur schwer zu sehen, selbst wenn man weiß, was passieren wird, und genau darauf achtet. Auch eine Sonnensichel kann noch zu hell sein, um direkt hineinzuschauen. Die einzige partielle Sonnenfinsternis, die ich je direkt gesehen habe, ereignete sich kurz vor Sonnenuntergang, als die Sonne und der Neumond gemeinsam immer tiefer am westlichen Himmel hinabstiegen und schließlich, von Seattle aus betrachtet, hinter den Olympic Mountains versanken.

Manchmal kann man, wenn man aufpaßt, die Form der Sonne studieren, kurz bevor sie untergeht. Ihre Helligkeit wird dann durch den langen Weg gedämpft, den das Licht durch die Atmosphäre nehmen muß; manchmal wird es genügend abgeschwächt, um einen kurzen Blick hineinwerfen zu können. Als an jenem Abend die Sonne sich dem Horizont näherte, konnte man direkt vor ihr, ihre untere linke Hälfte verdunkelnd, den Mond erkennen. Die Dreimdimensionalität war überwältigend. Der Mond wurde von hinten beleuchtet. Man konnte sehen, wie die Vorstellung, daß »der Mond es getan hat«, als Erklärung für Sonnenfinsternisse aufgekommen ist, auch wenn der Neumond für gewöhnlich im gleißenden Licht der Sonne für ein, zwei Tage unsichtbar ist.

Wenn die Sonne höher am Himmel steht, ist ihr Licht einfach zu hell (und zu gefährlich), um direkt hinzusehen. Beobachter achten dann selten auf ihre Form. Sollte sich eine partielle Sonnenfinsternis mitten am Tag ereignen, mag sich der Himmel vielleicht nur ein bißchen verdunkeln, so als hätte ein hoher Wolkenschleier das Licht ein wenig gedämpft – und dann hellt, weil man sich selten im Pfad der Totalität aufhält, der Sonnenschein wieder auf, gerade als sei die hohe Wolke weitergezogen. Kaum ein umwerfendes Ereignis. Wichtig bei der Beobachtung von partiellen Sonnenfinsternissen ist nur, daß man dadurch eine Stunde Vorwarnzeit vor der potentiell erschreckenden totalen Eklipse bekommen kann.

Jeder Freund der Finsternisse hat schon einmal von den Lochkameras gehört, die durch eine nadelfeine Öffnung ein auf dem Kopf stehendes Bild der sich verdunkelnden Sonne auf einen Schirm werfen. Solche Nadelloch-Bilder sind leichter zu produzieren, als man vielleicht denkt; man braucht gar kein abgedunkeltes Zelt mit einem Loch im Dach und eine schöne weiße Fläche als Schirm. Nadelloch-Bilder kommen auch in der Natur vor, wie man entdecken kann, wenn man im Schatten eines Baumes faulenzt, dessen Blätter von Insekten perforiert worden sind. Wahrscheinlich erinnerte sich irgend jemand an jene kleinen runden Flecken Lichts, die sich unerklärlicherweise in Sicheln verwandelt hatten, bevor sich die Welt verfinsterte. Ungewöhnlich geformte Flecken, die alle in dieselbe Richtung zeigen, sind bestimmt beeindruckend, vermitteln das Gefühl, die Wirklichkeit sei aus den Fugen. Selbst wenn man nicht ausdrücken kann, was daran anders ist, fühlt man, daß »etwas passiert«.

Wenn man eine Sonnenfinsternis betrachten will, hält man einfach ein durchlöchertes Blatt auf Armeslänge in Richtung Sonne, ganz wie es instinktiv Kinder tun, die ein Herbstblatt im Gegenlicht anschauen. Dann betrachtet man den Schatten des

Blattes auf der eigenen Brust – und sieht die kleine Lichtsichel in der Mitte des Schattens. Ein solches Blatt war wahrscheinlich die erste tragbare Lochkamera der Welt. Wenn man das Blatt weit genug von sich weghält, wird der Lichtfleck nicht die Umrisse des Insektenlochs wiedergeben, sondern die Form der sich verdunkelnden Sonne. Je kleiner das Loch, desto schärfer ist das Bild.

Wenn man die Sache mit dem Loch einmal begriffen hat, braucht man nicht länger die Assistenz eines blattschneidenden Insekts oder eine Pflanzenart mit natürlicherweise durchlöcherten Blättern, wie sie bestimmte Philodendron-Arten haben. Man piekst einfach mit einem Zweig ein Loch in ein Blatt. Und wenn man kein Blatt hat, legt man einfach zwei Finger übereinander, die eine schmale Öffnung lassen, und sucht den Schatten der Hand nach einer kleinen Lichtsichel ab.

Eine mittägliche Sonnenfinsternis in Seattle, die mich auf die Idee mit den ungewöhnlichen Nadelloch-Methoden brachte, hätte ich beinahe nicht gesehen; der Pfad der Totalität verlief über Kanada, und die Berechnungen zeigten, daß sie in Seattle weniger als halbtotal sein würde. Darüber hinaus war zur fraglichen Stunde der Himmel über Seattle leicht bedeckt, obwohl

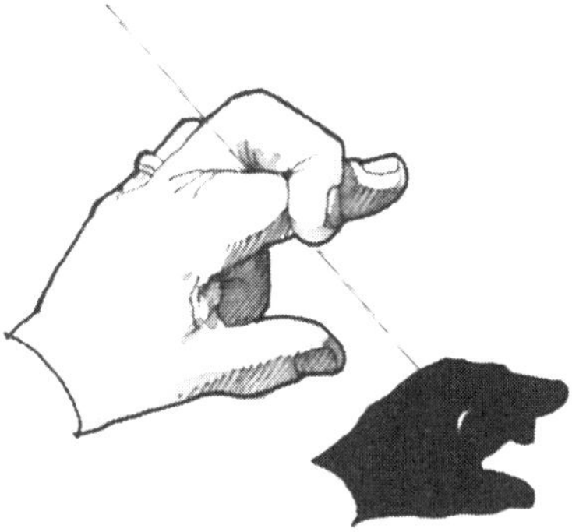

es so aussah, als könnte die Sonne bald hinter der hohen, dünnen Dunstschicht hervorkommen. Ich lugte durch das Rollo eines nach Süden gehenden Fensters und fand, daß die Aussichten, irgend etwas zu sehen, ziemlich schlecht stünden. Der Wolkenschleier war so hell, daß ich noch nicht einmal die Sonne davon unterscheiden, geschweige denn ihre Form erkennen konnte. Und dennoch warf die Sonne einen schwachen Schatten des Fensterrahmens auf die Schreibtischplatte.

Dann bemerkte ich die Lichtflecken an der Zimmerdecke. Offensichtlich waren es Spiegelungen des Sonnenlichts, hervorgerufen durch irgend etwas auf dem Schreibtisch. Die Flecken bewegten sich– ah, meine Armbanduhr spiegelte das Sonnenlicht. Ich bedeckte das Kristallglas meiner Uhr mit zwei Fingern, und der große, runde Fleck an der Decke verschwand.

Doch die kleinen blieben. Und sie schienen sichelförmig. Nichts an meiner Uhr hatte die Form einer Sichel. Dann versuchte ich die kleinen Chromteile an den Halterungen abzudecken, an denen das Armband angebracht war. Und plötzlich verschwand die kleine Sichel an der Decke.

Das Chromteil war ein kleines Rechteck, keine Sichel. Und dann dämmerte es mir schließlich: Die Sichel an der Decke zeigte die Form der teilverdunkelten Sonne. Obwohl ich die Sonne selbst durchs Fenster nicht sehen konnte, weil die Wolkenschleier so hell strahlten, war dieses Bild erstaunlich scharf. Das kleine Chromrechteck funktionierte einfach wie eine Lochkamera, kombiniert mit einem Spiegel.

Nachdem ich erst einmal auf die Idee gekommen war (die im Lauf vieler Jahre sicherlich auch mancher Schullehrer hatte, der seine Kinder davon abhalten wollte, direkt in die Sonne zu blicken), nahm ich die Uhr ab und baute sie auf dem Schreibtisch auf, wobei ich sie so positionierte, daß die Lichtsichel von der Decke hinunter an die gegenüberliegende Wand des Zimmers wanderte, wo es dunkler war. Nun konnte ich an die Wand herantreten, meine Brille abnehmen und die Sichel aus der Nähe untersuchen. Die Kerbe, die der Mond in die Sonnenscheibe geschlagen hatte, war gut zu erkennen. Im Verlauf der nächsten Stunde veränderte sie sich; die Sonne war niemals mehr als halb bedeckt, ehe die Kerbe sich wieder zurückzuziehen begann.

Ich hatte ein wenig Zeit, mit der Form des Spiegels herumzuexperimentieren. Als ich einen kleinen rechteckigen Spiegel nahm, den ich mir aus der Handtasche meiner Frau borgte, sah ich an der Wand auch nur ein Rechteck. Genauso sah ich mittels eines kleinen Dentalspiegels nur einen runden Fleck und nicht die Sichelform der teilverdunkelten Sonne. Mit Hilfe von Klebeband deckte ich den größten Teil des kleinen Spiegels ab, so daß nur noch ein kleines Loch frei blieb. Und schließlich erschien wieder die Sichelform an der Wand. Die Größe der Favette an meiner Armbanduhr schien gerade richtig zu sein, ähnlich etwa einem Nadelloch, um die Form der Lichtquelle wiederzugeben und nicht die des Reflektors.

Kristalle, wenigstens jene mit vielen kleinen, aber flachen reflektierenden Flächen, müßten auch gut zum Betrachten von Sonnenfinsternissen geeignet sein; eine solche kleine Facette dient zugleich als Nadelloch und Spiegel. Man läßt das Rollo bis auf eine schmale Öffnung herab, legt den Kristall oder Edelstein auf die Fensterbank ins Sonnenlicht und inspiziert die auf die Wände reflektierten sichelförmigen Flecke. Ein Quadratmillimeter scheint gerade die richtige Größe zu sein, damit ein Spiegel als Nadelloch fungiert; mit kleinen Glimmerbröckchen, wie sie in manchem Schmuckputz zu finden sind, müßte es auch gut gehen. Eine Höhle, durch deren Rauchloch ein Sonnenstrahl auf ein Stückchen Glimmerschiefer fallt, könnte gut das erste

Kino gewesen sein und Dutzende von Zuschauern unterhalten haben – wenn es einem nichts ausmachte, sein Geheimwissen über Sonnenfinsternis-Vorhersagen preiszugeben.

Ein Blatt oder ein Kristall oder einfach gekreuzte Finger würden es möglich machen, vor einer totalen Sonnenfinsternis Alarm zu geben, wenn man diese Technik routinemäßig während der Tage des Neumonds anwendete. Die Kundigen würden wahrscheinlich die anderen ermahnen, mit dem Beten anzufangen. Diese weitere Methode der Eklipsen-Vorhersage auf Anfängerniveau ist einfach genug, um keinerlei Planung oder technische Vorläufer zu benötigen. Anstelle der mehrmonatigen Vorhersage mittels der Sechser-Zählmethode der geballten Fäuste erlaubt diese nur eine *Warnung* bis zu einer Stunde vor einer möglichen Totalität.

Diese Methode Nr. 2 könnten wir die des »Heiligen Blattes« oder die der »Gekreuzten Finger« nennen. Der Kristall (oder das Juwel oder das Stückchen Glimmer) ist nur ein etwas schwerer zu entdeckender Nebenaspekt. Weil die Menschen der Frühzeit wahrscheinlich nicht das Prinzip verstanden haben, das das heilige Blatt und den Kristall miteinander verbindet, denke ich, daß ich das Verfahren als eigene Methode Nr. 3 (»Der Kristall«) einstufe, und nicht nur als einen Nebenaspekt, weil beide vermutlich unabhängig voneinander entdeckt worden sind. Seit jenem Tag mit der Armbanduhr frage ich mich immer, wenn ich in einer Kathedrale Sonnenstrahlen sehe, die an einem Altaraufsatz einen Edelstein zum Funkeln bringen, ob vielleicht die Architektur wie die Edelsteinfacetten von uralten Praktiken dieser Art beeinflußt worden sind.

Warum sprechen wir überhaupt vom »Neumond«? Ich könnte verstehen, warum man die erste schmale Sichel, die man nach Sonnenuntergang sieht, »neu« nennen würde, aber der Neumond, der in Ihrem Kalender verzeichnet ist, stellt eine astronomische Abstraktion dar. Sie können ihn nicht sehen; ein oder zwei Nächte sind es, in denen keine dünne Mondsichel zu entdecken ist (wegen der Helligkeit der Sonne nahe ihrem Auf- und

Untergang), und danach taucht der Mond nach Sonnenuntergang wieder auf.

Aber die Menschen der Frühzeit, die um die Finsternisse besorgt waren, könnten den genauen Zeitpunkt des Neumonds genauso »real« empfunden haben wie den des Vollmonds. Für gewöhnlich muß nichts genau am Tag des Neumonds passieren, gelegentlich jedoch ereignet sich eine Sonnenfinsternis. Wenn man sich bewußt ist, daß etwas passieren könnte an jenem Tag, da der Mond nicht länger in der Dämmerung zu sehen ist, dann mag der Neumond einen wichtigen Abschnitt des Monats kennzeichnen, in dem man sorgfaltig Ausschau hält – mit einem Kristall, durch ein heiliges Blatt oder durch gekreuzte Finger. Dieses Zeichen für »viel Glück« könnte eine Abwehrgeste gegen Sonnenfinsternisse gewesen sein.

Fenster in Felswänden zählen zu den spektakulären Sehenswürdigkeiten im Land der Canyons. Leider sind sie in den meisten Fällen als Nadellöcher nicht geeignet. Felsenbögen zeigen oft die anmutigsten Formen, und einer der schönsten ist der Delicate Arch im Arches National Park nördlich von Moab, Utah.

Es war an einem Sommerabend, als ich erstemals zu ihm hinwanderte. Der Delicate Arch steht am Rande einer riesigen Schüssel, beinahe eines Trichters, die in den Sandstein gegraben ist. Der Bogen selbst erhebt sich, wölbt sich anmutig in einer Höhe von etwa vier Stockwerken, und senkt sich auf der anderen Seite, um sich wie eine römische Säule auf einem kleinen Podest abzustützen, einer Art Plattform am Rande der Schüssel: Stellen Sie sich eine zierliche, V-förmige Mokkatasse vor, deren Henkel oben senkrecht auf den Tassenrand geklebt ist. Jenseits der Schüsselkante fallt der Felsen steil hinab in ein kleines Tal, an dessen anderer Seite ein Aussichtspunkt am Ende einer Straße liegt. Von dort aus werfen die meisten Touristen einen Blick auf den Delivate Arch; aber sie sehen die Schüssel nicht, über deren Rand der Bogen sich erhebt.

Ich saß oben an der gegeniiberliegenden Seite der Schüssel, wo der Wanderpfad endet, und schaute über sie hinweg auf den

Die Mondsichel steigt kurz vor Sonnenaufgang empor.

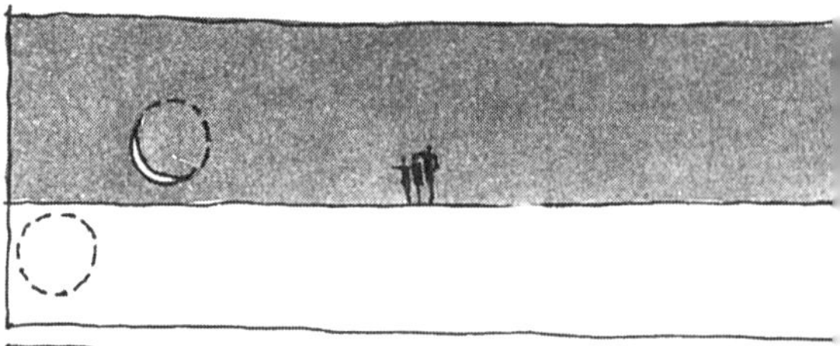

Der »Neumond« ist unsichtbar.

Die Mondsichel geht kurz nach Sonnenuntergang unter.

Jeden Tag geht der Mond etwa eine Stunde später auf; nach ungefähr einer Woche steht ein Halbmond bei Sonnenuntergang hoch am Himmel (das erste Viertel des Mondzyklus).

Der »Vollmond« geht kurz vor Sonnenuntergang auf.

Nach einer weiteren Woche steht bei Sonnenaufgang ein Halbmond hoch am Himmel (das letzte Viertel).

Bogen und weiter zu den Bergen in der Ferne. Die Schatten wurden schon länger. Die Sonne stand in meinem Rücken am westlichen Himmel und wanderte weiter Richtung Nordwest, während die Schattengrenze die Schüssel hinauf in Richtung Delicate Arch kletterte.

Unten am Boden der Schüssel bemerkte ich einen Lichtfleck inmitten des Schattens. Bald hatte er sich weiterbewegt und ein Stück die Schüsselwand emporgehangelt. Und mir wurde klar, daß es dort irgendwo hinter mir ein Fenster in den Felsen geben mußte .

Vorsichtig suchte ich mir meinen Weg den Schüsselrand entlang nach Süden und, wie konnte es anders sein, da war eine große Öffnung im Fels, groß genug, daß ein paar Leute darin hätten stehen können. Als ich so dastand, konnte ich den diffusen Schatten erkennen, den ich inmitten des Spotlights auf die andere Seite der Schüssel unterhalb des Delicate Arch warf.

Die Schüssel, der Delicate Arch, die Berge in der Ferne – auch ohne das Spotlight machte dies alles einen sehr dramatischen Eindruck. Die Schüssel ist beinahe ein natürliches Amphitheater, ihr Rand unterhalb des Bogens eine natürliche Bühne, die sowohl von den Leuten, die um die Schüssel herum sitzen, wie für irgendwelche Zuschauer von der anderen Seite des kleinen Tales, wo heute der Aussichtspunkt am Ende der Straße ist, eingesehen werden kann. Und da gab es auch noch den natürlichen Scheinwerfer, der langsam zur Bühne emporschwenkte, während die Sonne am nordwestlichen Himmel unterging.

Das erhöhte Podest am Fuße des Delicate Arch bietet genügend Platz, um darauf zu stehen – eine natürliche Rednetribüne inmitten dieses natürlichen Zuschauerraums für eine große Menschenmenge. Wenn die Griechen über einen solchen Schauplatz hätten verfügen können, hätten sie das Amphitheater zu Delphi nicht bauen müssen. Und während Delphi vielleicht seine Dämpfe hatte, die gelegentlich der Erde entstiegen, so fehlte ihm doch ein eingebauter Scheinwerfer.

Der natürliche Scheinwerfer am Delicate Arch läßt sich jedoch nicht nachführen. Er ist abhängig vom Weg der Sonne über den Himmel. Dennoch denke ich, wenn ein halbes Dut-

Die Öffnung im Fels (*links*) bildet einen Scheinwerfer für den Delicate Arch (*rechts*). Die trichterförmige Schüssel dazwischen ist auf diesem Foto vom gegenüberliegenden Tal aus nicht zu sehen.

zend Menschen in dem Felsenfenster stand, dann konnten sie den Scheinwerfer an- und abschalten, indem sie sich hinknieten beziehungsweise wieder aufstanden (wobei ein unbeabsichtigter Schattenwurf auf den Priester im Scheinwerferkegel sicherlich schlimmere Konsequenzen hatte als bloß »Hinsetzen!«-Rufe). Ich schaute durch das Fenster zur anderen Seite und sah westlich eine Klippe, die das Sonnenlicht vom Fenster fernhielt, solange die Sonne nicht weit genug am nordwestlichen Himmel stand. Dies geschieht nur um die Sommersonnenwende, während einer halben Stunde vor Sonnenuntergang. Den größten Teil des Jahres gibt es diesen Scheinwerfer also gar nicht.

Glücklicherweise war ich nur ein paar Tage nach der Sommersonnenwende hierher gekommen, und so konnte ich den Schatten und den Lichtkegel so weit nach Südosten reichen sehen, wie sie jemals kommen würden. Und das Spotlight hangelte sich die Schüssel empor genau auf die Rednertribüne zu. Wochen später würde es sicher genau zur Mitte des Pfeilers emporwandern, nicht ans Ende des Bogens.

Ich schoß ein Foto nach dem anderen, und fragte mich, ob das Spotlight wohl abgeblendet werden würde, bevor es die

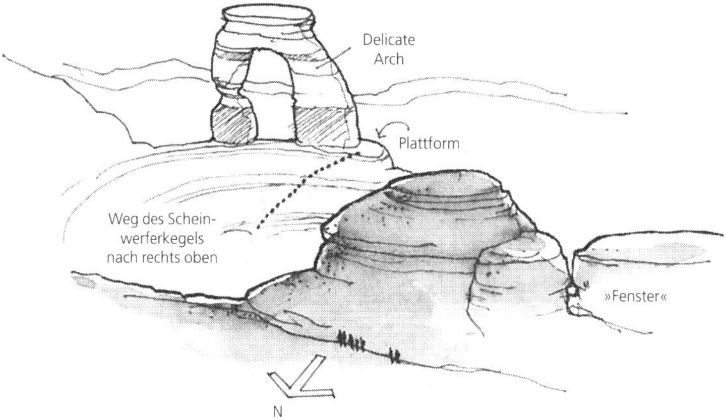

kleine Plattform erreichen konnte (was den besten Teil meiner Theater-Theorie zunichte gemacht hätte). Aber etwa zu der Zeit, da die Schattengrenze sich der Spitze des Delivate Arch näherte, erreichte der Lichtkegel die Plattform. Hätte jemand dort gestanden, er wäre in orange-rotes Licht getaucht worden (hätte ich rechtzeitig daran gedacht, hätte ich einen der anderen Wanderer gebeten, um die Schüssel herumzulaufen und sich dort hinzustellen). Und das rötliche Licht würde an der Gestalt emporkriechen, bis es schließlich nur noch den Kopfschmuck illuminieren würde. Dann würde es mit dem Sonnenuntergang verlöschen.

Ein außerordentliches Schauspiel, bloß für mich und ein paar weitere Wanderer. Waren die prähistorischen Indianer wohl in größeren Scharen hierher gekommen? Die Paläo-Indianer lebten als Jäger und Sammler (waren also nicht den ganzen Sommer lang festgenagelt, um Wasser für ihre Pflanzen herbeizuschleppen, wenn die Unwetter ihren Regen am falschen Ort niedergeschickt hatten), und Jäger-Sammler haben einen wichtigen Grund, große Versammlungen abzuhalten. Jede Horde bestand aus vielleicht 25 eng miteinander verwandten Menschen. Und da es nun einmal Inzestverbote gab, mußten zukünftige Gattinnen und Gatten aus anderen Horden kommen.

Anthropologen haben errechnet, daß es einer Gruppe von mindestens 500 Menschen bedarf (mit anderen Worten: eines

Stammes von etwa 20 *Horden*), damit die Unverheirateten mehr als einen unverheirateten Partner passenden Alters und entgegengesetzten Geschlechtes finden konnten. Also waren Jäger-Sammler, die in dieser wichtigen Angelegenheit eine gewisse Auswahl haben wollten, wirklich motiviert, sich regelmäßig zu treffen, auch wenn sie in dieser Dichte nicht lange zusammenleben konnten, da Beute nun einmal nur ziemlich verstreut zu finden war. Ich vermute, daß der Delicate Arch mit seinem Scheinwerfer vom obersten Schamanen eines voragrarischen Stammes genutzt wurde, daß dies der besondere Ort war, wo sie ihre Sommerversammlungen abhielten – und daß die vergängliche Erscheinung des Lichtkegels ihnen Anlaß bot, sich um die Sommersonnenwende zu treffen.

In der Alten Welt sind die steinzeitlichen Fundstätten meist mehrfach überbaut worden, immer wieder. Und dabei wurde, was noch schlimmer ist, altes Baumaterial wiederverwendet, was den Archäologen Kopfzerbrechen bereitet. Und selbst wenn ein Archäologe ein spätjungsteinzeitliches Bauwerk findet, das wie Stonehenge oder Avebury relativ intakt ist, weiß er immer noch wenig über die kulturellen Traditionen der Menschen, die es erbauten. In der Neuen Welt kann man auf völlig ungestörte Fundstätten stoßen. Noch besser ist, daß es Nachfahren der Ureinwohner gibt, deren kulturelle Traditionen von Steinzeitmenschen herstammen, was einen Blick auf die Kultur der altvorderen Baumeister werfen läßt.

Die Pueblo-Indianer des amerikanischen Südwesten sind so ein Fall. Ihre entfernten Vorfahren sind unter den Paläo-Indianern zu finden, die vor vielleicht 15 000 Jahren von Asien nach Amerika hinüberkamen und später dem eisfreien Korridor östlich der Rocky Mountains folgten, als dieser sich vor rund 12 000 Jahren öffnete und ihnen den Durchzug von Alaska bis in die mittleren Breiten Nordamerikas erlaubte. Vor etwa 2300 Jahren ließen sich einige der Horden im wüstenreichen Südwesten nieder und begannen mit der Landwirtschaft – etwa von diesem Zeitpunkt an bezeichnet man sie als »Anasazi« und nicht mehr als

»Paläo-Indianer«. Mais und Kürbis mögem sie von den Stämmen weiter im Süden übernommen haben, die die ersten waren, die den Mais domestizierten. Diese beiden Grundnahrungsmittel erlaubten es ihnen, ihre Bevölkerungszahl im Vergleich zu der, die man mit Jagen und Sammeln ernähren konnte, zu verdoppeln und nochmals zu verdoppeln.

Die Regenfälle sind unbeständig in diesem Land, das größtenteils aus Gebirgswüsten besteht, und so mußten die Anasazi weiterhin sich einen Gutteil ihrer Nahrungskalorien in Form von Nüssen, Kakteen, Kaninchen und Dickhornschafen besorgen. Hätten sie sich nicht mit solchen Jäger-Sammler-Spezialitäten versorgt, wären sie wohl in Schwierigkeiten geraten, da Mais und Kürbis allein keine ausgewogene Grundnahrung darstellen. Als später Bohnen hinzukamen, hätten diese drei Feldfrüchte sie größtenteils unabhängig von der Jagd und Nüssen gemacht, aber ich vermute, daß sie ihre traditionellen Speisen sehr wohl schätzten und weiterhin auf die Suche nach ihnen gingen – wenigstens zu Zeiten, wo sie nicht an die Felder gefesselt waren, weil sie das Wasser zu ihren Pflanzen tragen mußten. Die Zeiten, in denen sie Muße zur Jagd hatten, müssen ihnen ein Vergnügen gewesen sein, ähnlich wie sich heute einige Leute bei einem Einkaufsbummel fühlen.

Die heutigen Pueblo-Stämme sind größtenteils Nachfahren jener Anasazi, die zur Zeit der großen Dürreperioden zwischen 1130 und etwa 1300 n. Chr. an diesen Pueblo-Orten Zuflucht suchten. Die Bezeichnung »Anasazi« bezieht sich also auf eine Kultur, die von vor 2300 Jahren bis etwa vor 700 Jahren Bestand hatte, als es zur Vermischung mit angrenzenden Stämmen (zum Beispiel den Sinagua) kam; in ihrer letzten Phase entstanden die Felsenbehausungen, wie man sie etwa in Mesa Verde findet. »Pueblo« nennt man die heute lebenden Nachfahren der Anasazi, die meist auf der Hochfläche von Tafelbergen leben und in der Nähe ihr Land bestellen. Heutige Pueblo-Stämme sind die Hopi, die Zuni und mehrere Dutzend kleinerer Rio-Grande-Pueblo (die letzteren wurden größtenteils von den emsigen spanischen Priestern christianisiert, die mit dem spanischen Gouverneur nach New Mexico kamen).

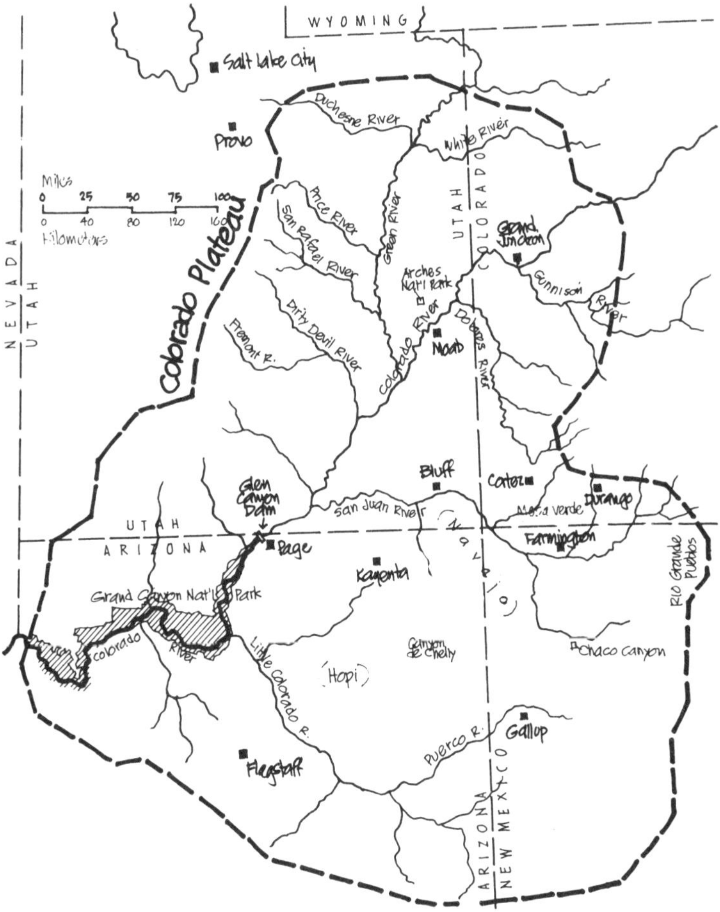

Natürlich haben die Pueblo ihrerseits in den letzten 700 Jahren Wandlungen durchgemacht, vor allem in Folge des Vordringens europäischer Kultur mit der spanischen Eroberung von 1540; zu noch rapideren Veränderungen kam es dann, als im 19. und 20. Jahrhundert die Siedler in den Westen zogen. Als »historische Pueblo« bezeichnet man in etwa die Pueblo-Kultur der Periode von 1880 bis 1895, als eine Reihe von Anthropologen und Tagebuch-Autoren (meist protestantische Missionare) mancherlei über die Pueblo zu Papier brachten – wenigstens das, was die Indianer ihnen zu zeigen und mitzuteilen bereit waren.

Die vorangegangenen drei Jahrhunderte, geprägt von vermutlich belesenen und neugierigen katholischen Klerikern, hatten keine solche Literatur hervorgebracht; das erklärt sich wahrscheinlich aus der intellektuellen Einschüchterung durch die spanische Inquisition (die im 13. Jahrhundert ihren Anfang genommen hatte, aber erst 1834 endgültig aufgehoben wurde). Da die Hopi im nördlichen Arizona aufhohen Tafelbergen etwa 100 Kilometer östlich des Grand Canyon lebten und am wenigsten von den spanischen Priestern aus Santa Fe beeinflußt wurden, nimmt man meist an, daß die Hopi-Kultur der ursprünglichen Anasazi-Kultur am nächsten kommt und am ehesten noch Elemente der Jäger-Sammler-Kultur zeigt, die dem Ackerbau vorausging. Traditionellerweise sind die Hopi jedoch sehr verschlossen, was ihre rituellen Angelegenheiten anbelangt; nach allem, was wir wissen, ist der Wesenskern ihrer rituellen Praktiken niemals entschlüsselt worden.

Bei all diesen Einschränkungen erhält man so dennoch einen seltenen Einblick in die mündliche Kultur eines Steinzeit-Volkes der gemäßigten Zonen. Aus der europäischen und nahöstlichen Steinzeit gibt es keine solchen Überlebenden – von jenen längst vergangenen Kulturen künden nur noch »harte« Indizien, die Steinwerkzeuge und zerbrochenen Töpferwaren, die besser überdauert haben als hölzerne Speere, Sandalen, Tragebeutel und mündliche Überlieferungen. Von den Anasazi haben wir sogar Piktogramme und alle Arten »weicher« Funde in Form von hölzernen Gerätschaften und intakten Halsketten. Obwohl es problematisch ist, über mehrere Ubergangsphasen hinweg Rückschlüsse zu ziehen, bieten die Archäologie der Anasazi und die Ethnologie der Pueblo zusammen viel Material, mit dem der Archäologe arbeiten kann.

Verglichen mit der Alten Welt ermöglicht das vorkolumbianische Nord- und Südamerika einen einzigartigen Einblick, wie sich eine Hochkultur auch auf anderem Weg entwickeln kann als jenem, dem die Völker des Fruchtbaren Halbmonds folgten. Obwohl sie der Alten Welt auf bestimmten Gebieten überlegen waren (die Maya benutzten die Zahl Null lange vor der Alten Welt, die Paläo-Indianer domestizierten Mais, und so weiter), hielt das Fehlen von Metallwerkzeugen die amerikanischen Kulturen davon ab, sich allzu weit von den wesentlichen Dingen des Lebens zu entfernen. Wir bewundern ihr Straßensystem (obwohl sie keine Wagen und keine Pferde hatten) und ihre extensive, ohne Pflug betriebene Landwirtschaft. Und ihre Kunst.

Manchmal findet man Felszeichnungen der Anasazi noch unter freiem Himmel, der Witterung ausgesetzt, doch das meiste dessen, was erhalten ist, wird geschützt unter irgendeiner Art Überhang entdeckt. An solchen Stellen heizt die Sonne nicht jeden Tag die Felsen auf, die sonst sich ausdehnen, brüchig werden und absplittern würden. Egal ob es sich bei der Steinkunst um Gemälde handelt (Piktogramme) oder um Ritzzeichnungen in der Felsoberfläche (Petroglyphen), der permanente Schatten ist ihrem Erhaltungszustand förderlich.

Die Anasazi lebten in einem Land zuweilen langer Schatten: im Land der Canyons. Einige dieser Schatten streichen langsam über die Felskunst hinweg. Man hat viel darüber geschrieben, ob die Kombination von Kunst und Schattenlinien möglicherweise eine astronomische Bedeutung hat. Fajada Butte ist vielleicht das am besten bekannte Beispiel. Weit oben an einer Seite dieser freistehenden Spitzkuppe am südlichen Eingang des Chaco Canyon in New Mexico liegen einige herabgestürzte Felsblöcke. Kriecht man darunter, kann man sehen, wie sich um die Mittagszeit die Schatten soweit einander nähern, daß nur noch ein schmaler Lichtschlitz bleibt, der langsam über eine Spirale wandert, die in einen darunter liegenden Felsen geritzt wurde: der »Sonnendolch«, wie der wandernde Lichtfleck genannt wird.

Man sagt, er markiere die Sommersonnenwende – aber ein paar Wochen lang sieht man in etwa immer das gleiche. Soweit ich weiß, passiert bei Fajada nichts, was den genauen Tag der Sonnenwende eindeutig markieren würde. Überall im Südwesten findet man eine Menge Felskunstwerke der Anasazi, die nahe den Sonnenwenden in besonderer Weise beschattet werden, so daß die beleuchtete Spirale an der Seite des Fajada Butte wahrscheinlich dem Zweck diente, die Sommersonnenwende zu feiern. Aber sie *markiert* sie nicht in dem Sinn, daß sie den Tag des Wendepunkts spezifiziert. Die Position der Sonne am Horizont beim Aufgang zu beobachten, hätte besser funktioniert als der Sonnendolch.

Interessanter sind da die Felskunst-Darstellungen der Supernova im Krebsnebel im Jahr 1054 n. Chr.; die beste dieser Darstellungen findet sich am anderen Ende des Chavo Canyon. Zweifellos haben die Anasazi dem Himmel große Aufmerksamkeit geschenkt, besonders zu den Zeiten der Sonnenwenden. Haben sie also auch ein Stonehenge erbaut?

4.
Von oben nach unten und umgekehrt: Ansichten aus dem Grand Canyon

Der Himmel brach auf wie ein Ei zu einem vollkommenen Sonnenuntergang, und das Wasser fing Feuer.

Pamela Hansford Johnson, 1981

An der Küste Griechenlands südlich von Athen gibt es viele Stellen, von denen aus man einen wunderschönen, über das Meer leuchtenden Sonnenuntergang sehen kann. Am Ende der Halbinsel kann man sogar eine ungewöhnliche Kombination erleben: Während über der Ägäis der Vollmond emporsteigt, geht gleichzeitig über dem Golf von Ägina vor Piräus die Sonne unter. Silbern glänzende Wellen erstrecken sich bis zum östlichen Horizont, und rosarot schimmernde verbinden einen mit dem westlichen. Man empfindet diesen Platz als etwas ganz Herausragendes, so als ginge etwas Besonderes vor – und man sei mitten im Zentrum des Geschehens.

Ich glaube, daß dieser Auf- und Untergang die alten Griechen genauso beeindruckt haben dürfte, denn den besten Ausblick bietet der Poseidon-Tempel, der etwa zeitgleich mit dem Parthenon in der Mitte des 5. Jahrhunderts v. Chr. erbaut wurde; er thront am Ende einer felsigen Landzunge, die hier wie ein gigantischer Wellenbrecher ins Meer vorspringt. Während die langen Schatten des Tempels nach dem Mond greifen, formen die in Rot getauchten dorischen Säulen einen Rahmen, der den Mond riesig aussehen läßt. Schon bald ist die Sonne ganz untergegangen und der Mond am Himmel höhergestiegen, doch für wenige Minuten bietet das Zusammentreffen der gleißenden Lichtstrahlen ein wahres Schauspiel – vielleicht nicht gerade vom Rang einer Sonnenfinsternis, aber doch so großartig wie etwa der Anblick von Delphi.

Wir Menschen betrachten oft den Sonnenuntergang, und im amerikanischen Südwesten praktizieren die übriggebliebenen Ureinwohner dies häufig als abendliches Ritual. Sie versammeln sich vor den Türen ihrer Behausungen oder klettern sogar auf

Die langen Schatten des Sonnenuntergangs am Poseidon-Tempel.

die Dächer, um dem Ende eines weiteren Tages zuzusehen. Ich mußte ohne ein Dach auskommen, als ich einen Sonnenuntergang über dem Grand Canyon vom Cape Royal am Nordrand aus betrachtete; aber vor rund 1000 Jahren haben hier Indianer gelebt, und so tat ich wahrscheinlich nichts anderes, als eine alte lokale Tradition wiederzubeleben. Und ich beobachtete den Sonnenuntergang vor einer Vollmondnacht, in Erinnerung an jene Erfahrung in Griechenland.

Die Gewitter des Nachmittags waren abgezogen. Zweimal war ich während dieses Tages entlang des Nordrandes völlig durchnäßt worden. An den meisten Orten des amerikanischen Südwesten kann man kleine Regenwolken kommen sehen, wenn man einfach den Horizont in der Richtung absucht, aus der der Wind bläst. Aber am Rand des Grand Canyon, fast 2400 Meter über der Talsohle, muß man statt dessen nach unten schauen. Die Wolken quellen aus den Tiefen des Canyon empor wie ein Ausbruch aus einem kochenden Kessel, den die Hexen umzurühren vergessen haben.

All die im Canyon von der Sommersonne aufgeheizte Luft steigt als Aufwärtsströmung empor – wo sie auf feuchte Luft trifft, die während der Monsunzeit aus dem Golf von Mexiko nach Norden strömt. Für gewöhnlich ergeben sich daraus ein

Kap Sounion mit dem Poseidon-Tempel bei Sonnenuntergang im Südwesten.

paar Turbulenzen, die sich in einen Flickenteppich von Blitz und Donner auflösen. Wenn es sich abends abkühlt, verschwinden die Wolken meist und geben einen klaren Ausblick auf den westlichen Horizont frei.

Das Walhalla-Plateau erstreckt sich gleich einer himmelhohen Halbinsel an der Südostecke des Canyon-Nordrands. Wie ein Vorgebirge ragt Cape Royal vom Plateau nach Süden in den Canyon hinein, gerade wie Kap Sounion mit seinem Tempel von der Spitze der attischen Halbinsel in die Ägäis springt. Stellt man sich den Grand Canyon mit Wasser gefüllt vor, ist die Analogie perfekt. Die Südspitze des Cape Royal ist bis auf die Beifußbüsche, die die Landschaft beherrschen, flach und offen. Verstreute Piñon-Kiefern und Zederzypressen wachsen am Rand der Hochebene; mehr Regen fällt dort, wo die Regenwolken den Rand erklimmen; die Beifußbüsche deuten also auf eine Art Regenschatten hin.

Vom Cape Royal aus betrachtet, geht die Sonne über dem

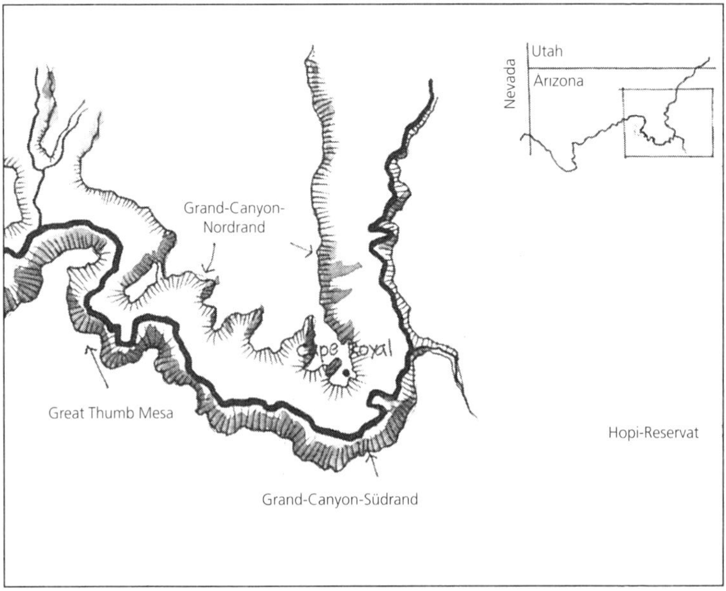

Hualapai-Indianerreservat auf dem Coconino-Plateau im Westen unter, rund 80 km entfernt. Und der Mond geht oft über dem Hopi-Indianerreservat auf, einem weiteren Hochplateau, das etwa genauso weit entfernt im Osten liegt. Aufgrund der großen Entfernungen erscheint der Horizont beinahe so flach wie der, den man vom Poseidon-Tempel aus sieht – aber es gibt hier kein glitzerndes Meer, das die Kontraste akzentuieren und einem das Gefühl vermitteln könnte, direkt mit der untergehenden Sonne oder dem aufgehenden Mond verbunden zu sein. Die klaffenden Abgründe dazwischen leuchten statt dessen in warmen Farben, ihre vielfältig modellierten Felsformationen werfen lange Schatten.

Angel's Window gehört zu den vielen schmalen Felsenkämmen, die unweit von Cape Royal wie freistehende Wände in den Canyon vorspringen, bevor sie abrupt in einer Klippe enden. Es sind kleine Halbinseln am Rand der großen, wie vertikale Finnen geformt, und oberhalb ihrer Risse und Schrunden wachsen ein paar Kiefern und Beifußbüsche. Aus einer dieser dünnen Wände ist ein großer Brocken Kalkfelsen herausgefallen, aber ohne daß – überraschenderweise – die Oberkante des Grats heruntergebrochen wäre. So ist ein »Fenster« im Fels entstanden. Ich erinnere mich, wie ich auf einer meiner Bootsfahrten auf dem Colorado River, unten am Grund des Grand Canyon, hinaufschaute und die große dreieckige Öffnung in der Klippe sah; der blaue Himmel schimmerte hindurch. Oben beim Cape Royal wandern Touristen auf dem Grat über dem Fenster und schauen hinunter. Oder sie stehen weiter westlich auf dem Plateau und werfen einen Blick auf den vom Fenster eingerahmten Colorado.

Könnte dieses Fenster als Scheinwerfer dienen, wie dasjenige westlich des Delicate Arch? Nein, folgerte ich widerstrebend, nur beim Untergang ist die Sonne durch das Fenster zu sehen – aber dazu muß der Beobachter unten auf dem Grund des Grand Canyon an der richtigen Stelle stehen. Und er könnte keinen »Scheinwerferkegel« auf dem Boden irgendwo in der Nähe ausmachen. Der Lichtfleck, den die untergehende Sonne durch das Fenster wirft, ist zu diffus, um erkennbar zu sein, denn wegen der großen Entfernung zwischen dem Fenster und den in Frage kommenden Gebieten des Canyongrunds verwischen sich die Schattenkanten bis zur Unkenntlichkeit.

Und dabei war es so eine gute Idee gewesen; ein zweites Mal hätte ich mir ein Schauspiel wie das am Delicate Arch ausdenken können.

Scheinwerferkegel wie der am Delicate Arch sind eigentlich bloß runde Schatten. Die Richtung, in der ein Schatten fällt, ist eine Frage der Tages- wie der Jahreszeit; die Kombination von Sonnenuntergang und Sommersonnenwende ließ jene Öffnung gegenüber dem Delicate Arch einen Schattenrahmen auf das Podest unterhalb des Bogens werfen. Die Schattenwürfe und Peillinien der Wendepunkte stellen die übliche Lieblingsbeschäftigung von Archäoastronomen dar; aber was ist mit den Schatten und den Blickrichtungen, wenn eine Finsternis bevorsteht? Eklipsen begünstigen keinen bestimmten Punkt des Kompasses (sie können bei jedem Sonnenuntergangsstand irgendwo zwischen Südwesten und Nordwesten vorkommen), also gibt es keine Peilung, die besonders auf Eklipsen hinweisen würde. Könnten aber die Schatten bei Sonnenuntergang zu besonderen Gelegenheiten auf den Mondaufgang deuten?

»Berührt« vielleicht unser eigener Schatten kurz vor einer Eklipse den aufgehenden Mond? Als mir diese Idee zum ersten Mal kam, so erinnere ich mich, sprach ich laut und deutlich mit mir selbst und zwar irgend etwas in der Art, daß ich in meinen wissenschaftlichen Grübeleien nun wohl etwas zu theatralisch würde, daß meine kurze Kulissenkarriere als Beleuchter in einer Oberschul-Ballettproduktion mir wohl zu Kopf gestiegen sein müsse. Dennoch ging mir die Formulierung, mit dem Schatten »den Mond zu berühren«, nicht aus dem Sinn, verband sie sich doch in bestimmter Weise mit jenem Silberstreifen, der die Wellen glitzern ließ.

Der Vollmond ist natürlich (wie wir heute wissen, da wir die Geometrie von Eklipsen verstehen) die einzige Zeit, zu der es zu Mondfinsternissen kommen kann. Der Mond muß dem Erdschatten nahe sein, wenn ihm eine Finsternis drohen soll, und das bedeutet zugleich, daß er voll erleuchtet erscheinen wird. Die Umkehrung trifft allerdings nicht zu; in der Tat kommt es ja zu den Vollmonden der meisten Monate nicht zu Eklipsen, und der Mond scheint auch, worüber man streiten kann, jeden Monat ein paar Nächte lang voll zu sein (jedenfalls streiten meine Frau und ich oft darüber, ob er nun voll ist oder nicht).

Welche Nacht mögen wohl prähistorische Menschen als Vollmond gefeiert haben, wenn es so unbestimmt bleibt, wann er wirklich ganz voll ist? Ich vermute, daß »Vollmond« (abgesehen davon, daß man es vielleicht anders nannte) ursprünglich definiert wurde als der eine Abend des Monats, an dem der Mond gerade kurz vor Sonnenuntergang aufgeht – und so auf dem östlichen Horizont sitzt, wo er, von der untergehenden Sonne in Rot getaucht, besonders dramatisch aussieht, während all die langen Schatten die Aufmerksamkeit direkt auf ihn lenken, wie er dort riesengroß prangt (aus irgendeinem Grund, der sich in den Schaltkreisen unseres Hirns verbirgt, erscheinen Sonne oder Mond, wenn sie direkt über dem Horizont stehen, viel größer als weiter oben am Himmel).

In der vorausgehenden Nacht erscheint der Mond eine

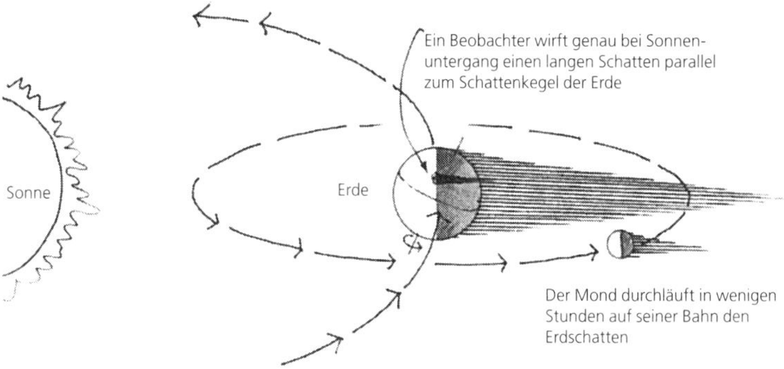

Stunde vor Sonnenuntergang und erreicht nur selten eine solche Färbung; klein und weiß steht er schon höher am Himmel, wenn die Sonne untergeht. In der Nacht nach dem Vollmond sind die Farben des Sonnenuntergangs oft schon verblaßt, wenn der Mond (immer noch ziemlich voll erscheinend) am östlichen Horizont auftaucht. Also ist an einem bestimmten Abend dieser Folge der Mondaufgang viel bemerkenswerter als gewöhnlich. Ehe ich mich selbst dafür zurechtweisen konnte, daß ich mich mal wieder auf dramatische Effekte einließ, erinnerte ich mich (die moderne Geometrie meldete sich zurück), daß ein Mondaufgang unmittelbar vor Sonnenuntergang eine wesentliche Grundvoraussetzung ist, wenn es später an jenem Abend zu einer Mondfinsternis kommen soll. Jene Definition von »Vollmond« würde, so ist es nun einmal, die Vorhersage von Mondfinsternissen erleichtern.

Welcher Vollmond aber kündigt, da es ja nicht jeden Monat dazu kommt, eine Mondfinsternis an? Wie können wir das herausfinden? Oder besser, wie könnten prähistorische Menschen das herausgefunden haben?

Mondauf- und Sonnenuntergang kamen und gingen; im Grand Canyon wurde es dunkler, bis nur noch das Mondlicht ihn erhellte. Die Kombination von Mondauf- und Sonnenuntergang war ein wundervoller Anblick; die Farben dort im Canyon können einen ziemlich ablenken, aber ich schaffte es, darauf zu achten, wie mein Schatten imrner länger wurde. Er zeigte ungefähr in die Richtung des Mondes, aber ich konnte schon vorher sagen, daß er ihm nicht sehr nahe kommen würde.

Man braucht eine gute, unbehinderte Sicht, um dieses Spiel zu spielen. Der Schatten wird immer schwächer, je länger er wird, und wechselt allmählich seine Richtung, indem er ein wenig nach Süden schwenkt. Das liegt daran, daß die Sonne sich weiter nach Nordwesten hangelt, während sie untergeht und jene langen Schatten nach Südosten schwenkt.

Wie hängen, wenn überhaupt, die Schattenrichtungen mit Mondfinsternissen zusammen? Am Nordrand des Canyon gibt es keine Handbibliothek mit Listen von Eklipsen und den Winkeln von Mondauf- und Sonnenuntergang zum Nachschlagen. Aber der kleine Computer in meinem Tagesgepäck hatte ein Programm, mit dem man die Winkel berechnen konnte. Obwohl ich gerne eine Entschuldigung hätte, nächstes Jahr zu jedem Vollmond den Grand Canyon zu besuchen, konnte ich in meinem Computer die Zeit vor- und zurücklaufen lassen und simulieren, was ich jeden Monat gesehen hätte.

Bis zum nächsten Mittag (eine Mondfinsternis hatte sich übrigens nicht ereignet) waren mir mehrere Antworten klargeworden. Wenn der Mond zum Zeitpunkt des Sonnenuntergangs schon am Himmel steht, ist eine Finsternis unmöglich (auch wenn die Schatten direkt in seine Richtung weisen); selbst wenn nur zehn Minuten zwischen Mondauf- und Sonnenuntergang liegen, reicht das aus, um in den meisten Fällen eine Finsternis auszuschließen. Eklipsen sind genauso unmöglich, wenn die Sonne vor Mondaufgang untergeht (vorausgesetzt man hat einen Rundhorizont ohne größere Erhebung).

Ehe man die Zeit messen konnte, nahm man wahrscheinlich die Höhe des Mondes bei Sonnenuntergang als eine einfache Methode, um Eklipsen auszuschließen. Wenn der Mond zu dem Zeitpunkt, da die Sonne direkt auf dem westlichen Horizont sitzt, mehr als ein paar Durchmesser oberhalb des östlichen Horizonts steht, ist eine Mondfinsternis sehr unwahrscheinlich.

Das ist Methode Nr. 4 (»Hoher Mond ist sicher«). Wenn man

ein Vorhersageschema hat wie das Abzählen in Sechserschritten, stellt diese Beobachtung der Mondhöhe eine Methode dar, andernfalls vorhergesagte Mondfinsternisse *auszuschließen,* genauso wie man morgens aus dem Fenster schauen kann um die Richtigkeit der gestrigen Wettervorhersage zu prüfen. Man könnte sich darauf verlassen, daß die Gebete erhört werden würden, und vielleicht auf Kosten der Mitwettbewerber im Prophetengeschäft, die gewöhnlich in jedem sechsten Monat nach einer Finsternis Alarm geben, ein bißchen mehr Glaubwürdigkeit erlangen. Ruhig und zuversichtlich kann man dann herumgehen und den Leuten erzählen, man *wisse,* daß es nicht zu einer Verfinsterung kommen wird, egal was die anderen Propheten behaupteten, weil man einen besseren Draht zum Allmächtigen habe.

Die Methode scheint einfach genug, um schon in vorgeschichtlicher Zeit entdeckt worden sein zu können. Ganz bestimmt war ich auch nicht der erste, der sie in heutiger Zeit entdeckt hat; so wird sie auch gerade in jenem Buch gestreift, daß vor einem Vierteljahrhundert mein anfängliches Interesse an Eklipsen-Vorhersagen erregte:

> Es scheint sehr wahrscheinlich, daß die Leute von Stonehenge die zeitliche Beziehung zwischen Mondaufgang und Sonnenuntergang erkannt und benutzt haben, um Eklipsen vorherzusagen. Verglichen mit der Aufgabe, Jahr und Monat einer Eklipse mittels der Aubrey-Löcher und den Aufgangs-Untergangs-Richtungen zu bestimmen, erscheint die Vorhersage der betreffenden Nacht und Stunde mittels Beobachtung der Zeitdifferenz von Mondaufgang und Sonnenuntergang als einfach.
>
> Gerald S. Hawkins, *Stonehenge Decoded,* 1965

Kommen wir jedoch auf die Schatten zurück. Die zweite Einsicht all meiner Zahlenspielerei war: Wenn die Sonnenuntergangs-Schatten innerhalb ungefähr eines Durchmessers *links* des aufgehenden Monds am Horizont liegen, dann ist eine Mondfinsternis besonders wahrscheinlich.

Seit etwa vier Jahrhunderten wissen wir, daß die Erde einen kegelförmigen Schatten, die Umbra, in dieselbe Richtung wirft, in die auch der Schatten des Beobachters weist. In dem Moment, da die Sonne untergeht, erhebt sich dieser Schattenkegel im Osten, ohne daß wir ihn sehen könnten. Eigentlich ist der Sonnenuntergangs-Schatten des Beobachters manchmal sogar ein winziges Stück des Kegels, eine kleine dünne Beule an seiner rechten Seite.

Zu einer Finsternis kommt es, wenn die nach Osten führende Kreisbahn des Mondes ihn während der Nacht nach links in den Schattenkegel hineinführt (jedenfalls gilt das für Beobachter auf der Nordhalbkugel). Ein vorwissenschaftlicher Beobachter aber muß das nicht wissen, um zu erkennen, daß das »Berühren des Mondes mit dem Schatten« etwas mit einer Eklipse zu tun hat. Mithin, *daß der eigene Schatten bei Sonnenuntergang zum aufgehenden Mond weist (innerhalb weniger Durchmesser zu seiner Linken)* stellt Methode Nr. 5 der Eklipsen-Vorhersage dar (»Den Mondaufgang berühren«); wiederum ist diese Methode in ihrer Einfachheit für künftige Propheten »anfängertauglich«.

Die Methode funktioniert nicht immer (der Weg des Mondes führt ihn dann knapp ober- oder unterhalb der Umbra entlang), aber jeder Mondfinsternis geht eine solche Koinzidenz voraus. Der Mond muß bei Sonnenuntergang sehr nahe am kegelförmigen Schatten stehen, damit überhaupt irgendeine Aussicht besteht, daß er innerhalb der nächsten paar Stunden sich in ihn hineinbewegt. Dieses Verfahren ist für Mondfinsternisse, die sich innerhalb der nächsten Stunden ereignen, besonders geeignet; es dient dazu, vor solchen Eklipsen zu warnen, die sich ereignen, wenn noch viele Menschen wach sind; ähnlich erlauben die Nadelloch-Methoden eine einstündige Vorwarnzeit vor einer totalen Sonnenfinsternis.

Weitere Abstände zwischen den Sonnenuntergangs-Schatten und dem Mondaufgang können auch mit Eklipsen in Verbindung gebracht werden, die sich später in der Nacht ereignen, aber dann wird die Einschätzung schwierig, was dazu führt, daß sich die Wahrscheinlichkeitsabschätzung mittels der Sechser-Zählmethode so kaum verbessern läßt. Mit Methode

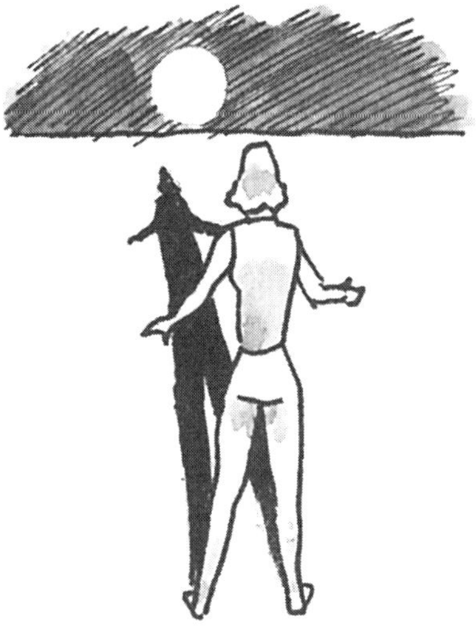

Nr. 1 (»Zählen der geballten Fäuste«) kann man erkennen, daß es eine erhebliche Wahrscheinlichkeit für eine Eklipse gibt; mit Methode Nr. 4 (»Hoher Mond ist sicher«) oder Nr. 5 (»Den Mondaufgang berühren«) kann man in die Lage versetzt werden, entweder eine Finsternis auszuschließen (wie auch im Fall des Sonnenuntergangs vor dem Mondaufgang) oder Alarm zu geben (wenn die letzten Schatten genau auf den gerade aufgehenden Mond zeigen, wie es in Jamaica im Jahr 1504 der Fall gewesen sein muß).

Bei diesem Schattenspiel zu Sonnenuntergang haben große Menschen vielleicht einen Vorteil. Kleinere Leute werden vielleicht irgendeinen hohen Kopfschmuck tragen oder statt dessen einen abgestorbenen Baum nutzen, der aufrecht wie ein Telegrafenmast steht; man lehnt sich nach Osten gewandt mit dem Rücken an ihn und blickt entlang seines Schattens auf den aufgehenden Mond. Vielleicht sind in alter Zeit Beobachter sogar auf die Spitze eines Pfostens oder einer Säule geklettert, um die Richtung des Schattens besser verfolgen zu können.

Genau das ist es, was man einst vielleicht am Poseidon-Tempel getan hat – die langen Sonnenuntergangs-Schatten sich zunutze

zu machen, die jene dorischen Säulen quer über den Marmorfußboden werfen und die auf den Silberstreifen des Meeres treffen, der vom Mondaufgang herführt.

Der Beobachter steht an der Basis einer der westlichen Säulen, blickt entlang des Säulenschattens quer über den Fußboden auf die östlichen Säulen und schätzt ab, ob die Schattenkanten mit dem Silberstreifen auf dem Meer, der vom aufgehenden Mond herüberkommt, in einer Linie liegen – oder ob die beiden doch einen abknickenden Winkel bilden. Eine solche Anordnung daraufhin zu prüfen, ob zwei geradlinige Segmente in überzeugender Weise zu einer einzigen Geraden verschmelzen, ist sogar noch leichter, als den eigenen Schatten bis hin zum Mond zu verfolgen. Um ein Kriterium dafür zu bekommen, wie dicht dabei »dicht genug« ist, kann man sich der Säulen selbst bedienen, indem man etwa feststellt, daß der Mondaufgang innerhalb eines Abstands von einer Säulenbreite vom Sonnenuntergangs-Schatten stattfinden muß.

Ist also der Poseidon-Tempel mit seiner exponierten Lage (freie Sicht nach Osten und Westen) und seinen hohen Säulen eine architektonische Lösung für die Eklipsen-Vorhersage? Können wir vermuten, daß die großen Steine von Stonehenge demselben Zweck dienten, daß die Priester den Schatten eines Steines entlang blickten, um zu sehen, ob der Mond genau an seinem Ende aufging?

Wenn man nicht an einer Ostküste lebt, kann man sich auch nicht des Silberstreifens bedienen. Auch wenn man den nötigen freien Blick nach Osten hat, sind Schatten allein schwer einzuschätzen, besonders ihre Anordnung ganz zum Schluß: Wie dicht ist »dicht genug«? Aufgrund der Luftfeuchtigkeit, die Sonnenuntergänge am Meer dämpft (und Mondaufgängen etwas Gespenstisches verleiht), können auch Schatten nur sehr diffus zu erkennen sein.

Probleme mit der Anordnung von Schatten kann man auch dadurch lösen, daß man direkt in den Sonnenuntergang schaut und so seine Blickrichtung von der Sonne direkt bekommt statt von einem Schatten. Die Schwierigkeit dabei ist, grübelte ich, wie man das machen kann, wenn man auch noch gleichzeitig auf den aufgehenden Mond achten muß. Ja, ich weiß natürlich, daß man sich einfach umdrehen kann, aber wie weiß man dann ohne die Hilfe moderner Beobachtungsinstrumente, daß man sich exakt um 180 Grad gedreht hat?

Die simple Lösung (zu der man keinerlei Technik, nur das bloße Auge und vorfindliche Obiekte braucht), besteht darin, zwei Beobachter zu nehmen, die ein Stück weit voneinander entfernt stehen. Der östliche Beobachter steht still, während der westliche herumgeht, bis der aufgehende Mond genau hinter seinem östlichen Partner zu lokalisieren ist – und dann bleibt er auf der Stelle stehen, während der östliche (immer noch stillstehend) über den westlichen Beobachter zum Sonnenuntergang blickt. Wenn der Sonnenuntergang wirklich hinter dem westlichen Beobachter erfolgt, dann müssen beide in einer Linie zwischen Sonne und Mond stehen, ohne daß es dazwischen einen abknickenden Winkel gibt.

Daß der Mond den ausgestreckten Arm des östlichen Beobachters »berührt«, könnte auch ein gutes Hilfsmittel sein – und zugleich ein Maß für den Abstand liefern, der zwischen Mondaufgang und Sonnenuntergangs-Schattenlinie liegen sollte (vorausgesetzt, daß die beiden Beobachter immer einen Abstand von einer bestimmten Anzahl Schritte einhalten). Wie die Säulenbreite ein Kriterium beim Anpeilen des Mondaufgangs über einen Säulenschatten hinweg darstellt, könnte auch diese Methode eine Tradition entwickeln helfen, nach der man weiß, wann man Alarm geben muß und wann man eine zweideutige Situation ignorieren kann. Man erhielte eine klare Ja-oder-Nein-Antwort (was immer gut ist, um Streitereien zu vermeiden!) .

Nun erscheint es unwahrscheinlich, daß vorwissenschaftliche Menschen irgendeine Regel als »Beziehung zwischen geraden Linien« formuliert hätten. Sie haben wohl eher, soweit die kulturelle Überlieferung diesen Schluß erlaubt, die Dinge personifiziert. Vielleicht haben sie den östlichen Beobachter den »Sonnenpriester« genannt, weil er auf den Sonnenuntergang achtete, und den westlichen den »Mondpriester« (oder so ähnlich). Beachtet hätten Sie dann auch die Momente, da die Sonne den Mondpriester genauso »berührte«, wie der aufgehende Mond den Sonnenpriester »berührt« hatte. Wie auch immer, dahinter steckt Symmetrie.

Wurden diese einfachen Verfahren jemals benutzt? Nachdem die Schrift erfunden worden war, überlagerten vielleicht ausgefeiltere Systeme der Eklipsen-Vorhersage die simpleren und ließen sie als obsolet in Vergessenheit geraten. Ich weiß jedoch von einer priesterlichen Praktik bei den Pueblo-Indianern, die meiner Methode mit den Priestern entsprechen könnte, obwohl wir Vorsicht walten lassen müssen, wenn wir Rituale interpretieren, deren Zweck sich von ihrem ursprünglichen vielleicht weit entfernt hat.

Die heute lebenden Nachfahren der Anasazi glauben, daß Eklipsen Unglück bringen, Kindstod und Mißernten verursachen. Es würde mich nicht überraschen, wenn die Anasazi selbst in ähnlicher Weise um Eklipsen besorgt waren. In der Pueblo-Literatur gibt es nur wenige Erwähnungen von Eklipsen, aber die Angst vor ihnen hat vielleicht dazu geführt, daß sie ein Tabuthema wurden, über das man nicht sprach und das man folglich auch nicht einem Anthropologen oder Missionar gegenüber erwähnte. Doch die Anthropologin Florence H. Ellis hat von einem Dorf der Pueblo in New Mexico eine bezeichnende Geschichte über die Praxis zweier Priester berichtet, die (für mich jedenfalls) deutlich die Prozedur einer Eklipsen-Vorhersage vermuten läßt:

> Jeden Abend stellen sie den Ort des Sonnenuntergangs und den des Mondaufgangs fest: »Vom Mond glauben sie, daß er gerade wie die Sonne zwischen Norden und Süden hin und her reist, nur zu entgegengesetzten Jahreszeiten, so daß sich ihre Wege an einem Punkt kreuzen. Von allergrößter Bedeutung scheint für diese Kalenderpriester zu sein . . ., *Sonne*

> *und Vollmond genau zu beobachten, wenn sie sich am dichtesten einander annähern* [Hervorhebung von mir], ein Problem, das jenes der Zuni verdoppelt ...«

Doch es liegt auf der Hand, daß der Vollmond unmöglich an derselben Stelle stehen kann wie die Sonne; was also geht hier vor?

Mittels einer etwas anderen, metaphorischen Übersetzung, die eine gewisse Mehrdeutigkeit zwischen der untergehenden Sonne und einem »Sonnenpriester« erlaubt (vielleicht wurde dasselbe Wort für beide benutzt?), könnte dies meiner Methode der zwei Priester entsprechen: Der Vollmond nähert sich der Sonne (Priester), und die Sonne nähert sich dem Mond (Priester). Mehrdeutigkeit hat manchmal Vorteile, jedenfalls bei Eklipsen-Vorhersagen .

Eine gewisse Dualität zwischen Sonne und Mond, zwischen Tag und Nacht, zwischen Winter und Sommer ist tief in das Denken der Pueblo eingebettet. Sie haben die Vorstellung von einer Unterwelt, die der realen Welt um ein halbes Jahr vorausgeht – mit der Ausnahme, daß in der Unterwelt der Mond die Rolle der Sonne einnehmen kann. Es ist leicht zu sehen, woher sie die Idee haben könnten, daß der Vollmond in der Unterwelt die Rolle der Sonne spielt: Wenn die Sonne im Winter nur einen flachen Bogen am südlichen Himmel beschreibt, zieht in derselben Nacht der Vollmond auf einem hohen Bogen seine Bahn – sein Weg ist in der Tat dem der Sommersonne ähnlich. Und wenn im Sommer die Sonne hoch am Himmel steht, beschreibt der Mond nur einen flachen Bogen, ähnlich dem der Wintersonne. Man sollte meinen, daß solche Unterwelt-Vorstellungen dazu beitragen konnten, vom Modell einer flachen Erde loszukommen und Systeme zu entwickeln, die, wie mangelhaft auch immer, für Eklipsen-Vorhersagen geeignet waren.

Die Zwei-Priester-Methode ist wohl eine Verbesserung einer Ein-Beobachter-Methode – ich kann mir wenigstens vorstellen, daß man zufällig auf die Schatten-berührt-Mond-Methode stößt, nicht jedoch, daß irgend zwei Menschen die komplizierte

Choreographie der erweiterten Methode entwickelten, ohne daß es irgendwelche Vorgänger gab. Dennoch sind beide ziemlich einfache Methoden, die kein Verständnis von Geometrie erfordern – man braucht nur einen einigermaßen flachen Horizont im Osten *und* im Westen und muß ein paar Rituale entwickeln, den Vollmond bei Sonnenuntergang zu beobachten. Besonders wenn man dies mit der Vorhersagemethode der geballten Faust oder einem Schema magischer Zahlen kombinierte, mag das Auftauchen von Sonne und Mond in einer Linie eine einigermaßen zutreffende Warnung vor einer drohenden Mondfinsternis dargestellt haben.

Bevor ich Cape Royal am nächsten Tag verließ, bot sich mir ein lehrreicher Ausblick nach unten – wirklich geradewegs nach unten. 1000 Meter tiefer fließt der Unkar Creek, und die Stelle, wo er mitten im Grand Canyon in den Colorado River mündet, liegt sogar eineinhalb Kilometer tiefer. Mit einem Fernglas kann man von Cape Royal ein kurzes Stück des Colorado mit der Mündung des Unkar Creek überblicken.

Unten entlang des Unkar Creek liegen die ein Jahrtausend alten Ruinen der Winterbehausungen der Anasazi; sie gehörten wahrscheinlich denselben Familien, die während des Sommers hier oben auf dem Walhalla-Plateau lebten. Im Winter zogen sie dann dort nach Süden hinunter, wo es wärmer ist. Während der Nordrand des Grand Canyon dann unter dicken Schneewehen vergraben liegt, ist es auf seinem Grund nur ein bißchen kühl und regnerisch.

So viel macht der Höhenunterschied aus. Die Talsohle des Grand Canyon war ein guter Ort, um dem Winterwetter zu entgehen; man konnte Nüsse sammeln und auf die Jagd gehen. Am Unkar-Delta nahe dem Fluß hatten die Menschen vom Unkar Creek ihre Hauptanbauflächen; Archäologen haben dort eine Menge Knochen von Dickhornschafen, Rotwild und Kaninchen gefunden. Schon zu Zeiten, da die Regenfälle noch nicht genügend zugenommen hatten, um Ackerbau zu ermöglichen, gingen die lokalen Stämme wahrscheinlich oft zur

Winterszeit am Grund des Canyons dem Jagen und Sammeln nach.

Der Blick von unten nach oben ist noch viel beeindruckender. Hier würde man nicht irgendeine der Vorhersagemethoden anwenden, bei denen Sonnenuntergangs-Schatten den aufgehenden Mond berühren, denn die Horizonte erheben sich in gewaltiger Höhe. Wenn man den Colorado River am Grund des Grand Canyon hinunterfährt, scheinen die Bergketten ringsumher empor zu wachsen; mit jedem Tag, der vergeht, werden sie höher.

Unterhalb der Mündung des Little Colorado River, bei Meile 61 von Lee's Ferry an gerechnet (dort beginnen meist die Flußfahrten), öffnet sich die enge Schlucht des Colorado für etwa 15 Kilometer und beschreibt einen U-förmigen Bogen um das Unkar-Delta bei Meile 73 herum; dann rücken die Canyon-Wände wieder eng zusammen. Überall entlang dieses geweiteten Flußabschnitts bestellten die Anasazi ihre Felder, bewässerten sie ihren Mais, ihre Kürbisse und Bohnen mit dem Wasser, das sie vom Fluß herantrugen.

Während meiner dritten Fahrt auf dem Fluß sah ich eine besonders lange und spektakuläre Mondfinsternis, und zwar kurz nachdem wir das Unkar Delta besucht hatten. In jener Nacht stand ich auf der anderen Seite des Flusses oben auf einem niedrigen Hügel, der einen guten Blick auf den sich weitenden Grand Canyon bot. Der Hügel war von einer kleinen Ruine gekrönt. Sie bestand nur aus vier Wänden, die aus flachen Steinen aufgeschichtet waren, und doch barg diese Ruine auf dem Cardenas Hill irgendwie ein Geheimnis. Von den Äckern (und dem Trinkwasser) schien sie zu weit entfernt zu liegen, um ein Wohnhaus darzustellen. Wegen des freien Ausblicks hätte sie gut einen Wachtposten abgeben können, aber dafür war sie einfach zu groß. Angesichts der voranschreitenden Mondfinsternis konnte ich nicht umhin, sie mit Stonehenge zu vergleichen und mich zu fragen, ob sie wohl mit irgendwelchen astronomischen Hintergedanken gebaut worden war.

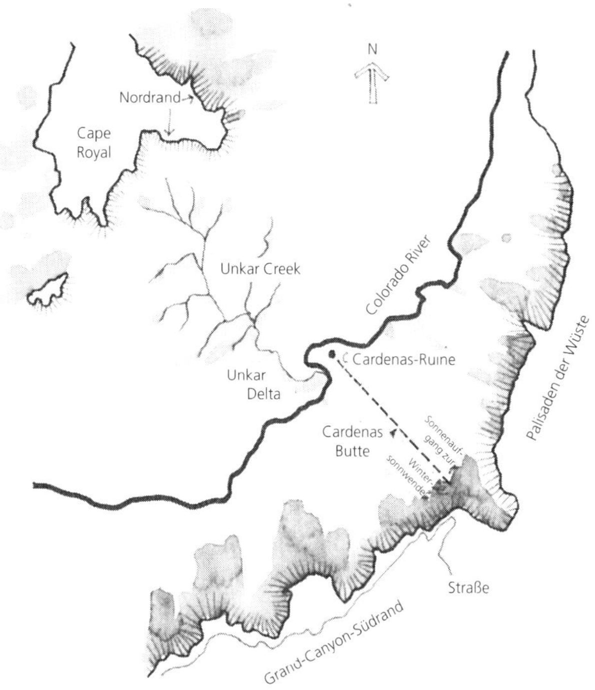

Das Vorrücken des Sonnenaufgangs von seinem südöstlichen Extrem im Winter bis zu seinem nordöstlichen Extrem im Sommer zu verfolgen, dieses mögliche prähistorische Programm fiel mir als erstes ein, während ich auf das Ende der Totalfinsternis wartete. Verglichen mit dem gleichförmigen Horizont der Ebene von Salisbury ist der Blick vom Grund des Grand Canyon hinauf viel besser geeignet, um den Fortgang der Jahreszeiten zu verfolgen. Die Ruine auf dem Hügel wäre ein idealer Platz für die Menschen vom Unkar-Delta gewesen, um einen »Kalender« im Hinblick auf die richtige Pflanzzeit zu führen. Im Winter und im Frühling geht die Sonne jeden Morgen ein Stück weiter nördlich auf – bis sie am Sommersonnenwendpunkt umkehrt und wieder nach Süden eilt. Eine jener Kerben im Südrand des Canyon könnte den Menschen vom Unkar-Delta als Gedächtnisstütze gedient haben: Wenn die Sonne endlich in dieser Kerbe aufgeht, ist es Zeit, den Mais zu pflanzen.

Wenn man keinen schön flachen Meereshorizont haben kann, ist es besser, einen richtig zerklüfteten zu haben, dachte ich. Bergspitzen und die Klüfte dazwischen sind als Markierungspunkte bestens geeignet – solange man seinen gewohnten Beobachtungspunkt beibehält, etwa den Platz vor der eigenen Haustür oder die Spitze seines Lieblingshügels.

Ich erinnere mich, wie ich im Mondlicht die östliche Horizontlinie absuchte. »Palisaden der Wüste«: so heißt ein Abschnitt des Canyonrands, der von vertikal vorspringenden Klippen gebildet wird. Wie die Falten eines Vorhangs ragen in regelmäßiger Folge die Vorsprünge in den Canyon – oder, so dachte ich, wie dorische Säulen eines griechischen Tempels. Den ganzen Frühling und Sommer hindurch wandert der Sonnenaufgang diese Kerben entlang. Leicht hätten die Anasazi ihnen Namen geben können, gerade wie wir dies mit unseren Monaten tun.

Also zählte ich die Kerben in der Horizontlinie ab, so gut ich im schwindenden Mondlicht konnte. Zwischen dem annähernd genau östlichen Sonnenaufgang der Frühlings-Tag-und-Nachtgleiche und dem nordöstlichsten Sonnenaufgang der Sommersonnenwende würde die Position des Sonnenaufgangs seitwärts über wenigstens ein Dutzend leicht identifizierbarer Markierungspunkte hinwegwandern. Ein Dutzend in drei Monaten, das bedeutet im Durchschnitt einen pro Woche. Das ist ein ziemlich genauer Kalender für eine Landwirtschaft, bei der man nicht die Tage einzeln abzählen muß.

Als ich den südöstlichen Horizont absuchte, wo die Sonne im Herbst und im Winter aufgehen müßte, bemerkte ich, daß ich den Südrand nicht sehen konnte, weil ein hoher spitzer Berg innerhalb des Canyon die Aussicht vom Hügel versperrte. Der spitze Berg war nur wenige Kilometer entfernt und ragte ziemlich hoch in den Himmel. Das bedeutet, daß die Sonne im Winter hier ziemlich spät aufgehen muß. Ich grübelte, ob es hier eine spezielle Kerbe für die Wintersonnenwende geben könnte. Vielleicht gerade der hübsche, V-förmige Einschnitt dort drüben?

Die Wintersonnenwende, so erinnerte ich mich, ist der Brennpunkt aller hohen religiösen Feste der Hopi. Etwa eine Woche lang verändert sich die Position des Sonnenaufgangs nur so unmerklich, daß die Menschen davon sprechen, die Sonne »stehe still«. Dann beginnt sie jeden Tag ein Stück weiter nördlich aufzugehen. Von der Ruine auf den Cardenas Hill betrachtet, schätzte ich, würde sie zu Frühlingsbeginn die Palisaden erreichen und dann den Frühling hindurch die Reihe von Kerben entlang weiterwandern. Die Hopi sind bekannt dafür, daß sie das Risiko verteilen, indem sie zu verschiedenen Zeiten an verschiedenen Stellen pflanzen; also markierte vielleicht jede der Palisaden-Kerben eine Zeit zum Pflanzen. Ich dachte kurz über einen großen, von einer Zinne gekrönten Vorsprung nach, Comanche Point genannt – welchem Datum mag er entsprechen?

Östlich des Grand Canyon, wo der Stamm der Hopi heute lebt, benutzen sie die Position des Sonnenuntergangs über bestimmten Bergspitzen, um die Wintersonnenwende zu markieren, die Zeit, den Mais zu pflanzen, die religiösen Feste zu feiern und so weiter. Die Indianer, die am Puget-Sund bei Seattle lebten, hätten dasselbe genauso leicht tun können, da ihr Sonnenaufgang im Verlauf der Wochen von einer Bergspitze der Caskades-Kette zur nächsten springt – während der Sonnenuntergang zugleich über die Spitzen der Olympic Mountains hinwegwandert (von Seattle aus betrachtet, liegt der Punkt der Tagundnachtgleiche genau zwischen The Brothers, einem Doppelgipfel). Wenn man von seinem gewohnten Beobachtungspunkt aus jeder Bergspitze und jedem Einschnitt einen Namen gibt, kann man oft den »heutigen Tag« mit einer Abweichung von nicht mehr als ein oder zwei Tagen von einem modernen Kalender bestimmen (mit Ausnahme der Sonnenwendzeiten).

Nach meiner Flußfahrt konstruierte ich einen Horizont-Kalender für den Ausblick von der Ruine auf dem Hügel – nicht indem ich ein ganzes Jahr lang dort den Sonnenaufgang beobachtete, sondern mit Hilfe von Fotos, einer topographischen Karte und einem Computer. Comanche Point, so stellte sich heraus, markiert Ende April.

An den Extrempositionen wird es sehr schwierig, genaue Beobachtungen zu machen, weil die Position des Sonnenaufgangs sich von Tag zu Tag nur so wenig verändert. Wenn man die Wendepunkte feiern will und die zur Verfügung stehende Me-

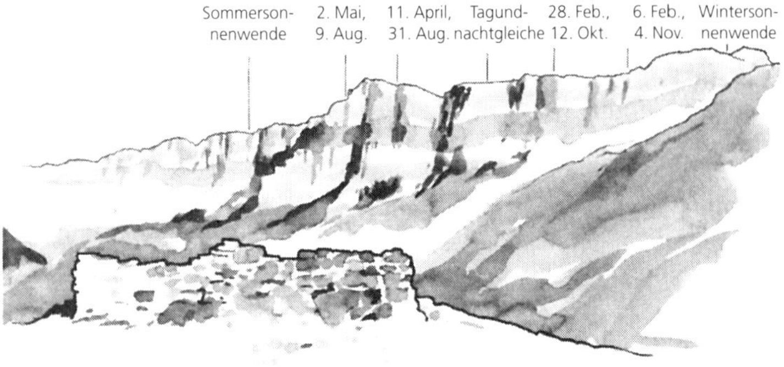

thode die Umkehr erst ein paar Tage nach dem eigentlichen Ereignis ausmachen kann, dann begeht man seine Wintersonnenwendfeier – an Weihnachten!

In Stonehenge markieren die Peillinien gleichermaßen die Extrempunkte von Sonne und Mond, sowohl am östlichen wie am westlichen Horizont. Und ich vermute, auch einige der anderen Steine in Stonehenge und Avebury könnten weitere signifikante Daten kennzeichnen. Da aber ein zerklüfteter Horizont so gut geeignet ist, einen vielseitigen Jahreszeitenkalender zu führen (und viele Flußtäler, die von erodierten Felsen gesäumt werden, funktionieren fast so gut wie der Grand Canyon), warum hätte man dann Stonehenge und Avebury bauen sollen, wo die Horizonte statt dessen besonders einförmig sind? Wenn man nur die Sonnenextrempunkte mißt, deren tägliche Veränderung so allmählich sich vollzieht, daß es erhebliche »Ablesefehler« geben muß, dann kann man leicht den Tag der Wintersonnenwende um eine Woche oder mehr verpassen (besonders angesichts des englischen Winterwetters), und dann geht der Kalender die nächsten sechs Monate lang eine Woche nach. Einzig die Peilungen auf die Sonnenwendpunkte zu berücksichtigen, ist eine fürchterlich schlechte Methode, um einen Kalender zu führen; man sollte meinen, daß sich nur wenige Beispiele als Überbleibsel eines mißlungenen Experiments davon finden lassen dürften.

Das bringt mich zu der Vermutung, daß die Megalith-Monumente, die die Sonnenwendpunkte so betonen, anderen Zwekken dienten, als einen landwirtschaftlichen Kalender zu führen – einem Zweck immerhin, der solcher Wendepunkt-Peilungen bedürfte. Eklipsen-Vorhersage? Ich habe einfachere Methoden entdeckt (wohl wiederentdeckt), wie man die meisten Mondfinsternisse vorhersagen und kurzfristig vor Sonnenfinsternissen warnen kann. So etwas wie Stonehenge braucht man dafür wirklich nicht, weder seine Sonnenwend-Anordnungen noch seinen 56-Löcher-Kreis.

Doch die Ausrichtung auf die Sonnenwendpunkte ist eindeutig das häufigste gemeinsame Merkmal von Hunderten archäoastronomischer Fundstätten auf der ganzen Welt, selbst wenn es absurd erscheint, einen darauf abgestimmten Kalender führen zu wollen. Was machte sie so beliebt? Religiöse Gründe mögen dafür verantwortlich sein, daß Sonnenwend-Konstruktionen von einem Gemeinwesen zum nächsten sich ausbreiteten, trotz ihres geringen praktischen Nutzens. Aber in der Alten und der Neuen Welt zugleich? Sicherlich entgeht uns hier noch irgend etwas.

Nennen wir mit Rücksicht auf die Skeptiker (deren Chor skandiert: »Aber Sie haben bis jetzt noch nicht einmal die archäologische Seite erklärt!«) die Sonnenwend-Anordnungen *Fundstück B*. Und ich habe auch kein Glück damit gehabt, *Fundstück A* zu erklären (die künstlich geglätteten Horizonte, etwa den aufgeschütteten Wall in Avebury). Wofür mögen sie gedient haben?

> Als die Menschen sie [eine Verfinsterung] sahen, erhob sich ein Tumult. Und eine große Furcht ergriff sie, und dann begannen die Frauen laut zu weinen. Und die Männer schrien und schlugen sich mit den Händen auf dem Mund ... Und sie sagten: »Wenn die Sonne völlig verschlungen wird, wird sie niemals mehr Licht geben; ewige Dunkelheit wird auf uns fallen, und die Dämonen werden herunterkommen. Sie werden kommen und uns verschlingen!«
>
> Aus einem Geschichtstext der Azteken, 16. Jahrhundert

5.
Der Blick aus einer Anasazi-Höhle

Für mich ist das Interessanteste am Menschen, daß er ein Tier ist, welches Kunst und Wissenschaft praktiziert und, in jeder uns bekannten Gesellschaft, die beiden zusammen praktiziert.

Jacob Bronowski, 1967

In unserer Vorstellung von der vorgeschichtlichen Vergangenheit spielen Höhlen eine große Rolle. Wir sprechen von »Höhlenmenschen« oder, wenn wir Fremdworte lieben, mit denen man Widersacher verleumden kann, von »Troglodyten« (dasselbe auf lateinisch). Die Höhlenmenschen-Kulturen haben ein ziemlich breites Spektrum zu bieten, sogar wenn man nur das Tal der Dordogne in Frankreich hinaufgeht. Flußabwärts findet man Cro-Magnon (den Ort, nach dem diese Menschen benannt wurden), keine Höhle im eigentlichen Sinn, sondern eher ein Überhang, ein »Felsenobdach«, das nicht wirklich gegen die kalten Winde abgeschlossen ist, aber wenigstens bei einem Unwetter trocken bleibt. An solchen geschützten Plätzen findet man oft Feuerstellen mit großen Mengen verkohlter Knochen – aber keine Ruinen, noch nicht einmal Überreste ständig bewohnter Behausungen. Man vermutet, daß Cro-Magnon während der letzten Eiszeit nur zu bestimmten Jahreszeiten einer umherschweifenden Horde von Jägern und Sammlern Schutz bot.

Archäologen lieben solche Felsüberhänge; der Boden neigt dort dazu, mit den Jahren immer höher zu wachsen, weil Steinsplitter des überhängenden Felsens herabfallen und vom Wind herangewehter Boden sich dort sammelt und verdichtet. Wenn er in die Tiefe gräbt, findet der Archäologe eine ganze Serie von Schichten, die er datieren kann (gewöhnlich anhand organischen Materials mittels der Radiocarbon-Methode). Und in diesen Schichten liegen kulturelle Artefakte wie etwa Steinwerkzeuge.

Stromauf von Cro-Magnon liegt Lascaux, eine unterirdische Höhle von erheblichen Ausmaßen, die einige der schönsten eiszeitlichen Kunstwerke birgt. In vielen europäischen Höhlen finden sich Zeichnungen oder Ritzungen von Objekten, die allerdings kein breites Themenspektrum abdecken. Immer scheint das Thema von erheblichem Interesse für heranwachsende Jun-

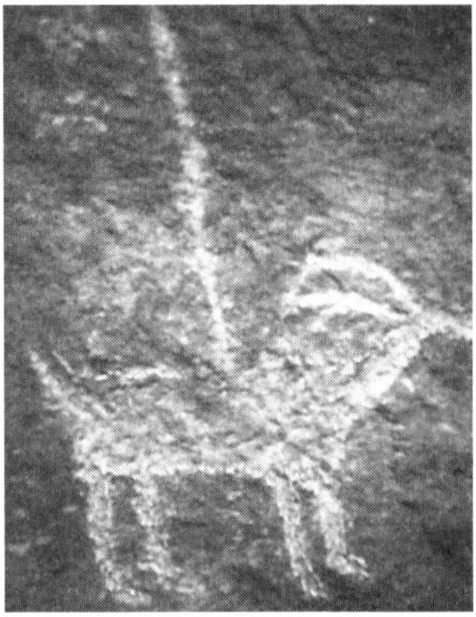

Diese Anasazi-Darstellung eines Hirsches ist in die Felswand geritzt und mit weißem Pigment ausgefüllt. Man beachte den Speer und die fehlende Perspektive.

Strichmännchen (links) sind in der Felskunst der Anasazi eher selten. Typischer sind die dreieckigen Torsi mit kurzen Beinen und Armen (rechts).

gen zu sein – die schließlich am ehesten dafür in Frage kommen, Höhlen zu erforschen. Typische Themen sind mannbare Frauen, virile Jäger und der Kampf mit Wildtieren – nicht etwa Säuglingspflege oder spielende Kinder. Das läßt vermuten, daß auch das angepeilte Publikum ausschließlich jung und männlichen Geschlechts war. Doch trotz dieser Beschränkung des Themenangebots bergen Höhlen wie die von Lascaux in der Dordogne, Niaux in den Pyrenäen oder Altamira an der Nordküste Spaniens Werke, die in jeder Hinsicht große Kunst darstellen. Mit großer Umsicht wurden die Farben verwandt und die Texturen des Materials genutzt (etwa wenn Risse und Grate im Stein einbezogen wurden, um der Darstellung eines entsprechend plazierten Wisents Räumlichkeit zu verleihen).

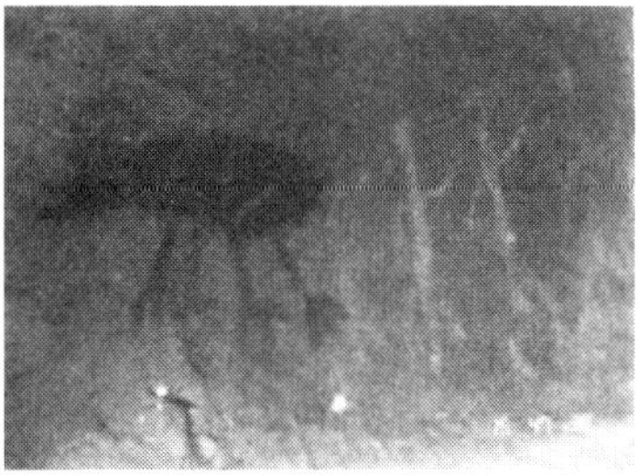

Eine ungewöhnliche Szene aus der Felskunst der Anasazi: ein rotes »Monster« (links) mit menschlichem Gesicht bedroht an Giacometti erinnernde schlanke Gestalten (rechts, in weiß gehalten).

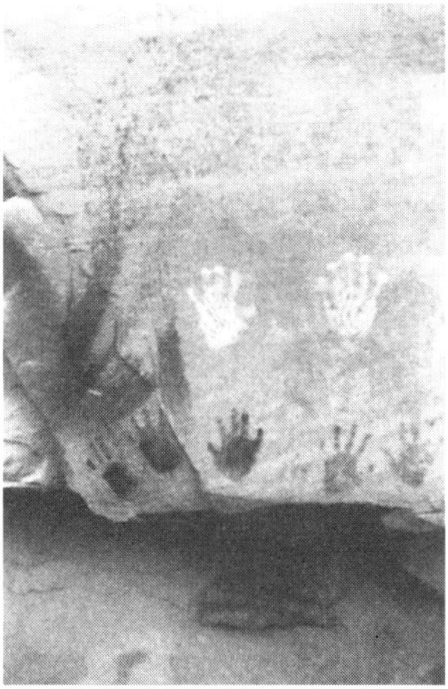

Handabdrücke der Anasazi finden sich manchmal zu Dutzenden; sie sind entweder rot oder grün pigmentiert und manche zusätzlich verziert. Eine ganze Reihe von Handabdrücken weist auch zusätzliche Finger auf, was vermutlich dadurch erzielt wurde, daß ein Finger versetzt wurde, um einen zweiten Abdruck zu hinterlassen. Man beachte die beiden Farbschleier (links), die wohl dadurch entstanden, daß jemand die Farbe aus einem Behälter dorthin geschleudert hat.

Im amerikanischen Südwesten finden sich unter solchen Felsüberhängen oft Anasazi-Ruinen. Die Indianer bauten ihre Hauser und Zeremonialgebäude (Kivas) dorthin und bestellten nahebei kleine Felder, um ihre Jäger-Sammler-Nahrung zu ergänzen. In der Nähe solcher Felsenbehausungen findet sich oft eine Anasazi-Kunstgalerie. Sie zu besuchen, bedarf es manchmal einer mehrtägigen Wanderung, so auch im Fall einer meiner Lieblingsstätten, dem Anasazi Valley.

Ein Abflußgraben, der zum Canyon wird: So könnte man das Anasazi Valley beschreiben. Das Regenwasser, das von den Bergen ringsum herabfließt, hat es tief in eine Hochebene einge-

Diese Zwillingsspiralen sind aus Lehm gemacht und kleben auf einem rauchgeschwärzten Felsen, der die rückwärtige Wand eines kleinen Kiva bildet.

schnitten. Immer weiter gräbt sich der mäandrierende Fluß in den Sandstein. Nach Dutzenden von Kehren und Wendungen erreicht das Anasazi Valley schließlich einen noch größeren, von einem Strom gegrabenen Canyon.

Das Anasazi Valley ist dafür bekannt, daß Archäologen dort gern ihre Ferien verbringen. Wenn man wirklich die Atmosphäre in sich aufnehmen will, in der einst die Anasazi lebten und atmeten, ohne daß alles von Freizeitfahrzeugen und Andenkenläden übertönt wird, wie sie sich bei gutbesuchten Anasazi-Fundstätten wie Mesa Verde breitmachen, dann sollte man eine Woche lang das Anasazi Valley durchwandern. Oder auch zwei, wenn man den ganzen Weg hinunter bis zum Canyon und zurück gehen will. Bei einer durchschnittlichen Tageswanderung kann man noch nicht einmal einen Teil davon sehen. Man muß seine Anasazi wirklich ernstnehmen wollen und bereit sein, eine Woche lang zu marschieren, wenn man dieses Paradies erleben will. Ich wanderte dort mit Don Keller, einem Archäologen von

Die Anasazi-Petroglyphe »Kokopeli«, darunter ist eine Schlangen-Petroglyphe zu erkennen. Der buckelige Flötenspieler spielt eine Rolle in den Legenden der Pueblo.

Solche »Kerbholz-Markierungen« finden sich selten in vertikaler Anordnung; dieses Dutzend Markierungen wird von einer querliegenden dreizehnten gekrönt.

der Forschungsabteilung des Museum of Northern Arizona. Er ist Anasazi-Spezialist und hat ganze Semester damit verbracht, im Anasazi Valley zu graben (und die von Plünderern verursachten Schäden in Grenzen zu halten). Ken Theissen, ein Geologe, begleitete uns und half mir, meine wirren Vorstellungen über Felsschichten und die enormen Kräfte, die sie einst verschoben und verwarfen, zurechtzurücken.

Nachdem wir unsere Rucksäcke einen Tag lang durch einen Seitencanyon, der als Viehweide genutzt wird, hinuntergetragen hatten, wurden wir mit einem grandiosen Ausblick belohnt – dem eigentlichen Anasazi Valley. Und dieser erste Anblick bot uns zugleich eine Felsenbehausung in halber Höhe an der gegenüberliegenden Wand. Die Turkey-Pen-Ruine, so nennt man sie nach einer ungewöhnlichen Einfriedung, in welche die Anasazi, wie die Archäologen herausgefunden haben, wohl ein oder zwei Truthähne gepfercht hatten. Wahrscheinlich haben sie die Vögel eher wegen ihrer Federn als wegen ihres Fleisches geschätzt. In Anasazi-Ruinen wie Pueblo Bonito im Chaco Canyon sind auch Papageien gefunden worden, was beweist, daß die Anasazi mit Zentralamerika Handel trieben. Ich vermute, daß Truthahnfedern dem kleinen Mann als Ersatz für jene der prächtig bunten Papageien dienten. Auch die Betstöcke der Pueblo, die oft in Schreinen an Bergflanken zurückgelassen wurden, sind mit Vogelfedern geschmückt.

Turkey Pen war auf mehreren Ebenen erbaut, wie wir am nächsten Morgen nach dem Frühstück feststellten. Auf dem Canyongrund selbst waren zahlreiche Räume errichtet worden, die sich unter den Überhang des Felsalkovens schmiegten. Vermutlich war es hier gewesen, wo die Menschen ihr Essen kochten, wo die Kinder spielten, wo man die Truthähne hielt. Jedoch führt ein Pfad den Sandstein hinauf zu ein paar Treppen, die in den Fels geschlagen sind, und wenn man ein wenig beweglich ist, kann man zu einem langen Sims im Innern des Alkoven gelangen, der nicht tiefer als ein Zimmer ist, etwa wie der zweite Rang in einem Opernhaus. An einem Ende befindet sich ein Kiva, ein Zeremonialraum, der so groß ist, daß er den Durchgang völlig versperrt (und ein bescheidenes Schild mahnt die Besucher, nicht auf das Kiva hinaufzuklettern) .

Von dieser Felsbank bietet sich ein schöner Ausblick, aber die Sicht reicht nicht weit: Das Anasazi Valley dreht und wendet sich mit seinen eingegrabenen Mäandern, und man kann nicht weit den Canyon hinauf- oder hinabblicken. Das friedliche Grünland auf seinem Grund, jetzt dicht mit Bäumen und Büschen bewachsen, hatten die Anasazi vermutlich gerodet, um dort auf Feldern ihren Mais anbauen zu können.

Während wir die Ruine erforschten, hatte es zu regnen begonnen, aber es bestand keine Gefahr, naßzuwerden; es bedürfte eines Sturms von Hurrikan-Stärke, um den Regen weit genug unter den Überhang zu treiben, damit er die Behausungen erreichen könnte. Unser Camp allerdings lag jenseits des

Flusses auf einer kleinen Lichtung, und wir dachten an all die Schlafsäcke, die wir im Freien liegengelassen hatten. Einige Leute waren jedoch im Lager zurückgeblieben, und wir sahen, daß sie auch unsere Sachen wegräumten. Ich hatte wie üblich beschlossen, mein Zelt zu Hause zu lassen und es nicht als zusätzliches Gewicht auf dem Rücken zu schleppen, und begann mir nun Sorgen zu machen, ob der Regen zu den regelmäßigen Erscheinungen der kommenden Woche gehören würde. Immerhin war es die Zeit des Sommermonsuns.

Als ich mich schwungvoll vom Felsvorsprung wieder hinunter auf den Sandboden des Alkoven ließ, sah ich, daß es hier mehr Piktogramme gab, als ich zunächst bemerkt hatte. An die Felsenkunst von Mesa Verde kommen sie allerdings nicht heran (und wäre es so, hätte man sie wohl zu ihrem Schutz unter Glas verbannt).

Auf unserer Wanderung das Anasazi Valley hinunter machten wir immer wieder Halt, um einen Blick unter die Felsüberhänge zu werfen, die auf jeder Seite des sich erweiternden Tales zu finden sind. Viele dieser Überhänge gäben einen guten, geschützten Lagerplatz ab, aber hier ist nicht die Dordogne – das Anasazi Valley hat in großer Zahl richtige Amphitheater, an so gut wie jedem Mäander finden sich ausgezeichnete Behausungsmöglichkeiten. Immer noch bieten die Überhänge einen guten Platz, um vor der Mittagssonne zu flüchten; und den Anasazi-Künstlern hatten sie schöne, glatte Wände geboten – Wände, die über die Jahrhunderte hinweg vor Regen und Sonne geschützt blieben.

Alle möglichen Arten von Piktogrammen und Petroglyphen kann man unter den Überhängen sehen. Einige der Kunstwerke zeigen Menschen zu Pferd, was uns verrät, daß diese nicht von Anasazi gezeichnet wurden, denn in Nordamerika gab es weder Pferde noch Reiter, bis die Spanier nach 1540 das Pferd wieder einführten. Solche Werke stammen wahrscheinlich von den Navajo oder sogar von angelsächsischen Viehhirten des letzten Jahrhunderts. Die Themen der Anasazi-Kunst sind nicht naturalistisch: Ihre menschenähnlichen Figuren sind oft in erheblichem Maß verzerrt. Faßförmige Brustkästen unter Nadelköpfen verjüngen sich zu schmaleren Hüften, an denen winzige Beine und Füße hängen. Abdrücke von Händen sind noch die realistischsten Darstellungen, da sie eine natürliche Vorlage wiedergeben. Und gelegentlich finden sich Reihen gerader Linien, die in jeder Hinsicht wie Kerbholz-Markierungen aussehen. Ihre Bedeutung ist unbekannt, und ich konnte auch keine Häufung von Sechser- oder Zwölfergruppen finden. Auch keine geballten Fäuste.

Die Split-Level-Ruine liegt in einem enormen Felsalkoven, der sich nach Süden ins Anasazi Valley öffnet. Nicht weit davon entfernt fließt der Fluß vorbei, und der Sandboden zwischen ihm und dem Alkoven bot uns einen anmutigen Lagerplatz. Im ersten Morgenlicht hatte es ein wenig zu regnen begonnen; ich hatte meinen Poncho über meinen Schlafsack gebreitet und versuchte wieder einzuschlafen.

Der Regen wurde immer stärker, und ich bedauerte abermals, daß ich mein Zelt zu Hause gelassen hatte. Der Regen tropfte auf die Bodenmatte und sickerte unter den Schlafsack. Während ich also von oben geschützt war, kroch die Feuchtigkeit von unten an mich heran.

Endlich fiel mir ein, wie das Problem natürlich zu lösen sei: vom Lagerplatz in den Alkoven umziehen. Es war deutlich zu sehen, wie weit der Regen kam, dahinter war der Sandstein vollkommen trocken. Allerdings nicht ganz eben, aber ich hatte das Schlafen bis dahin ohnehin aufgegeben. Ich breitete den Schlafsack auf einem Felsen zum Trocknen aus und begann, den Alkoven im frühen Tageslicht zu untersuchen.

Der Alkoven, der die Split-Level-Ruine beherbergt, ist etwa ein Fußballfeld breit und von erheblicher Tiefe. Wie üblich, gibt es sehr weit oben einen Felssims, der unerreichbar scheint, doch deuten Funde dort auf Getreidespeicher hin. Ich wette, da haben die Anasazi die Saatkörner aufbewahrt, jene unersetzliche Rücklage, die die Ernte des nächsten Jahres hervorbringen sollte und in

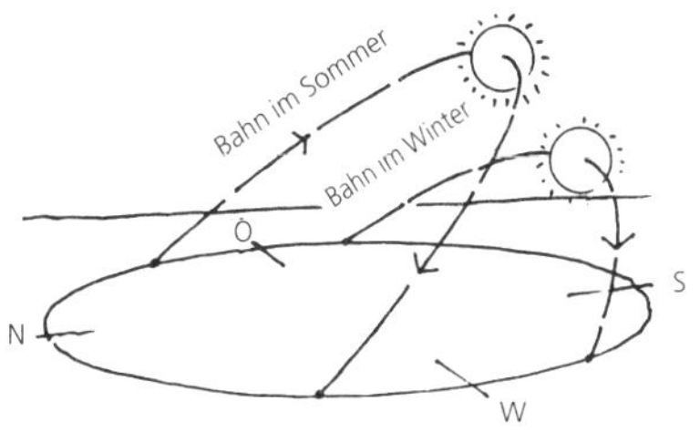

Zeiten des Hungers geschützt werden mußte. Am Ostende gibt es eine Ansammlung alter Holzbalken, die ein früheres Bauwerk vermuten lassen; ich ging hin, sie zu untersuchen.

Von der alten Behausung war nicht viel übrig, mit Ausnahme der Aussicht, die sich von dort bot, wo einmal die Tür gewesen war. Weil die Anasazi Alkoven wählten, die nach Süden gingen, blickten sie von ihren Behausungen aus immer auf die südliche Horizontlinie, von wo im Winter die Wärme kam.

Aus solch einem Alkoven heraus ist der Ausblick begrenzt, wenn auch auf anheimelnde Weise. Die Klippen jenseits des Canyon bilden einen hochragenden Horizont. Nach oben wird der Blick auf den Himmel natürlich von dem Felsüberhang versperrt. Blickt man an ihm entlang nach links, treffen sich der Überhang und der weiter entfernte Klippenhorizont in einer Ecke des Himmels. Man sieht also eine Himmelssichel, die an einer ganz bestimmten Stelle im Südosten festgezwickt ist.

Und genauso verhält es sich mit der rechten Ecke des Himmels: Nach Westen senkt sich der Überhang und trifft auf einen anderen Klippenhorizont im Südwesten. Wenn sie sich hinten in ihren Alkoven kuschelten, nahmen die Anasazi die Welt um sich herum als Himmelssichel wahr.

Während ich diesen Himmelsbogen betrachtete, der in zwei wohldefinierten Ecken endete, dämmerte es mir: Südost und Südwest waren für die Anasazi sehr wichtige Himmelsrichtungen. Pueblos wie die Hopi und Zuni benutzen nicht unsere vertrauten Einteilungen Norden, Osten, Süden, Westen; vielmehr bedienen sie sich derselben Sonnenwend-Peilungen wie in

Stonehenge. Die Haupthimmelsrichtungen, auf welche sie alle anderen in der Weise beziehen, wie wir eine Konstruktion wie »Südsüdost« bilden, sind:

- die nordöstliche Richtung des Sonnenaufgangs der Sommersonnenwende (in diesen Breitengraden etwa *60°* vom geographisch Nord; *90°* wäre Ost, *180°* Süd, *270°* West, *360°* wieder Nord),
- die südöstliche Richtung des Sonnenaufgangs der Wintersonnenwende (hier etwa *120°*),
- die südwestliche Richtung des Sonnenuntergangs der Wintersonnenwende (*240°*) und
- die nordwestliche Richtung des Sonnenuntergangs der Sommersonnenwende (*300°*).

Lagen vielleicht die Endpunkte dieser Himmelssichel in zwei der Hauptrichtungen? Es gab nur eine Möglichkeit, das herauszufinden, und ich mußte dazu in Kauf nehmen, wieder naß zu werden. Ich wagte mich in den Regen hinaus und rannte hinüber zu meinem Rucksack, der geschützt unter einer Regenplane lag. Im Seitenfach steckte mein Taschen-Theodolit, der wie ein zu groß geratener Taschenkompaß aussieht und als eine Kombination von Magnetkompaß und Höhenwinkelmesser fungiert. Üblicherweise wird so ein Gerät von Geologen benutzt, um bei Wanderungen recht grobe Messungen vornehmen zu können. Ich rannte zurück in den trockenen Alkoven, das kleine Instrument fest im Griff.

Ich kletterte wieder zu den Holzbalken hinauf und setzte mich, um die Eckpunkte der Himmelssichel zu vermessen. Ich peilte die rechte Ecke im Südwesten an. Die Skala zeigte einen Winkel von rund 215°, vom Nordpunkt aus. Nun wußte ich, daß der Sonnenuntergang der Wintersonnenwende bei ungefähr 240° in diesen Breiten liegt, aber das gilt nur für einen flachen Horizont, und an einem solchen haben die Anasazi hier nie einen Sonnenuntergang gesehen, denn die hohe Klippe versperrte ihnen schon die Sicht, wenn die Sonne noch weit höher am Himmel stand, wahrscheinlich schon eine Stunde vor dem

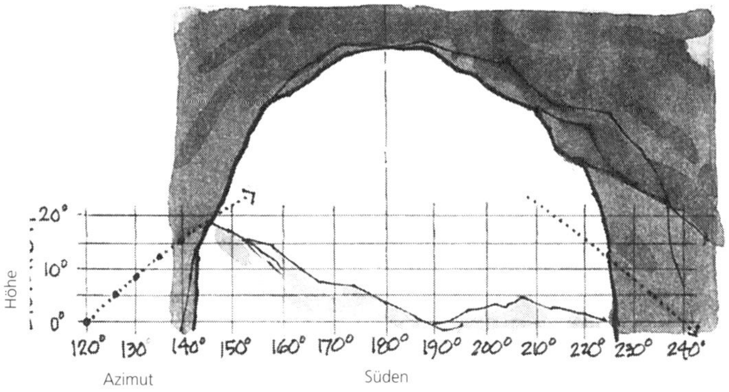

Der Blick aus einem – frei erfundenen – Felsalkoven.

Sonnenuntergang, den man von der Oberkante der Canyonwände hätte beobachten können. Einen so erhabenen Horizont muß man kompensieren.

Als nächstes maß ich, wie hoch die Sichelecke sich über der Horizontalen erhob, die ich mit einer kleinen Wasserwaage in meinem Instrument bestimmten konnte. Etwa 9°, was bedeutet, daß die Sonne nie und nimmer in dieser Ecke untergehen würde; wenn sie *215°* erreicht, steht sie noch 20° hoch am Himmel.

Dann versuchte ich es mit der linken Ecke der Himmelssichel, die man von diesem Platz bei den Holzbalken aus sah. Der Höhenwinkel betrug 18°, was bedeutet, daß der Sonnenwend-Aufgang dort im Südosten bei etwa *140°* erfolgen müßte, wenn meine Theorie korrekt sein sollte. Und genau, das Sichelende lag bei *140°*. In dieser linken Ecke also sahen die Anasazı, die hier lebten, die Sonne am kürzesten Tag des Jahres, der Wintersonnenwende, aufgehen.

Bei einer Ecke klappt es beinahe genau, aber die andere liegt weit vom Schuß – sie hätten die Sonne später am selben Tag nicht in der rechten Ecke untergehen sehen können. Aber natürlich hängt die Ausrichtung der Ecken davon ab, wo man innerhalb des Alkoven steht. Wenn ich hinüberging zur eigentlichen Split-Level-Ruine, so dachte ich, würde die Südwestecke vielleicht näher an den Weg der Sonne während ihrer südlichsten Reise über den Tageshimmel rücken. Vielleicht gibt es einen

»richtigen Platz«, von dem aus beide Ecken der Himmelssichel in die Hauptrichtungen weisen.

Und während ich hinüber zu dem zerfallenen Kiva bei der Split-Level-Ruine ging, konnte ich sehen, daß die südwestliche Ecke immer tiefer wanderte, während weitere Klippen von gegenüber ins Blickfeld rückten. Der Schnittpunkt mit der Grenzlinie des Alkovenüberhangs verlagerte sich immer weiter nach unten, aber auch mein Blickfeld verschob sich weiter in Richtung Westen – wo die Sonne tiefersteht. Natürlich veränderte sich auch die Südostecke der Sichel ein wenig, während ich nach Osten lief.

Ich stand draußen vor der Kivaruine und maß zunächst die Südostecke. Sie lag nun bei *141*° in einer Höhe von 18,5°, genau auf dem Weg der Sonne über den Morgenhimmel, wenn mein kleines Instrument korrekt anzeigte. Das ließ den Schluß zu, daß eine ganze Anzahl von Stellen im Alkoven zwischen dem Holzbalkenhaufen und der Kivaruine wahrscheinlich den Aufgang der Wintersonnenwende am linken Sichelende sichtbar werden ließen.

Dann vermaß ich die Südwestecke der Himmelssichel: *228*°, Höhe 8,0°, ein paar Grad unterhalb des Sonnenlaufs. Aber irgendwo näher an der Ruine, wahrscheinlich unmittelbar davor (so daß die rechte Ecke wieder auf 232° und 8° Höhe zurückwanderte), wo der Abhang heute erodiert ist, müßte die Sonne am Tag der Wintersonnenwende in der einen Ecke der Sichel aufgehen und später am Tag in der anderen wieder untergehen.

Und das ist der Höhepunkt des Jahres im zeremoniellen Kalender der Pueblo. Vielleicht hatten sie – nach Art der Dachterrassen, die oft unsere Vororthäuser zieren – ihr Kiva in die Höhe und etwas vorgezogen gebaut, um genau den richtigen Platz zu erreichen?

Jeder nach Süden gerichtete Felsalkoven gibt einen Blick frei, der aus einer Himmelssichel mit Ecken irgendwo am östlichen und westlichen Himmel besteht. Ich vermute, viele Alkoven sind nicht tief genug, damit die Ecken nahe der Haupthimmelsrichtungen liegen; bei Turkey Pen war das sicherlich so. Aber hier im Alkoven der Split-Level-Ruine funktionierte es. Und es sah so aus, als hätten sie ihr Kiva dicht an den »richtigen Platz« gebaut.

Das Frühstück war dagegen alles andere als ein Höhepunkt.

Bei der Green-Mask-Ruine hatten wir unser nächstes Lager, obwohl das nicht geplant war. Eigentlich hatten wir am gegenüberliegenden Hang nächtigen wollen, aber es regnete so sehr, daß wir die übliche Regelung, nicht bei den Ruinen zu übernachten, bedauerten: Die Ruine bot weit und breit den einzigen Schutz.

Frühere Archäologen hatten sich offensichtlich mit demselben Problem konfrontiert gesehen und einen brauchbaren Lagerplatz unter dem Überhang geschaffen, allerdings ein Stück weg von den Ruinen. Er war gerade groß genug, um unsere Gruppe zu beherbergen. Und unser Führer war ein Archäologe, der die Stätte sehr gut kannte und darauf achten konnte, daß wir keinen Schaden anrichteten. So blieb ich wenigstens diese Nacht trocken.

Wie so manches Felsenobdach war auch dies ein heimeliges Plätzchen. Die Ruinen befinden sich in einem erhöhten Bereich um die Ecke und schauen herunter auf den Grund, wo wir lagerten. Das Licht war nicht mehr gut, also verschoben wir die Erkundung auf den nächsten Morgen.

Es wurde ein bemerkenswerter Abend. Noch vor Sonnenuntergang hatte ich mich auf einer Felsenplatte nahe der Höhlendecke schlafen gelegt. Mehrere Stunden nach Eintritt der Dunkelheit erwachte ich in eigenartiger Desorientiertheit. Ich sah Lichter eines Feuers und flackernde Schatten an der Höhlendecke, ganz wie es 1000 Jahre früher den Anasazi gegangen sein muß. Riesige verzerrte Schatten bewegten sich über die Decke, wenn jemand seine Position nahe des Lagerfeuers veränderte. Ich hörte eine ätherische Stimme und eine Mandoline.

Nun kann ich mir einen Anasazi mit einer ätherischen Stimme vorstellen, aber mit der Mandoline hatte ich Schwierigkeiten. Die Anasazi, das glaube ich mit Sicherheit sagen zu können, haben nicht eine einzige Mandoline besessen. Aber Don Keller hat eine, und da er sie oben auf seinem Rucksack mitgenommen hatte, bestritt er nun ein Archäologen-Abendunterhaltungsprogramm in der widerhallenden Umgebung einer Felsenbehausung. Ich lag dort unter der flackernden Höhlendecke und hörte eine halbe Stunde lang zu, bevor ich aufstand und mich den anderen anschloß. So weit meine Erfahrungen als zeitweiliger Troglodyt.

Am nächsten Morgen erkundeten wir die Ruinen und schauten hinauf zu einer Ecke der Höhle, die außerhalb aller Reichweite lag. Dort, ganz allein, war das Piktogramm, das dieser Stätte ihren Namen gab. Es zeigte ein grünes Maskengesicht, das den anderen Anasazi- oder Navajo-Kunstwerken, die wir gesehen hatten, in keiner Weise glich. Don sagte, es sei im »Korbmacher-II-Stil«, was nach hiesigem archäologischen Brauch die Zeit von 200 bis 400 n. Chr. meint.

Die Jailhouse-Ruine lag oberhalb unseres vierten Lagers tief in die Klippen geschmiegt, und man konnte sehen, woher sie diesen Namen hat. Die Fenster der Ruine sind vergittert.

Jedoch wäre »Paläo-Moniereisen-Ruine« eine zutreffendere Bezeichnung. Ganz wie Betonwände heute dadurch verstärkt werden, daß man ein grobes Stahlgeflecht (»Moniereisen«) anbringt, ehe man den Beton in die Schalung gießt, so haben die Anasazi manchmal ein Geflecht von jungen Baumstämmchen, von Rindenstreifen zusammengehalten, errichtet, das sie dann mit Lehmbewurf zu einer Wand ausbauten. Fenster erhielt man dadurch, daß man einfach in einem bestimmten Abschnitt den Lehm wegließ (oder daß danach aus irgendeinem Teil der Lehm wieder herausfiel), wobei ein paar der Weidenverstärkungen sichtbar blieben. Viele Leute haben keine Vorstellung, was sich im Inneren einer Wand verbirgt, und so fallen ihnen als erstes Gefängnisgitter ein.

Wir lagerten an einem Bachlauf gerade unterhalb von Jailhouse, aber das Bett war ausgetrocknet. Also wanderten wir in Richtung des Flusses, bis wir ein Rinnsal fanden, wo wir Wasser für das Lager schöpfen konnten. Nach dem Abendessen machte ich mich auf einen Weg über abschüssige Sandsteinplatten um

Der Vorratsraum und der Einstieg in das Kiva unter dem Perfect-Kiva-Überhang, wie man sie vom potentiellen Beobachtungspfad von Westen aus sieht. Der T-förmige Eingang ist viel niedriger als die 150 Zentimeter, die ein durchschnittlicher männlicher Anasazi maß. Felsplatten mit Furchen vom Maismahlen (mittels eines flachen Mahlsteins, *mano* genannt) finden sich an mehreren Stellen in diesem Amphitheater. Das Echo ist dergestalt, daß der Klang des Stampfens mit dem *mano* ungewöhnliche Resonanzen erzeugt haben muß.

die nach Westen ausgerichtete Jailhouse-Ruine herum, um mir die Klippen auf der Rückseite des Mäanders anzusehen – obwohl der großartige Blick den Canyon hinauf mich etwas aufhielt. Als ich um die Ecke gebogen war, schaute ich den Canyon hinab nach Süden, ein Ausblick, wie ihn die Anasazi bei ihren Felsenbehausungen liebten. An diesem Abend hatte er den Vollmond zu bieten, der im Südosten aufging. Und bald darauf stolperte ich in das interessanteste Amphitheater, das ich je gesehen habe: »Perfect Kiva« wird es ganz zu Recht genannt.

Mit Ausnahme eines kleinen, einräumigen Baus mit dem Anasazi-typischen, T-förmigen Eingang an der Rückwand ist ein unterirdisches Kiva das einzige Bauwerk an dieser Stätte. Der

Raum, der von diesem riesigen Überhang gebildet wird, wirkt auf mich wie eine ungeheuer große Kultstätte, nicht wie ein Wohnplatz. Als Bühne ist er groß genug, um eine Oper aufzuführen. Wenn man niest, wie ich es tat, hallt ein großes Krachen als Antwort wider und klirrt im inneren Rund des Amphitheaters nach. Mehrere Felsen auf der »Bühne« weisen eine Reihe von tiefen Furchen auf, die daher rühren, daß dort Mais mit einem glatten Stein gemahlen wurde. Die Furchen enden in einer Lippe über dem Boden, so daß Platz genug blieb, einen Korb darunter zu stellen, der das Mehl auffing. Dutzende dieser tiefen Furchen waren zu sehen; entweder wurde hier zur Erntezeit viel Korn in zeremonieller Weise gemahlen, oder dies war zugleich ein alltäglicher Arbeitsplatz, wo man den Nachmittag an einem kühlen Ort verbringen konnte, wenn es in der Jailhouse-Ruine zu heiß war.

Mittlerweile leisteten mir ein paar von den anderen Gesellschaft, und wir erkundeten das Kiva selbst. In Mesa Verde kann man Kivas besichtigen, die rekonstruiert zu sein scheinen. Perfect Kiva trägt seinen Namen zu recht. Es liegt nicht genau in der Mitte, sondern ist etwas näher an das Ostende des Alkovens gerückt; auch ist es ein ganzes Stück nach vorn versetzt, nicht bis zur Trauflinie, aber weiter nach vorn, als es irgendeine Vorstellung von Symmetrie erlauben würde. Es besteht aus einem quadratischen, unterirdischen Raum, der möglicherweise mehrere Dutzend Menschen fassen konnte, auch wenn dann niemand mehr atmen durfte. Die Decke wird von einer schweren Holzkonstruktion gebildet, die mit einer Lehmschicht abgedeckt ist; von außen wirkt es wie ein leicht erhöhtes, quadratisches Bühnenpodest – wenn auch eines mit einem quadratischen Ein-Mann-Loch, durch das man mittels einer Leiter herausklettern kann. Oder hinein.

Das Loch für die Leiter ist zugleich der Rauchabzug. Wie bei jedem ordentlichen Kiva gibt es an der Südseite einen Belüftungsschacht, der wohl hauptsächlich dazu diente, das Feuer in Gang zu halten. Die Feuerstelle und die Luftleitplatte (von der die durch den Schacht angesaugte Luft nach unten abgelenkt wird) befinden sich unterhalb der Leiter. Jede Menge Rauch muß von der Feuerstelle aufgestiegen sein. Ich vermute, daß der Hauptzweck des Feuers darin bestand, den Raum »mit Rauch zu füllen«, welcher den Ankömmling einhüllte, während er die Leiter herabstieg.

Auch ohne Feuer und Rauch ist es ein besonderes Gefühl, die Leiter hinab in das Kiva zu steigen; man verläßt die mondbeschienene Welt dort oben und scheint in eine völlig andere Art von Welt einzutreten, abgeschottet von allem Gewöhnlichen und Alltäglichen. Es ist dunkel, selbst wenn man sich daran gewöhnt hat, und der Staub des Lehmbodens läßt die Kehle trocken werden. An den Seiten vieler Kivas gibt es Bänke, und oft haben sie in den Wänden zeremonielle Nischen. Hier konnte ich das Sipapu nicht finden, das kleine Loch im Boden, das den Ausgang aus der Unterwelt darstellte, durch den alle guten Anasazi am Anfang hervorgetreten sind. Irgendwie stellte ich mir dieses Kiva selbst als die Unterwelt vor, so kraß war der Kontrast zu dem mondbeschienen Alkoven oben. Hinzu kam der Klang von einem Paar Füßen, die auf das Dach des Kivas trommelten. Irgend jemand hatte die Idee gehabt, die Szenerie mit einem typisch indianischen Tanzrhythmus zu verschönern. Das Dach scheint nicht als Trommel konstruiert zu sein, aber wer weiß, wie es sich während einer Anasazi-Zeremonie anhörte.

Das war also meine zweite Nacht als Troglodyt. Die Anasazi mußten wohl das Fernsehen entbehren, aber ihr Sinn für dramatische Inszenierungen war hochentwickelt.

Am nächsten Morgen kehrte ich vor dem Frühstück mit meiner Kamera und dem Taschen-Theodoliten auf die Zeremonienbühne zurück. War Perfect Kiva, wie die Split-Level-Ruine, so ausgerichtet, daß man einen guten Ausblick auf Sonnenauf- und Untergang zum Zeitpunkt der Wintersonnenwende hatte?

Wieder erfaßte ich die Weltsicht der Felsenbewohner: Ein sichelförmiges Stück blauen Himmels, in Stein gerahmt. Wies die linke Ecke südöstlich in die Richtung des Wintersonnenwend-Aufgangs? Nein – wenn man nahe der Kiva-Leiter stand, konnte man fast genau nach Osten blicken.

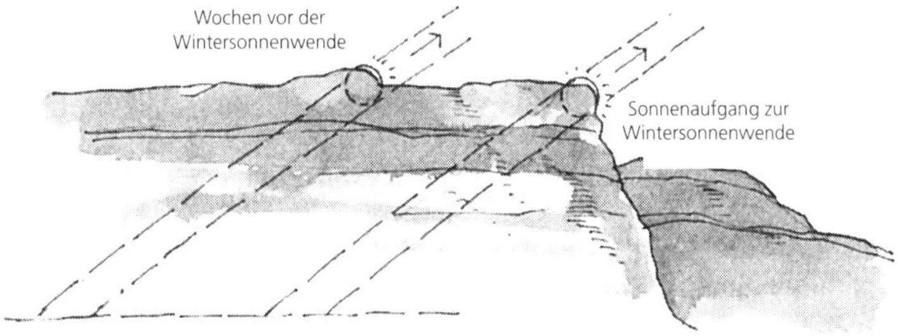

Die rechte Ecke aber schien mehr zu versprechen und ein hübscher Kandidat für den Wintersonnenwend-Untergang zu sein: Dort war ein tiefer, V-förmiger Einschnitt in 13,6° Höhe, bei einem Winkel von *226,3°* vom Nordpunkt an gemessen. Diese rechte Ecke lag genau auf dem berechneten Sonnenlauf am Tageshimmel der Wintersonnenwende. Wenn man sich von der Kiva-Leiter fortbewegt, verschiebt sich der Einschnitt um mehrere Grad (da das V von zwei Felsen in unterschiedlichem Abstand vom Beobachter gebildet wird). Wenn mein Kompaß korrekt anzeigt, ist das Kiva eindeutig der richtige Platz, um zur Wintersonnenwende den Sonnenuntergang in der Kerbe dieser Ecke beobachten zu können. Die Horizontlinie ist jedoch so gestaltet, daß die wendende Sonne zunächst hinter einer Bergspitze am fernen Horizont untergeht, dann aber kurz in dem V-Einschnitt wieder erscheint, nur um dann wieder zu verschwinden. Wenn man an der richtigen Stelle steht, erscheint sie am genauen Tag der Sonnenwende vermutlich nicht wieder.

Wo würde zur Zeit der Wintersonnenwende der Aufgang sein? Vielleicht benutzten die hiesigen Anasazi eine andere Methode als jene bei der Split-Level-Ruine mit ihren passenden Sichelenden. Wenn man am Eingang zum Perfect Kiva steht, sieht man im Südosten jenseits des Tales einen Gebirgskamm. Seine Kammlinie wirkt wie eine Treppe, die, blickt man von Osten herüber nach Süden, in mehreren Stufen hinabführt. Könnte eine dieser Stufen der Ort des Wintersonnenwend-Aufgangs sein?

Die dritte abwärtsführende Stufe liegt bei ungefähr *135°* in einer Höhe von 15° über der Horizontalen: genau auf dem Weg der Sonne über den Himmel am kürzesten Tag des Jahres. Dar-

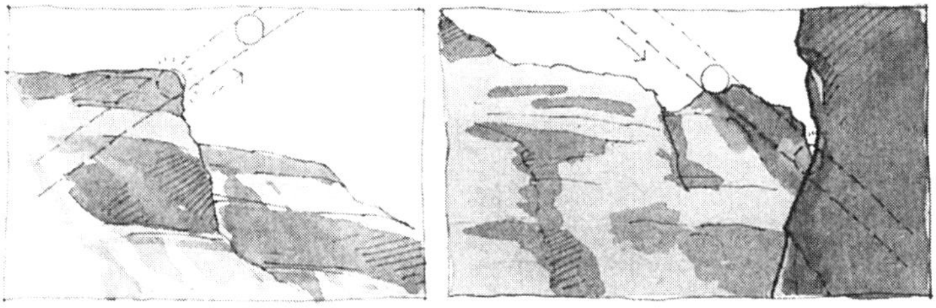

über hinaus ist diese Stufe abgerundet und genau ein halbes Grad hoch, just die Größe der aufgehenden Sonne. So könnte man die Position der Sonne dadurch bestimmen, daß nur ein dünner Rand sichtbar wäre, der für einen Moment die gerundeten Stufe einrahmt, ehe die Sonne höhersteigt. Ziemlich genau wie das Ende einer Sonnenfinsternis müßte das aussehen, wie geschaffen für ein Schauspiel.

Messungen mit dem Taschen-Theodoliten sind nicht zuverlässig genug, um behaupten zu können, daß das Kiva exakt am richtigen Platz liegt, um die dünne Sonnensichel erblicken zu können; mit Sicherheit ist es aber dicht daran. Die wendende Sonne würde hinter dem abgestuften Bergkamm aufgehen, über den Winterhimmel wandern, hinter dem Berggipfel verschwinden und dann noch einmal kurz in der Eckkerbe auftauchen (mit Ausnahme des genauen Tags der Sonnenwende). Im Verlauf mehrerer Wochen würde die Sonne eindeutig oberhalb der abgerundeten Stufe aufgehen und dann jenseits des V-Einschnitts untergehen, sogar ohne vorher noch vom Berggipfel verdeckt worden zu sein; um den Sonnenaufgang bis auf jenen hübschen dünnen Rand verdeckt zu sehen, müßte man nur zwei Schritt nach rechts gehen. Ein weiteres Kiva »am richtigen Platz«. Ich fing an, überzeugt zu sein, daß die dramatischen Qualitäten eines Ortes der Archäoastronomie gut als Richtschnur dienen könnten, zumindest in ihrer Prospektionsphase. Physiker neigen schon seit langem dazu, ihre Theorien als »schön« oder »elegant« zu bezeichnen – womit sie implizieren, daß eine solche ästhetische Beurteilung gute Hinweise für die weitere Forschung gebe (»Eine elegante Theorie kann nicht völlig falsch sein!«), während sie andererseits doch wissen, daß auch schöne Theorien von einer

Mahlsteine und -furchen. Die Maisähren sind ungefähr so lang wie der Finger eines Erwachsenen, also nach heutigen Maßstäben winzig.

einzigen häßlichen Tatsache zunichte gemacht werden können. Vielleicht sollten Archäologen erwägen, einen Theaterkritiker mitzunehmen, wenn sie nach neuen Stätten Ausschau halten.

Der Alkoven von Perfect Kiva würde auch in den Wochen vor und nach der Wintersonnenwende ein interessantes Spiel ermöglichen, wenn der Beobachter sich jeden Tag weiterbewegen dürfte. Für gewöhnlich stellen wir uns angesichts solcher Horizontkalender wie der Palisaden der Wüste vor, daß der Beobachter jeden Morgen an denselben Aussichtspunkt zurückkehrt und die Sonne an einer anderen Position aufgehen sieht, wobei diese nach Süden wandert, pausiert, und dann wieder zurück nach Norden eilt. Der Beobachter ist fixiert, und er sieht einen sich weiterbewegenden Sonnenaufgang.

Es könnte sich aber auch der Beobachter jeden Morgen weiterbewegen und seine Position gerade so weit verändern, daß er den Sonnenaufgang immer hinter derselben Markierung am Horizont beobachten kann – er müßte also auf den Einfall kommen, jeden Morgen denselben Anblick sich wieder dadurch zu verschaffen, daß er sich von seiner gestrigen Position ein Stück seitwärts fortbewegt. Der Beobachter wandert weiter, der Anblick ist fixiert.

Nach meiner topographischen Karte ist die untere Stufe im Bergkamm 161 Meter entfernt. Das ist eine gute Entfernung für den Dreh- und Angelpunkt des Hin und Her auf Seiten des Beobachters. Einen Monat vor der Sonnenwende muß der Betrachter außerhalb des Alkoven stehen, um die Sonne hinter jener abgerundeten Stufe zu positionieren. Jeden Tag rückt der Beobachtungspunkt näher an das Kiva heran. Während der letzten Woche verändert sich dann die Position des Betrachters nur noch um etwa einen Meter – und wenn mein Kompaß nicht trügt, ist der Beobachtungspunkt des Stillstands das Kiva selbst. Schließlich beginnt die Position des Beobachters wieder zurück ans rechte Ende des Alkovens zu wandern.

In gewisser Hinsicht ist es völlig egal, wie man die Sonnenaufgänge definiert, solange man jeden Morgen dieselbe Definition benutzt – doch der Platz des Stillstands und der Wende wird je nach Definition etwas besonderes sein. Hier beim Perfect Kiva hat man sicherlich die Definition des »schmalen Randes« benutzt, und ich wette, daß es diese Definition war, die den Wendepunkt auf die Kiva-Leiter legte.

Ich begann mir den Perfect-Kiva-Alkoven als gigantisches Meßinstrument vorzustellen und das Kiva selbst als das Ende der Skala, die magische Stelle, an der der Sonnenpriester eine Woche lang stillsteht, bevor er sich wieder in die andere Richtung wendet.

Forgotten Kiva ist ungewöhnlich groß (man vergleiche die Menschen rechts) und liegt unter einem enormen Überhang, der sein Dach und seine Eingangsleiter im Lauf des Jahrtausends seit der Errichtung vor der Witterung geschützt hat. Es gibt riesige Kivas, die noch einmal die doppelte Größe haben.

6.
Peilungen nach Irgendwo

In dem Maße, wie der Naturalismus als Philosophie eine Einschränkung darstellt, ist der Supranaturalismums eine Erweiterung. Es gibt nichts im Himmel oder auf der Erde, das nicht mit Übernatürlichem erklärt werden könnte. Jene ständige Begleiterscheinung der Ignoranz, die Allwissenheit, ist eine der verblüffenden Eigenschaften primitiver Völker. Je weniger ein Volk in naturalistischem Sinn weiß, desto mehr scheint es zu wissen und glaubt es zu wissen, wenn es sich mit dem Übernatürlichen beschäftigt. Und die ständige Begleiterscheinung des Wissens, Herrschaft, folgt demselben Pfad. Selten wird versucht, die Natur mit naturalistischen Mitteln zu beherrschen, doch ein großer Teil der gemeinsamen Zeit wird auf Versuche verwandt, mittels übernatürlicher Mittel zu herrschen . . . Jedes »Ding« in der Natur [hat angeblich] einen Geist, der nicht nur dessen Eigenschaften erklärt, sondern auch den Menschen Mittel an die Hand gibt, es zu beeinflussen.

Der Anthropologe Elman R. Service, 1966

Als wir in jener Nacht, da wir das Anasazi Valley verlassen hatten, im Freien kampierten, entdeckte ich eine interessante Nutzanwendung für einen nach Norden ausgerichteten Alkoven, den wir besichtigt hatten (wo wir leider ein paar menschliche Knochen erneut begraben mußten, die Plünderer bei ihrer Suche nach Anasazi-Töpferwaren verstreut hatten). Einen Überhang mit Ausblick nach Norden kann man dazu verwenden, auf die »Achse des Universums« zu weisen. Natürlich fiel mir dies zu spät ein, um diesen speziellen Alkoven daraufhin untersuchen zu können.

Besonders wenn es wirklich dunkel ist und im Osten eine Canyonwand aufragt, scheinen in der trockenen Wüstenluft die Sterne einer nach dem anderen geradezu dahinter hervorzuspringen. Während sich in Wirklichkeit die Erde dreht, kann man aus der Sicht dessen, der eine flache Erdscheibe zu bewohnen glaubt, vernünftigerweise annehmen, daß es die Himmel sind, die rotieren. Und es gibt einen Stern, der sich in diesen Tagen nicht viel zu bewegen scheint, nicht mehr als 1–2° während der Nacht: Der Polarstern scheint der unveränderliche Punkt zu sein, um den sich die Himmel drehen, die Achse des Universums. Nördlich von der Stelle, an der wir lagerten, stand ein großer, abgestorbener Baum, der aussah, als wäre er in vergangenen Zeiten vom Blitz getroffen worden. Ich ging auf der Hochebene umher, bis der Polarstern genau über der Spitze des Baums stand. Jetzt hatte ich einen Zeiger, der auf die »Achse des Universums« wies.

Ich ging zurück ins Lager, holte meinen Schlafsack und brachte ihn an diese Stelle, wo ich ihn so hinlegte, daß ich den Baum sehen konnte. Wann immer ich in jener Nacht aufwachte, stand der Polarstern stets über dem Baum (in Wirklichkeit beschrieb er einen winzigen Kreis um die Spitze herum). Die anderen Sterne hatten sich jedoch ein ganzes Stück verschoben und schienen um den Baumwipfel zu rotieren. Die Deichsel des Kleinen Wagens (auch Kleiner Bär, *Ursa minor*) zeigte de facto die Zeit an. Die hinteren Trapezsterne des Großen Wagens (Großer Bär, *Ursa maior*) sind noch leichter auszumachen; sie bilden einen imaginären Zeiger, der auf den Polarstern weist. Beide waren wie der Stundenzeiger einer Uhr. Indem ich die Winkelstellung der »Zeiger« relativ zum Baum mit der zur Zeit der Dämmerung verglich, konnte ich abschätzen, welche Stunde der Nacht es war. Könnte man meinen, daß hier die Uhrenzeiger ihren Ursprung haben? (Üblicherweise hält man die Schattenzeiger der Sonnenuhren für geeignete Kandidaten, aber die beschreiben natürlich keinen vollständigen Kreis, wie es die Sterne tun.)

Ich dachte wieder an den Alkoven, der nach Norden ging – und überlegte, ob er wohl in seinem Überhang eine Kerbe hätte, die immer auf dieselbe Stelle am Himmel weist, wenn man am »richtigen Platz« liegt. Sich nach Norden öffnende Felsalkoven könnten mit ihren Ecken und Kerben auch Peillinien für die Sommersonnenwende bieten. Natürlich hätte man zu Zeiten der Anasazi den »richtigen Platz« nicht am Polarstern festmachen können, da dieser damals noch in einem deutlicher zu bemerkenden Kreis (von ungefähr 6° Radius) um die »richtige« Stelle rotierte. Über die Archäologie nordwärts ausgerichteter Alkoven ist mir nicht viel bekannt, lediglich, daß sie als Begräbnisstätten benutzt wurden. Eine ehrwürdige Position für die verehrten Toten am »richtigen Platz«? Die Pueblo-Stämme teilen den festen Glauben an eine Unterwelt, die der realen Welt sechs Monate vorausgeht: ein Bild, zu dem die Antithesen von Leben und Leben nach dem Tod, von Sommer und Winter gut passen. Ich glaube, wenn ich ein Anasazi wäre, der diese Stücke zu einer Geschichte des Universums zusammenfügte, schiene mir das alles überzeugend Sinn zu machen. Oder extrapolierte ich einfach zu viel? Ich brauchte Stunden, bis ich endlich einschlief

Und als ich wieder Stunden später (nach meiner Armbanduhr) erwachte, dachte ich über Tipis nach, jene kegelförmigen

Zelte der Prärieindiander (und es sind mehrere Stämme bekannt, welche die Sternenbeobachtung aus zeremoniellen Zelten praktizierten). Die Rauchabzüge an der Spitze der Tipis müßten auch einen Blick auf den Polarstern ermöglichen, wenn man sich auf den Boden an den richtigen Platz legen würde. Beinahe wäre ich aufgestanden und herumgelaufen. Aber ich entdeckte den Haken an dieser Theorie, noch ehe ich die wärmende Hülle des Schlafsacks verlassen hatte: Solange sie nicht in kanadischen Breiten standen, hätten die Tipis dann nicht hoch und schmal sein dürfen; je weiter nach Süden man kommt, desto breiter müßte die Basis des Tipis sein, wenn man den Polarstern durch das Rauchloch erblicken wollte. In den Breitengraden der Anasazi müßte das Tipi einen Radius haben, der etwas größer als seine Höhe wäre. Ein bißchen sehr geduckt – nicht gerade die typische Form eines Tipis. Ein weiterer guter Einfall, der von der Trigonometrie zunichte gemacht wurde. Doch die meisten nach Norden gerichteten Felsüberhänge im Anasazi Valley sind wahrscheinlich tief genug, damit ein Beobachter den Polarstern in einer Kerbe des Überhangs sehen konnte.

Die berühmtesten Felsenbehausungen der Anasazi finden sich in Mesa Verde im südlichen Colorado. (Selbst wenn jemand noch niemals von den Anasazi gehört hat, so sagt ihm Mesa Verde doch meist etwas.) Ich fragte mich, ob die Kivas in Mesa Verde vielleicht auch Sonnenwend-Peilungen hätten. Mit dem Auto bedurfte es nur einer Tagesreise, um das herauszufinden.

Schon der Karte nach zu schließen waren die Aussichten, Sonnenwend-Peilungen zu entdecken, eher entmutigend, weil die meisten Alkoven in Mesa Verde (Balcony House stellt eine wichtige Ausnahme dar) nach Westen oder Südwesten gehen, nicht nach Süden wie die Felsenwohnungen im Anasazi Valley. Ein Beobachter hinten in einem Alkoven, der sich nach Westen öffnet, würde die Wintersonne nicht vor dem Nachmittag sehen. Auch müssen solche Alkoven im Winter ziemlich kalt gewesen sein (während sie sich in der heißen Nachmittagssonne des Sommers aufheizten, denn einige sind nicht sehr tief). Die Chapin

Mesa scheint einfach keine tiefen natürlichen Alkoven zu haben, die sich nach Süden öffnen und die Anwendung der architektonischen Prinzipien ermöglicht hätten, die den Anasazi, nach ihren anderen Felsenwohnungen zu urteilen, bestens bekannt waren. Vielleicht betrachteten sie Mesa Verde gar nur als zweitklassiges Wohngebiet.

Also erwartete ich nicht, Enden von Himmelssicheln nach Sonnenwendpunkten ausgerichtet zu finden. Von hinten im Alkoven betrachtet, würde die Sonne am Nachmittag erscheinen, und zwar dergestalt, daß sie von oberhalb des Überhangs *herabstieg*! Könnte nichtsdestotrotz ein Kiva in Mesa Verde für einen »guten Blick« auf den Wintersonnenwend-Untergang geeignet sein? In Mesa Verde kann man allerdings nicht einfach hingehen und nachsehen (»Reichen Sie einen Antrag ein und lassen Sie uns etwa ein Jahr Zeit zur Bearbeitung«, insistierte der Chefarchäologe.) Ich beschloß, mir von der Mesa-Hochfläche im Westen aus einen raschen, vorläufigen Überblick zu verschaffen. (Ein bedeutendes Element wissenschaftlicher Strategie, mit dem prähistorische Protowissenschaftler sicherlich noch nicht konfrontiert waren, ist die Regel: »Bevor man viel Zeit darauf verschwendet, lange Anträge zu schreiben, stelle man vorläufige Untersuchungen an.«)

Vom Cliff Palace, dem berühmtesten restaurierten Pueblo, kann man sich einen touristischen Überblick verschaffen, wenn man auf einem Vorsprung des Plateaus jenseits eines kleinen Tales im Südwesten des Alkoven steht. Und ich bemerkte, daß die Bewohner ihre Sonnenuntergänge wohl gerade dort drüben, wo jetzt dieser touristische Aussichtspunkt ist, gesehen haben müßten. Wenn vor tausend Jahren hier ebenfalls schon Touristen gestanden hätten, hätten sie vielleicht den Ausblick von jenen Kivas innerhalb der Alkoven auf den Wintersonnenwend-Untergang versperrt – gerade wie Indianer, die im Fenster am Delicate Arch gestanden hätten, den Bühnenscheinwerfer an- und abschalten hätten können.

Hier auf dem Vorsprung des Plateaus herumzulaufen, dazu brauchte ich keine Genehmigung. Also strengte ich mich an, genau den richtigen Platz herauszufinden, einfach um zu sehen, ob er mit irgendeiner Einkerbung des Klippenrands oder einer Ruine auf der Hochfläche korrespondierte. Am Rand des Plateaus stehend, mußte ich zu den Kivas von Cliff Palace 5° nach unten gucken, also hätte ein Schamane an einer Kiva-Leiter dorthin, wo ich stand, 5° nach oben blicken müssen. Der Sonnenlauf am südwestlichen Himmel zur Zeit der Wintersonnenwende passiert die Höhe von 5° bei ungefähr *236°*. Nach Nordosten blickend, nahm ich andersherum Maß und manövrierte mich prompt an die genaue Stelle der Hochfläche, wo sie von dort unten ihren Wintersonnenwend-Untergang erblickt hätten (wobei also das hintere Ende meiner Kompaßnadel *236°* zeigte); das war genau die Stelle, wo, von ihren Kivas aus betrachtet, die Sonne den Horizont zu berühren schien.

Aber an dieser Stelle des Plateaurands war nichts Ungewöhnliches – keine Kerbe. Auch Ruinen gab es in der Nähe nicht. Kein Loch in der Felswand, rein gar nichts. Nun, vielleicht haben jene Menschen die Sommersonnenwende lieber gehabt; also versuchte ich eine Peillinie bei *296°*. Nichts. Als mir die Extrempunkte des Mondauf- und -untergangs in Stonehenge einfielen, probierte ich sogar diese aus. Wieder nichts. Ich versuchte dasselbe mit der Pruce-House-Ruine, aber auch da war nichts zu finden. Ich konnte nicht eine einzige, halbwegs etwas versprechende Peilung bei meiner vorläufigen Erkundung all der Felsenwohnungen entlang der Touristenroute um Mesa Verde herum entdecken.

Dieser rasche Überblick hat mir eine Woche Papierkram und eine zweite Reise ins südliche Colorado erspart. Vielleicht hatte ja irgendeine Ruine eine Sonnenwend-Peilung – die Karten sind nicht präzise genug, um das auszuschließen –, und vielleicht hatte es oben auf der Hochfläche eine längst vergangene Markierung gegeben, die auf irgendein Kiva ausgerichtet gewesen war. Doch innerhalb weniger Stunden hatte ich mich davon überzeugt, daß das typische Anasazi-Kiva in Mesa Verde keinen markierten Ausblick auf einen Sonnenwend-Untergang hatte (und bestimmt auch nicht auf einen Sonnenwend-Aufgang). Sind das widrige Umstände, oder habe ich bloß zu sehr generalisiert?

Betatakin und ein weiterer großer Alkoven, Keet Seel, liegen im Navajo National Monument Park in Arizona, etwa 60 Kilometer östlich des Grand Canyon. Ihr Anblick ist noch viel beeindruckender als der von Mesa Verde.

Der Navajo National Monument Park liegt etwa 20 Kilometer nördlich der Gleise jenes vollautomatischen Kohlenzugs, den Edward Abbey in *The Monkey Wrench Gang* beschrieben hat. Betatakin liegt auf einem hohen bewaldeten Plateau östlich der White Mesa; wie im Anasazi Valley hat das Wasser sich Abflußgräben hineingeschnitten, nur nicht so tief wie dort. Dennoch ist es ein gutes Land für Alkoven unter Felsüberhängen.

Im Alkoven von Betatakin haben die Anasazi 1250 n. Chr. angefangen, ein Dorf zu bauen. Wir wissen das von den Bäumen, die sie geschlagen hatten, um ihre Dächer und Leitern zu bauen. 1279 n. Chr. gaben sie Betatakin auf, nach nur einer Generation. Mit dem 13. Jahrhundert ging auch die große Zeit der Anasazi-Felsenwohnungen zu Ende. Betatakin ging etwa zur selben Zeit unter wie Mesa Verde – ja sogar die spezifische Anasazi-Kultur selbst verschwand im Lauf des nächsten halben Jahrhunderts. Es wird oft gesagt, daß die Anasazi an sich verschwunden seien, und obwohl ihr Bevölkerungsrückgang dies in gewisser Weise bestätigt, war es eigentlich doch ihre spezifische Kultur, die bei der Verschmelzung mit Nicht-Anasazi-Stämmen verschwand; daraus ist dann die Pueblo-Kultur hervorgegangen.

Die neunundzwanzigjährige Geschichte von Betatakin bietet den Archäologen eine Momentaufnahme der Zeit; in der Alten Welt müssen Archäologen oft mit einer ganzen Abfolge von Besiedlungen kämpfen, deren Schichten irgendwie in der Zeit »verschmiert« sind, weil die Menschen Material früherer Bauwerke wiederverwendeten oder eine ältere Schicht ausschachteten, um etwas einzugraben oder ein neues Fundament zu legen. Anasazi-Archäologen hingegen sind solche kurzen Momentaufnahmen vertraut – viele Stätten waren nur weniger als ein Jahrhundert lang bewohnt und wurden niemals wieder besiedelt.

Die offiziellen Bezeichnungen für die Anasazi-Fundstätten sind für gewöhnlich höchst ungenau. Als Name folgt »Navajo National Monument« noch einer gewissen Logik: Zwar haben die Navajo nicht die Felsenwohnungen erbaut, aber das Land war später Teil des Navajo-Indianerreservats. Eine Anasazi-Stätte im nordwestlichen New Mexico heißt »Aztec National Monument«, eine grobe Fehlbenennung, weil die Azteken diesen Breiten niemals irgendwie nahe gekommen sind. Als erstes müssen die Parkwächter der Nationaldenkmäler im Südwesten immer erklären, daß die Namen falsch sind, ein Produkt ethnologischer Ignoranz in jenen Tagen, bevor das Land vom Kongreß gesetzlich geschützt wurde – und von ihm offiziell seinen Namen bekam.

Keine größere Anasazi-Stätte ist offiziell nach den Anasazi benannt – noch nicht einmal das Anasazi Valley. Dieses Pseudonym habe ich erfunden, weil dieses Naturgebiet gefährdet ist, die Namen der Ruinen selbst habe ich jedoch nicht verändert, da sie in der archäologischen Fachliteratur eindeutig beschrieben sind. Die meisten Anasazi-Fundstätten sind Plünderern völlig ungeschützt ausgeliefert, so daß die Archäologen ihre Karten hüten. In vielen Besucherzentren der Nationalparks kann man keine genauen topographischen Karten mehr kaufen. Diese Politik mag die Zahl der Freizeitwanderer, die etwas mit nach Hause mitnehmen, reduzieren, die professionellen Plünderer jedoch sind manchmal schon seit Generationen im Geschäft, wobei der Vater den Sohn in die Lage der Stätten einweist und wahrscheinlich eine Sammlung allerbester Karten zum Familienerbe gehört. Das Antiquitätengesetz von 1979 stellt das Plündern von Ruinen unter Strafandrohung durch ein Bundesgesetz, selbst wenn das Land sich in Privatbesitz befindet, und in der Folge kam es in einigen bemerkenswerten Fällen zur Strafverfolgung von Dieben, von denen ein Teil sogar Büros in Utah unterhalten hatte und den Verfolgungsbehörden jahrelang entkommen war.

Wenn man den Pfad hinter dem Besuchszentrum beim Navajo National Monument hinuntergeht, kann man von der Spitze einer Klippe über den Canyon hinweg einen Blick auf Betatakin werfen: Der erste Eindruck ist der einer enormen, gigantischen Orchestermuschel in einer orangefarbenen Klippe; ein tausendköpfiges Orchester fände hier wohl Platz. Im Gegensatz zu den Felsenwohnungen in Mesa Verde, die ihren Alkoven fast ausfüllen, nehmen die Bauwerke in Betatakin nur das untere Fünftel der Alkovenhöhe ein. An Kopffreiheit mangelt es nicht.

Betatakin hat einen steilabfallenden Boden, und die Fundamente der Bauwerke sind fest auf diesen potentiell schlüpfrigen Abhang zementiert. Ein Stück aus der Mitte der Ruinen ist völlig hinuntergerutscht – und ich meine damit nicht, daß das Bauwerk von seinem geneigten Standort abgeglitten ist, sondern daß die ganze darunterliegende Felsplatte den Berg hinuntergerutscht ist. Gelegentlich brechen auch ganze Stücke des Alkovendachs herunter, und diese typische Form von Erosion hat höchstwahrscheinlich die Riesenmuschel entstehen lassen. Wegen der starken Neigung hat die Anlage von Betatakin überhaupt keine Ähnlichkeit mit jener, die der flache Boden von Perfect Kiva erlaubte.

Ich schloß mich der ersten Führung des Tages an und folgte, den Taschen-Theodoliten eingesteckt, dem Parkwächter das Tal hinauf. Wenn man sich von unten nähert, wirkt Betatakin in jeder Hinsicht genauso beeindruckend wie beim ersten Anblick von dort oben jenseits des Tales. Nachdem wir alle Ruinen auf der üblichen Route besichtigt hatten und ich vergeblich nach der charakteristischen Kiva-Form und dem Belüftungsschacht gesucht hatte, fragte ich schließlich den Wächter. Nur noch die Grundmauern des Kiva seien übrig, erklärte er, gerade unterhalb des diagonalen Wegs, der den Zugang zu den oberen Stockwerken am östlichen Ende ermöglicht. Also suchte ich mir vorsichtig meinen Weg zu der Stelle, auf die er gedeutet hatte; ziemlich steil war der Abhang dort und – so sollte man meinen – nicht gerade ein traumhafter Bauplatz für eine so wichtige Institution. Ich setzte mich an die Stelle des Trampelpfads, wo dereinst vermutlich der Zugang zur Kiva-Leiter gewesen war, und nahm meinen Taschen-Theodoliten heraus.

Die südwestliche Ecke, wo die Orchestermuschel auf den fer-

Oben: Schaut man im Inneren des riesigen Alkovens von Betatakin nach Westen, befindet sich das Kiva unterhalb der Mitte, links unter den in den Fels geschlagenen Treppenstufen. Das Kiva wurde vermutlich durchs Dach betreten, wohin man von dem Querpfad direkt oberhalb des Kiva gelangte.

Links: Blickt man von den Treppenstufen nach Südosten, kann man im Vordergrund die Grundmauern des Kiva erkennen, die an den steilen Abhang geklebt sind. Der Parkwächter steht auf dem Pfad unterhalb des Kiva.

nen Horizont trifft, liegt in keiner Weise nahe dem Wintersonnenwend-Untergang. Und die Südostecke liegt auch nicht nahe dem winterlichen Sonnenaufgang. Sie liegt viel zu tief, um vom Sonnenlauf am kürzesten Tag des Jahres berührt zu werden. War ich mal wieder schief gewickelt?

Ich bemerkte jedoch ein interessantes Gesims im Überhang, das eine Zacke aufwies, und so vermaß ich diese: *139,5°* von Norden und 17,5° Höhe, wirklich sehr dicht am Sonnenlauf zur Zeit der Wintersonnenwende. Die aufgehende Sonne würde also von jener Zacke eingerahmt – wenigstens, wenn man am Kiva stand. Könnte die kleine Stufe ein symbolischer Ersatz für die Ecke einer Himmelssichel sein?

Das Kiva von Betatakin ist also das dritte mit einem besonderen Ausblick auf den Sonnenaufgang zur Wintersonnenwende – besonders wenigstens im Vergleich zu den anderen Bauwerken des Dorfes. Während ich hinausging, spekulierte ich: Moscheen sind nach Mekka ausgerichtet, könnten Kivas nach dem Lauf der Sonne über den Himmel zur Zeit der Wintersonnenwende ausgerichtet sein? (Mit Ausnahme jener Kivas natürlich, die von den armen Verwandten in Mesa Verde erbaut worden waren.) Ich sah ein, daß ich noch ein paar mehr Kivas sammeln mußte.

Nachdem ich im Besucherzentrum kühles Wasser getrunken hatte, war ich bereit, mit Keet Seel weiterzumachen (dem anderen großen Alkoven im Navajo National Monument Park); sobald wie möglich wollte ich sehen, ob sein Kiva auch an der richtigen Stelle für besondere Sonnenwend-Ansichten lag. Ich schaute in die archäologische Karte der Keet-Seel-Ruinen, und zu meinem Entsetzen gab es dort Dutzende von Kivas! Das war zu viel des Guten. Sie konnten nicht alle Sonnenwend-Ausblicke bieten. Selbst wenn es bei ein paar der Fall war, wer würde meiner Theorie der Kiva-Ausrichtung Glauben schenken, wenn es so viele gab, unter denen ich meine Auswahl treffen konnte?

Das erinnerte mich augenblicklich an eine überzeugende Kritik, die gegen die Peillinien berühmter Ruinen in Ägypten, Europa und Zentralamerika vorgebracht worden war; jene Bauwerke sollten angeblich so ausgerichtet sein, daß sie auf einen bestimmten Stern wiesen. Weil der Nachthimmel so voll von Sternen ist, muß jedoch jede beliebige Peilung *immer* auf irgendeinen Stern deuten. Solange man nicht einen überzeugenden, davon unabhängigen Beweis dafür hat, daß ein Volk einem bestimmten Stern seine Gunst erweist, ist die Behauptung, daß der Blick aus einer alten Ruine dorthin weist, wo der Sirius aufgeht, genauso viel wert, wie die, daß der Blick aus meinem Schlafzimmerfenster absichtlich auf den Aufgang des Sirius weise. Jede Peilung zeigt irgendwo hin, und alle paar Minuten kreuzt sie ein anderer Stern. Solche Unterstellungen von Stern-Peilungen überzeugen keinen, der in Kategorien moderner Kontrollexperimente denkt, also die Wahrscheinlichkeit berücksichtigt, daß eine Peilung nur durch Zufall da- und dorthin weist. War ich mit meinen Kiva-Peilungen in dieselbe Falle gegangen?

Während ich im Besucherzentrum an meinem Kaffee nippte, fragte ich mich, ob meine Betatakin-Peilung vom Kiva über die auffällige Zacke im Überhang nur zufällig auf den Sonnenlauf der Wintersonnenwende wies, ob die Anasazi also aus irgendeinem anderen Grund das Kiva dort gebaut hatten und es sich erst hinterher herausstellte, daß es diesen hübschen Ausblick bot. Die erste Unsicherheit besteht darin, daß die Sonne eine bestimmte Größe hat und ich nicht weiß, ob die Anasazi lieber die Oberkante, den linken oder rechten Rand oder die Unterkante anpeilten. Schon aus diesem Grund eine Unsicherheit von 0,5° – ziemlich viel Freiraum, um einen eckigen Zapfen in ein rundes Loch zu stecken.

Die Größe der Sonne ist nicht die einzige lockere Verbindung in diesem Gebäude. Zu viel Spiel entsteht, zweitens, auch dadurch, daß zwischen dem nordöstlichen Sommersonnenwend-Aufgang (bei *60*° von Norden auf einem flachen Horizont) und dem südöstlichen Wintersonnenwend-Aufgang (bei *120*°) eine Spanne von etwa 60° klafft. Und wenn ich innerhalb eines Alkovens herumlaufe, verändern sich die Winkel entsprechend den verschiedenen Horizontmerkmalen ständig. Wie groß, so muß man fragen, ist die Wahrscheinlichkeit, daß ich einen Aussichtspunkt finde, bei dem ein ungefähr in jener Richtung gelegenes

Horizontmerkmal zwischen *60,0°* und *60,5°* zu liegen kommt? Oder zwischen *119,5°* und *120,0°*?

120 Objekte von der Größe des scheinbaren Sonnendurchmessers könnte man nebeneinander in jenen Sektor fügen, also beträgt die Wahrscheinlichkeit, daß die Sonne irgendein Segment von *0,5°* trifft, 0,8 Prozent. Das ist die Wahrscheinlichkeit, daß eine beliebig gewählte Peilung für die Wintersonnenwende zu benutzen ist. Auch dafür, daß man die Peilung für die Sommersonnenwende gebrauchen könnte, beträgt die Wahrscheinlichkeit 0,8 Prozent, denn ich würde ja »Heureka!« rufen, wenn sie überhaupt eine von beiden träfe. Das summiert sich zu einer Wahrscheinlichkeit von 1,6 Prozent, daß ein von mir *zufällig* ausgewähltes Merkmal am östlichen Horizont für einen von beiden Sonnenwend-Punkten funktionierte. Irgend jemand, knurrte ich vor mich hin, sollte diese Analyse auch mal für Stonehenge und Avebury durchführen, wo man unter Dutzenden von Steinen auswählen kann, die alle auch noch zwei Seiten haben.

Nun, nehmen wir einmal an, daß es zwei interessante Merkmale am östlichen Horizont gäbe, zwischen denen man wählen könnte – wie es unten in Betatakin der Fall war: Die übliche Ecke der Himmelssichel und jene auffällige Zacke am Überhang (jene, die ziemlich gut für Wintersonnenwend-Aufgänge zu funktionieren scheint). Zwei Kandidaten zu haben, verdoppelt meine Wahlmöglichkeiten, verdoppelt das Risiko, daß ich etwas bloß durch Zufall finde und nicht weil die Anasazi ihre Kivas gern dahin gebaut haben, wo man gut Sonnenwenden anpeilen kann. Zwei passende Peilungen bedeuten eine 3,2-prozentige Wahrscheinlichkeit, daß ich eine von ihnen in meine Hypothese vom Sommer- oder Wintersonnenwend-Aufgang einfügen kann. Und weil ich in gleicher Weise auch am westlichen Himmel auswählen kann, verdoppelt sich das noch einmal, wenn es zwei interessante Merkmale am Horizont zwischen Südwest und Nordwest gibt. Damit sind wir bei 6,4 Prozent angelangt. An Buckelpisten-Horizonte wie die Palisaden der Wüste mit ihren Dutzenden von Kerben statt nur zweien mag ich da gar nicht erst denken.

Zwei Kandidaten im Osten, zwei im Westen, das macht eine

Wahrscheinlichkeit von 1:16, daß ich mich hinsichtlich der Anasazi täusche, wenn ich von einem bestimmten Blickpunkt aus eine einzige Sonnenwend-Peilung finde. Bei einer so hohen Wahrscheinlichkeit würden die meisten Wissenschaftler mein Ergebnis nicht als »signifikant« akzeptieren, als hinreichend verschieden von der rein zufälligen Alternative. Sogar eine »Zufallsrate« von 1: 100 läßt manchen noch die Stirn runzeln.

Also sind einzelne Peilungen von einzelnen Standpunkten für sich allein nicht sonderlich überzeugend. Sie erlauben zu viel »kreative Freiheit«, während das, was man beweisen will, durch Fakten erhärtet sein müßte, die zwingend den Schluß ergeben: »Das ist die einzig mögliche Antwort.« Mit meinen Ansichten über die Hälfte der archäoastronomischen Literatur ging es steil bergab – vieles davon konnte einfach nur Wunschdenken sein, ein gewitzter moderner Gedanke, der einer alten Stätte übergestülpt und zurechtgestutzt wurde, bis er paßte. In der Archäoastronomie wünschen wir uns etwas, das so unzweideutig ist wie eine Ritterrüstung; typischerweise haben wir aber eine Situation, die so flexibel ist wie ein Ballen Stretchgewebe, das allem und jedem paßt.

Eine Überlegung machte mir wieder Mut: Mein Pessimismus mochte zwar bei der Analyse einer einzigen Stätte angebracht sein; wenn man jedoch viele Anasazi-Kivas untersuchte und Peilungen auf Wintersonnenwend-Aufgänge für sie *typisch* fände, dann spräche das doch ziemlich dafür, daß Aussichten auf Sonnenwend-Aufgänge bei der Erwägung von Kiva-Plazierungen von einiger Bedeutung gewesen sind – ein Muster ist ein gutes Mittel, den entmutigenden Zufälligkeiten zu entgehen, die die Befunde lediglich einer Stätte bieten.

Eine andere Möglichkeit, den deprimierenden Wahrscheinlichkeiten zu entgehen, bestünde darin, zwei Sonnenwend-Peillinien zu entdecken, die sich bei einem Kiva schneiden. Die speziellen Aussichtspunkte sowohl bei der Split-Level-Ruine wie beim Perfect Kiva waren in etwa der richtige Platz, um zur Wintersonnenwende den Auf- wie den Untergang anzupeilen.

Wenn man die zweite Peilung aussuchen kann, ohne daß die erste dies zwingend ergibt, multiplizieren sich ihre individuellen Wahrscheinlichkeiten zur Wahrscheinlichkeit, daß beide zufallsbedingt sind. Wenn man zwischen zwei Peillinien-Kandidaten am östlichen Horizont und zwei weiteren am westlichen wählen kann, beträgt die Wahrscheinlichkeit, daß man zufällig an der richtigen Stelle für zwei Sonnenwend-Peillinien steht, ungefähr 3,2 Prozent von 3,2 Prozent, mithin 0,1 Prozent Wahrscheinlichkeit, daß von ein und demselben Standpunkt aus beide zufallsbedingt sind.

Und diese Wahrscheinlichkeit von einem Tausendstel gälte, wenn man von einem einzigen Aussichtspunkt einen Wintersonnenwend-Aufgang und einen Sommersonnenwend-Untergang sehen könnte. Gehen Peillinien *sowohl* auf den Auf- *wie* auf den Untergang *derselben* Sonnenwende durch den Aussichtspunkt, ist die Zufallswahrscheinlichkeit sogar noch kleiner. Das läßt Stätten, die zufällig zwei Peilungen auf dieselbe Sonnenwende haben, ziemlich selten erscheinen und bietet erheblich mehr Glaubwürdigkeit als eine einzelne Peilung, die auf eine der vielfältigen Möglichkeiten paßt. Daß auf einem solchen Schnittpunkt auch noch der ungewöhnlichste Bauwerktyp der Anasazi stehen sollte, erhöht die Glaubwürdigkeit weiter.

Das Acoma-Pueblo erinnert mich am ehesten an die Bergfestung des König Herodes über dem Toten Meer. Sowohl Acoma wie Masada sind freistehende, oben abgeflachte Berge – Mesas, wie Tafelberge auf spanisch heißen – und von Bauwerken gekrönt.

Obwohl befestigt, stellt Herodes' Mesa im Grunde den typischen römischen Winterpalast dar; so verbrachte man im l. Jahrhundert n. Chr. den Winter im Süden (das auf einer Bergkuppe südlich von Jerusalem und östlich von Bethlehem gelegene Herodion hoch in den kühleren judäischen Bergen mit ihren Winden vom Mittelmeer stellt die Sommerversion dar). Masada bietet mit die beste Möglichkeit, einen römischen Palast zu besichtigen, und zwar aus dem einfachen Grund, weil niemals eine andere Siedlung darüber gebaut worden ist. Wüstem haben manchmal Vorteile (sie sind als Wohnort nicht so beliebt und haben ein trockenes, konservierendes Klima), und somit verbringen Archäologen einen unverhältnismäßig großen Teil ihrer Zeit an Wüstenorten, wo sie sich mit heißem Staub abplagen.

Das Acoma-Pueblo ist noch bewohnt. Es liegt genau wie Masada in der Wüste, obwohl es nicht den Blick in die nördliche Verlängerung des Ostafrikanischen Grabenbruchs bietet, den Herodes hatte. Dieser Graben ist Teil jener Superbruchlinie, die sich von Südafrika bis in die Türkei erstreckt und der Grund dafür, daß Jericho vier größere Erdbeben pro Jahrhundert erlebt (die seine Mauern immer noch gelegentlich einstürzen lassen).

Acoma fehlt die Pracht von Masada, wo sich die Baulichkeiten und die konstante Wasserversorgung auf Sklavenarbeit gründeten. Das Gegenteil bereitete Acoma Probleme: Regelmäßig verschleppten die Spanier seine jungen Leute in die Sklaverei, um mit ihrer Muskelkraft all die Kirchen errichten zu können. Aber Acoma überlebte mit seinen bescheidenen Mitteln und steht heute da als lebendiger Beweis, wie die entschlossenen eingeborenen Jäger und Sammler mit marginalem Ackerbau in einem Land ihr Auskommen fanden, in dem die nicht-eingeborenen Amerikaner offensichtlich nicht leben können, ohne Benzin, Elektrizität und Wasser zu importieren.

Acoma ist eins von mehreren Pueblos, auf die man stößt, wenn man auf dem Interstate-Highway von Albuquerque, New Mexico, nach Westen fährt. Wenn man von der Autobahnausfahrt nach Süden biegt, erblickt man zunächst eine hohe Mesa, die unbewohnt scheint. Der Berg ist den Menschen von Acoma heilig und Gegenstand vieler Legenden (ich weiß nicht, wie sie ihn nennen; der Reiseführer behauptet, andere würden ihn »Verzauberte Mesa« nennen). Er erhebt sich etwa 30 Stockwerke hoch über einem flachen Wüstenboden inmitten eines weiten Tales. Ich fragte mich, ob es dort oben vielleicht zeremonielle Stätten mit Sonnenwend-Ausblicken gäbe, aber die Archäologen scheinen vergeblich versucht zu haben, den Stamm dazu zu überreden, ihnen die Erforschung zu genehmigen; der Stamm erlaubt noch nicht einmal Wanderern den Besuch.

Südlich der Verzauberten Mesa liegt ein weiterer, etwas

größerer Tafelberg. Er ist von zahlreichen Bauwerken gekrönt, darunter dem Glockenturm einer Kirche (die Mission von San Esteban del Rey wurde zwischen 1629 und 1640 von katholischen Missionaren gebaut, die den spanischen Soldaten in dieses Gebiet folgten). Das ist Acoma, welches erstmals vor beinahe 2000 Jahren in der Frühzeit der Anasazi besiedelt wurde und um 1300 n. Chr. einen Zustrom von Menschen aus dem Gebiet der Mesa Verde erlebte. Coronados Armee besuchte die Festung 1540; er beschrieb sie als

> ... eine der stärksten, die man je sah, denn die Stadt ist auf einem hohen Felsen gebaut. Der Aufstieg war so schwierig, daß wir bereuten, hinaufgeklettert zu sein. Die Häuser sind drei und vier Stockwerke hoch. Die Menschen sind von derselben Art [wie die Zuni], und sie haben überreichliche Vorräte an Mais, Bohnen und Truthähnen ...

Wie in Masada führt auch in Acoma ein steiniger Pfad vom Fuß des Berges nach oben; er passiert mehrere leicht zu überwachende Engstellen, wo man Feinde gut »in den Würgegriff« nehmen konnte, wie heutige Soldaten das ausdrücken würden. Das 20. Jahrhundert hat eine Teerstraße hinzugefügt; glücklicherweise dürfen die Touristen nicht mit dem Auto hinauffahren. Sie parken unten beim Acoma-Besuchszentrum, besichtigen das Museum und fahren dann in einem kleinen Bus mit einem indianischen Führer hinauf.

Als ich dort war, wurde gerade der Mais für ein Fest vorbereitet; ringsumher gingen die alten Männer verschiedenen Alltagszeremonien nach. Man stelle sich eine Gruppe schwer arbeitender Bauern aus der Nachbarschaft vor, die zusammengekommen sind, um ein lokales Fest mit religiösen Obertönen zu feiern, dann hat man in etwa die Atmosphäre der Zeremonie. Aber man muß sich weiter vorstellen, daß die Bauern mit einem jeden Maiskolben herumgestikulieren, indem sie ihn in jede der vier Himmelsrichtungen schwenken, dann hoch in den Himmel, schließlich nach unten zur Erde. Ob die Himmelsrichtungen nun wichtig für die Eklipsen-Vorhersage sind oder nicht, diese

Bauern messen ihnen bei der Maisernte und beim Beiseitelegen des Saatmais für das kommende Jahr Bedeutung zu. In der Tradition der Pueblos sind Religion, Ackerbau und der Jahreszeitenkalender eng miteinander verflochten. Bei den Pueblos weiter im Westen werden die Sonnenwendpunkte als Haupthimmelsrichtungen gebraucht, während bei denen im Osten christliche Einflüsse offensichtlich dazu geführt haben, daß sie in Norden, Osten, Süden und Westen überführt wurden.

Dank jüngst niedergegangener Gewittergüsse standen oben auf der Mesa ein paar große Gruben voll schlammigen Wassers. Diese Auffangbecken liefern das Wasser für die meisten Verwendungszwecke. Die Kinder spielten darin, Tiere gingen hindurch, um sich abzukühlen, und das Wasser sah mittlerweile ziemlich schmutzig aus. Dann und wann kam ein Kind und füllte einen Krug oder Kübel (wenn man lang genug wartet, setzt sich der Schlamm am Grunde des Gefäßes ab). Heute holen die meisten Haushalte ihr Trinkwasser aus reineren Quellen weiter unten, aber für andere Zwecke wird es noch immer aus diesen altmodischen Zisternen geschöpft. Bis vor kurzem verstand man noch nicht, wie sich durch solche Wasserbevorratung Krankheiten ausbreiten. In New York bewirkte die Cholera-Epedemie (immerhin erst 1866) schließlich, daß man geschlossene Leitungen baute, um Wasser von außerhalb gelegenen Quellgebieten heranzuführen, und daß die Gemeinde weitere teuere Investitionen tätigte, um die Abwässer in geschlossenen Kloaken abzuleiten. Es ist schon erstaunlich, wie weit es die abendländische Kultur ohne solches Basiswissen über epidemische Krankheiten gebracht hat. In Acoma hatten die Menschen wenigstens einen Vorsprung hinsichtlich des Ableitungsproblems: die Aborthäuschen stehen am Rand der Klippen.

Nicht weit von der natürlichen Zisterne steht die Missionskirche mit ihrem Glockenturm im spanischen Stil; ein europäisch angelegter Friedhof erstreckt sich bis an den Rand der Mesa. Er wird von einigen Bäumen gesäumt, die hier seltsam deplaziert wirken; sicher haben sie nur dank konstanter Bewässerung überlebt. Ein Hauch von Spanien, in bescheidener Weise der Wüstenei des Südwestens angepaßt. Die Pueblo-Indianer in New

Mexico, die das Christentum übernahmen, haben diese Religion in mannigfaltiger Weise modifiziert und alte wie neuere Festlichkeiten miteinander vermischt. Beispielsweise haben sie nur ein paar Tage nach der Sommersonnenwende ein Fest (genauso wie Weihnachten ein paar Tage nach der Wintersonnenwende liegt). Acoma ist das westlichste der Rio-Grande-Pueblos und wird als eine Art Mittelding angesehen, denn ihm fehlen bestimmte spanische Einflüsse, die man in den Pueblos näher am Tal des Rio Grande findet.

Im Innern ist die Kirche armselig, obwohl sie erkennen läßt, was für ein Bravourstück ihr Bau für die Acoma vor 300 Jahren dargestellt haben muß. Anasazi waren sie da nicht mehr. Steht man vor den Kirchenportalen, hat man eine herrliche Aussicht, die sich weit über das Tal unten hinweg bis zu den Bergen erstreckt.

Wegen des Wirkens der Priester im Lauf der letzten vier Jahrhunderte und der zusätzlichen mexikanischen Einflüsse ist es nicht einfach, in den Pueblos von New Mexico das Alte und das Neue auseinanderzuhalten. In den vergangenen 100 Jahren ist all das zudem von der Kultur des 20. Jahrhunderts mit ihren europäischen, afrikanischen und asiatischen Ursprüngen eingekesselt worden. Weiter westlich im heutigen Arizona kamen die Priester und Siedler nur langsamer voran, und so mögen die Hopi mehr von der ursprünglichen Anasazi-Kultur erhalten haben. Indem man die gemeinsamen Elemente bei Hopi, Zuni und Rio-Grande-Pueblo miteinander vergleicht und zur Anasazi-Archäologie in Beziehung setzt, kann man eine – wenn auch nicht vollkommene – Vorstellung davon bekommen, wie die Kultur der Anasazi ausgesehen haben mag.

Das Bandelier National Monument liegt im nördlichen New Mexico gerade oberhalb des Rio Grande, und die Felsenbehausungen dort unterscheiden sich deutlich von jenen des Anasazi Valley oder der Mesa Verde. Der Fels besteht hier aus weicher Lava, und man sieht viele in den Stein gebohrte Löcher für Dachbalken. Obwohl die Hänge oberhalb des ebenen Talgrunds beliebt waren, finden sich auch freistehende Stätten, die eher wie Acoma und Masada wirken: Mesas mit Felsenwohnungen entlang ihres Südrands, Wohnungen mit gutem Ausblick.

Tsankawi, über dem Rio-Grande-Tal gelegen, ist mein Lieblingsbeispiel, wohl auch deswegen, weil es echte *Höhlen*wohnungen hat, nicht nur Behausungen, die unter einen Klippenüberhang gebaut wurden. In der Lava gab es einige große Blasen, die verschiedene Einbrüche und Risse in der Klippenwand bildeten, und diese Lava ist weich genug, daß einige davon vergrößert und zu hübschen Räumen mit schön gestalteten Eingangstüren ausgebaut werden konnten.

Und es gibt sogar eine rechteckige Höhle. In der westlichsten Höhle entlang des Pfades wurde der Raum quadratisch herausgearbeitet und die untere Hälfte der Wände so verputzt, wie man das von Kivas kennt. Oberhalb der Anasazi-typischen T-förmigen Tür mit ihren Auskerbungen für einen Türsturz (wahrscheinlich eine »Vorhangstange«, von der ein Tierfell hing, um die Öffnung zu verschließen), ist ein langes, enges Loch durch den Fels gebohrt (vielleicht ein natürliches, das aufgebohrt wurde). Diese Öffnung weist nach Süden, und zur Mittagszeit wandert ein Sonnenlicht-Spotlight quer über den Boden des Raumes. Zur Wintersonnenwende würde der Lichtfleck am Fuß der Rückwand des Raumes entlang wandern (soweit man das sagen kann, ohne zu wissen, wie dick die Staubschicht jetzt den ursprünglichen Boden bedeckt).

Das Hopi-Indianerreservat konzentriert sich auf drei große Mesas im nordöstlichen Arizona. Die Mesas der Hopi haben nur wenig Ähnlichkeit mit den wohldefinierten runden oder rechteckigen »Tafeln« wie Acoma oder Masada. Vielmehr sind sie nach Süden verlaufende »Finger« der nördlich gelegenen Black Mesa, einmal mehr in den Himmel ragende Halbinseln. Am Südende jeden Fingers fällt das Land steil ab und ermöglicht eine prächtige Aussicht. In andere Richtungen beschränkt jedoch die gewellte Hochebene die Sicht. Sie ist größtenteils trocken, eine Bergwüste; die interessanten Stellen finden sich entlang ihres Randes.

Die Berghänge zwingen die warme, feuchte Luft, die aus dem Golf von Mexico nach Nordwesten strömt, in die Höhe. Während sie sich dabei abkühlt, wird sie zu gesättigt, um ihren Feuchtigkeitsgehalt bewahren zu können. Der Sommerregen des Monsuns ist wahrscheinlich der Grund, warum die Anasazi diesen Ort und andere solche nach Süden ausgerichteten Berge liebten. Solche Berghänge bekommen alles, was es an Regen hier in diesem Land mit wenigen Niederschlägen und häufiger Trockenheit gibt. Hopi-Bauern bauen ihren blauen Mais in Flußbetten an, die das Wasser kanalisieren; wann immer man einen Wasserlauf überquert, kann man von der Brücke wahrscheinlich ein kleines Hopi-Maisfeld ausmachen, dessen Pflanzen sorgfältig einzeln per Hand umsorgt werden. Das Flußbett mag trocken aussehen, aber im sandigen Grund gibt es wahrscheinlich unter der sonnengebackenen Oberfläche noch etwas Wasser. Berghänge bieten da günstigere Voraussetzungen, und es ist interessant, wie ein Hopi-Bauer sie sich zunutze macht.

Obwohl die Abhänge der Mesas den Sommerregen mit größerer Zuverlässigkeit als die Ebenen und die Hochflächen einfangen, wird ein Hopi-Bauer einige Pflanzen unten an den Fuß der Mesa setzen, einige auf halber Höhe und den Rest oben darauf. Die obersten Felder werden den Regen abbekommen, der an Sommertagen aus den Monsunwolken herabstürzt, wenn sie nordwärts treiben und in die Höhe gezwungen werden. In einem schlechten Jahr werden die Felder unten am Grund kaum Niederschläge abbekommen, und die Ernte dort wird mißlingen; die Äcker auf halber Höhe werden vor sich hinkümmern, aber die Felder oben werden immer noch Getreide erbringen. In einem guten Jahr werden alle drei Felder gedeihen. Das nennt man »das Risiko verteilen«, eine Praxis, die moderne Farmer oft ignorieren, wenn sie sich auf eine einzige hochprofitable Feldfrucht spezialisieren und dann unter den Plagen und Krankheiten zu leiden haben, die unter den Bedingungen der Monokultur so gut gedeihen (die irische Kartoffel-Hungersnot fällt einem dabei ein).

Das Land der Hopi ist nicht mit Einzelbehausungen übersät, wie man sie typischerweise im Navajo-Land rings um das Hopi-Reservat sieht. Die Hopi leben größtenteils in kompakten Dörfern und ziehen hinaus, um ihre weitverstreuten Äcker zu bestellen (heutzutage verkürzen Pick-up-Lastwagen allerdings die Wegstrecke) .

Diese Tendenz zur Gruppenbildung gehört zu den Dingen, die die Navajo nicht von den Pueblo-Indianern übernommen haben; es fällt mir schwer, mir eine Gruppe von Navajo-Familien vorzustellen, die sich in den beengten Verhältnissen einer Felsenwohnung niederläßt, während es den Hopi wahrscheinlich vertraut und gemütlich vorkommen würde (wenn auch ein bißchen ungewohnt, über den Häusern einen Felsendom zu haben). Die Navajo neigen dazu, sich zu verteilen, sich in weit auseinanderliegenden Flecken am Ende langer, ausgetrampelter Pfade niederzulassen, ihr Hogan zu bauen und dort eine große Familie aufzuziehen (das erinnert daran, wie die europäischen Pioniere den Westen besiedelten).

Dies hatte Implikationen für die Bevölkerungsgröße und ist mit ein Grund, warum die Vorstellung, daß die Navajo und Hopi sich ein »gemeinsames Gebiet« um das Hopi-Reservat herum teilen könnten, eigentlich nicht funktioniert hat (es wurde schließlich aufgeteilt, was dazu führte, daß einige Navajo-»Pioniere« gewaltsam vertrieben werden mußten). Die Navajo sind expansionistisch, während – man neigt ja zur Hypothesen-Bildung– die Pueblo-Bevölkerung sich um die Größenordnung herum stabilisiert, die ein traditionelles Dorfgelände beherbergen kann.

Obwohl es ein paar Ausnahmen gibt, liegen die Hopi-Dörfer meist auf jenen langen, nach Süden ausgreifenden Fingern der Black Mesa. Walpi ragt hoch über dem Highway auf, der den Südrand der First Mesa säumt; wie eine auf die Spitze getriebene Version von Assisi oder anderen, auf einem Bergsporn gelegenen italienischen Städten wirkt der Ort. Acoma hat ringsherum steile Abhänge, aber diese hier sind um noch einmal die Hälfte höher, rund 45 Stockwerke insgesamt. Es drängt sich der Verdacht auf, daß die Hopi oben auf diese windzerzausten, wasserlosen Bergkämme bauten, nicht etwa weil sie sie besonders praktisch fanden, sondern weil diese Örtlichkeiten irgendwie denen ähnelten, wo ihre legendären Ahnen gelebt hatten, Szenerien, wie sie tief in der Kosmologie der Anasazi verankert waren.

Auf den ersten Blick scheint es sich beim Hopi-Kalender um die übliche Mischung von lunaren und solaren Ereignissen zu handeln, die alle Kalender charakterisierten, bevor unser moderner Kalender die Dinge ein wenig vereinfachte. Verschiedene nordamerikanische Indianerstämme hatten gelernt, alle drei Jahre einen 13. Mondmonat hinzuzufügen, um ihren Kalender wieder mit dem Lauf der Jahreszeiten zu synchronisieren.

Während in einem modernen Kalender die Mondphasen bloße Fußnoten sind, waren sie einst ein integraler Bestandteil des Lebens, und noch immer wird das Datum religiöser Feste nach ihnen bestimmt. Der Tag des Osterfests zum Beispiel ist der erste Sonntag, der dem ersten Vollmond nach der Frühlings-Tagundnachtgleiche folgt. Ostern ist also erstens am Sonnenzyklus ausgerichtet (die Tagundnachtgleiche muß vorüber sein), sodann an der monatlichen Ausbildung des Mondes und schließlich am Begriff des Wochenanfangs (und die Wochentage lassen sich mit gar nichts in Verbindung bringen, die Sonntage verschieben sich bezüglich des Vollmonds, des Neujahrstages, der Tagundnachtgleichen und so weiter). Das Oster-Arrangement klingt verdächtig nach einem Kompromiß, mit dem ein alter Streit zwischen opponierenden religiösen Gruppen geschlichtet wurde.

Viele Hopi-Feste sind an eine ähnliche Kombination solarer und lunarer Ereignisse gebunden – aber ihr höchstes Fest, Soyal, liegt so dicht am Tag der Wintersonnenwende, wie sie mittels Beobachtung des Sonnenauf- und -untergangs am Horizont nur ausmachen können. Der Tag des Soyalfestes wird jedes Jahr von einem Dorfältesten festgelegt, der *tawa-mongwi* oder »Sonnenhäuptling« genannt wird. Von seinem Lieblingsplatz auf der Second Mesa aus beobachtet er sorgfältig den Sonnenuntergang hinter den San Francisco Peaks, sicherlich die herausragendsten

Landmarken, die von ihrem Hochplateau aus zu sehen sind. Wenn der Sonnenuntergang einen charakteristischen Punkt etwa zehn Tage vor seiner äußersten südwestlichen Position erreicht, verkündet er, daß es noch zehn Tage bis Soyal seien, und die Vorbereitungen beginnen. Die Zuni erzählen über den ersten Sonnenpriester die folgende Geschichte:

> Der Mann, der zur Sonne ging, wurde zum Pekwin. Die Sonne sagte zu ihm: »Wenn du nach Hause kommst, wirst du Pekwin sein, und ich werde dein Vater sein. Bringe mir Speiseopfer dar. Komm jeden Morgen an den Rand des Ortes und bete zu mir. Jeden Abend gehe zum Schrein beim Matsaki und bete. Wenn ich am Ende jeden Jahres nach Süden komme, beobachte mich genau; und in der Mitte des Jahres im selben Monat, da ich rechter Hand den weitesten Punkt erreiche, beobachte mich genau.« »In Ordnung.« Er kehrte nach Hause zurück und lernte drei Jahre lang, und er wurde zum Pekwin gemacht. Im ersten Jahr beobachtete er während des letzten Monats des Jahres die Sonne genau, aber seine Berechnungen waren 13 Tage zu früh. Im folgenden Jahr war er 20 Tage zu früh. Er lernte weiter. Im nächsten Jahr waren seine Berechnungen zwei Tage zu spät. In acht Jahren war er in der Lage, die Zeit, da die Sonne wendet, genau zu nennen. Die Leute machten Gebetsstöcke und hielten Feierlichkeiten im Winter und im Sommer ab, genau zu der Zeit, da die Sonne wendet.
>
> Aus: Ruth Benedixt, *Zuni Mythology*, 1969

Die Sonnenwend-Positionen am Horizont sind allen Zuni und Hopi bekannt, weil es die Himmelsrichtungen sind, auf die sich alle anderen beziehen. Im Ritus und im Gebet spielen sie eine wichtige Rolle. Genauso wie ein Katholik während der Messe die vier Enden eines symbolischen Kreuzes andeutet, wird ein andächtiger Hopi ein Getreideopfer jeder der sechs Himmelsrichtungen anbieten: Sommersonnenwend-Untergang, Wintersonnenuntergang, Wintersonnenaufgang und Sommersonnenaufgang, schließlich noch den Zenit droben und den Nadir unten – genau wie ich es bei der Erntezeremonie in Acoma gesehen hatte. Die Sonnenwendrichtungen am Horizont zu kennen, wo immer man sein mag, gehört einfach dazu, wenn man ein Hopi ist.

Rund ums Jahr wird die Sonne beobachtet, nicht nur zur Zeit der Sonnenwenden. Es ist leicht einzusehen, daß ein am Horizont orientierter Sonnenkalender für Landwirtschaft betreibende Menschen einen großen Vorteil bietet, besonders wenn es um die Festlegung der Pflanzzeit geht. Im Frühling können späte Fröste die empfindlichen frischen Keime abtöten, und wenn die Ernte näherrückt, stellen Fröste wieder ein Problem dar. Die frostfreie Periode, in der der Hopi-Mais wachsen kann, dauert ungefähr 120 bis 130 Tage; angesichts der Höhenlage bedeutet das, daß man vielerorts keine Woche zu verschenken hat: Zur richtigen Zeit zu pflanzen, ist entscheidend. Zu spät bedeutet, daß man ernten muß, wenn die Körner noch nicht voll ausgereift sind; zu früh bedeutet, daß der Frost vielleicht die Keimlinge abtötet. Wie jeder Hobbygärtner weiß, reicht es nicht aus, die Luft des ersten schönen Frühlingstages zu erschnuppern, um die Pflanzzeit zu bestimmen. Das angesammelte Wissen der Bauern mußte mit irgend etwas anderem als den Mondphasen verknüpft werden, denn diese werden im folgenden Jahr zehn Tage früher liegen. Es ist das Nächstliegende, daß man es mit dem Zyklus der Jahreszeiten abstimmen muß, also mit der Sonne.

Wir denken natürlich, daß das Problem damit gelöst ist, daß man die 365 Tage eines Jahres einfach abzählt. Aber nirgendwo steht geschrieben, daß die Erde mit einer Geschwindigkeit um sich selbst rotieren muß, die genau zur Umlaufzeit um die Sonne paßt. Die Erde dreht sich 365,24 Mal während jeden Sonnenumlaufs um sich selbst (einst wirbelte sie schneller um ihre Achse, so daß mehr als 400 Tage in ein Jahr paßten, aber die Rotationsgeschwindigkeit hat sich dank des Hin und Her der Gezeiten seit dem Präkambrium verlangsamt). Schaltjahre sind ein Mittel, um diese krumme Zahl von Tagen während einer Rundreise um die Sonne zu korrigieren, aber sie wurden erst im Jahr 46 v. Chr. erfunden. Ein viel einfacherer Kalender, der keine solche Komplikationen kennt, stützt sich auf die Position des Sonnenaufgangs am Horizont. Die richtige Zeit zum Pflanzen läßt sich mit ihm perfekt bestimmen.

S A C H B U C H

und Geisteswissenschaften

bei Hanser

Auch wenn man keinen passenden Berggipfel hat, der den Sonnenaufgang am richtigen Tag des Jahres markiert, kann man vor seiner Haustür in östlicher Richtung einen Steinhaufen errichten: Jedes Jahr schichtet man an dem Tag, da man mit dem Pflanzen beginnt, einen Stapel Steine auf (einen Schrein oder Altar, wenn man so will), der genau auf dem Weg von der Eingangstür zum Sonnenaufgang liegt. Wenn es sich als ein schlechtes Erntejahr erweist, geht man hinaus und schmeißt die Steine des Anstoßes um. So kommt es bei den Steinstapeln zu einem Überleben der Tüchtigsten. Nachdem man das zehn Jahre lang gemacht hat, bleiben nur noch die Steinhaufen für gute Jahre übrig – und dann kann man anfangen, den Sonnenaufgang hinter dem höchsten Haufen als Indikator dafür zu benutzen, wann die beste Zeit zum Pflanzen ist.

Weil Horizont-Kalender nicht die Verschiebungsprobleme lunar-solarer Kalender haben und auch nicht die unserer heutigen, tagezählenden Zeitrechnung, erweist sich so ein »primitiver« Kalender als ziemlich narrensicher, wie geschaffen für ein seßhaftes Volk, das sich nie weit von zu Hause wegbewegt. Nach der Art und Weise zu schließen, wie landwirtschaftliche Unterweisungen im Pueblo-Glauben eingebettet sind, wurden solche Peilungen zu einem Teil der religiösen Tradition.

> Die Hopi haben keine eigentlichen hauptberuflichen Astronomen, genausowenig wie sie reine Spezialisten für Meteorologie, Landwirtschaft oder Theologie haben. Statt dessen haben sie die Ältesten, die in der rituell überlieferten Weisheit des Clans und des Stammes weit und breit bewandert sind.
>
> Der Historiker Steven C. McCluskey, 1982

Im nächsten Winter kehrte ich ein paar Tage nach der Sonnenwende zurück und fotografierte Betatakin vom Touristen-Aussichtspunkt jenseits des Canyons aus, von wo ich die Orchestermuschel-Form das erste Mal bewundert hatte. Als ich ankam, warf die Sonne bereits einen langen Schatten der Traufkante diagonal über den abschüssigen Boden der Orchestermuschel. Die Schattenlinie ließ weit oben hinter den Ruinen klar die eckige Zacke erkennen. Ich sah zu, wie die Zacke langsam herunterkroch und den Alkoven querte, während die Sonne am Himmel emporstieg und sich nach Süden wandte.

Es freut mich berichten zu können, daß der Schatten der Zacke direkt das Kiva passierte (es tut immer gut, wenn man verifizieren kann, daß man nicht von seiner Beobachtungstechnik und seinem Computerprogramm zum Narren gehalten wurde). Wintersonnenwend-Beobachter am Kiva hätten in der Tat die Sonne nahe des Zackens im Überhang aufgehen sehen. Ich bezweifle, daß sie die Sonne oberhalb der Stufe eingerahmt gesehen haben – wenn die Sonne so hoch am Himmel steht, ist sie einfach zu hell, um hineinzublicken. Vielleicht haben sie die aufgehende Sonne hinter jenem Vorsprung verborgen gesehen, wie bei Perfect Kiva mit seiner abgerundeten Stufe. Und sich entlang des Ost-West-Pfades hinter dem Kiva-Eingang während der Wochen vor der Wintersonnenwende seitwärts bewegt? Betatakins Kiva weist also definitiv eine Sonnenwend-Peilung auf, auch wenn die Eckpunkte der Himmelssichel nicht wie bei der Split-Level-Ruine dazu dienen können, die Wintersonnenwende zu feiern.

Ein Kiva so zu bauen, daß es mit der Wintersonnenwende in einer Linie liegt, ist nicht einfach dasselbe, wie eine Moschee zu errichten, die nach Mekka weist; ja, die Architektur ist das, was bleibt, aber wahrscheinlich war das Ausrichten in der Weise Teil

Der riesigen Orchestermuschel-Alkoven von Betatakin; man sieht, daß nahe der Wintersonnenwende bei Sonnenaufgang der Schatten des Pfeilers rechts quer über das Kiva fällt. Nur die Westwand des Kiva ist hier zu sehen, etwas links von der Mitte. Man beachte die Auskerbung der Schattenlinie, die anzeigt, daß ein Beobachter am Kiva die Sonne von der Spitze des Pfeilers eingerahmt gesehen hätte.

eines Prozesses, wie ein wissenschaftlicher Apparat Teil einer wissenschaftliche Praxis ist. Viel Mühe müssen die Priester für die Beobachtung der Wintersonnenwende aufgewendet haben. Daß man vom Sonnenpriester erwartet, die Feierlichkeiten exakt auf den richtigen Tag festzulegen, birgt eine interessante Konsequenz. Wenn seine Vorhersage ungenau ist, gibt man ihm für alles, was im folgenden Jahr schiefgeht, die Schuld: Wenn ein Kind stirbt oder der Regen nicht einsetzt oder die Ernte mißlingt, war es sein Fehler. Vielleicht wurde der Sonnenpriester nicht von einem unglückseligen Kaiser exekutiert wie jene chinesischen Astronomen, die die Sonnenfinsternis im Jahr 2134 v. Chr. nicht vorhergesagt hatten, aber er wird immer noch sehr motiviert gewesen sein, bei seinen Beobachtungen und Berechnungen keine Fehler zu machen.

Und wie könnte jemand gewußt haben, daß Soyal am falschen Tag gefeiert wurde? Man bedient sich einfach eines anderen Horizontmerkmals, das die Sonne ein paar Wochen vor der Wende passiert, und zählt die Tage, bis sie wieder dorthin zurückkehrt; die Sonnenwende sollte sich genau in der Mitte dieser Periode ereignet haben. Dazu braucht man keinerlei Division. Während die Tage vergehen, knüpft man einfach eine Perlenkette und nimmt für den Tag der Soyalfeier eine besondere Perle. Wenn die Kette mit der Rückkehr der Sonne zum Horizontmerkmal fertiggestellt ist, hält man sie an der Soyal-Perle, so daß die beiden Hälften herabhängen. Beide Seiten müßten gleich lange Perlenreihen haben, wenn Soyal zum richtigen Zeitpunkt gefeiert wurde.

Waren solcherart die prähistorischen Motivationen, immer besser Wissenschaft zu treiben? Ein Stück weit die Zukunft vorhersagen zu können, selbst wenn es sich um so etwas Routinemäßiges handelt wie die Wiederkehr der Jahreszeiten, hat enorme Konsequenzen, was die Rolle des Propheten-Wissenschaftlers in der Gesellschaft angeht – im Geist der anderen beginnt eine Uhr zu laufen, und oft wird der Spielstand notiert. Ein Prophet zu werden, birgt Gelegenheiten wie Risiken in sich.

> Wir glauben, daß der Sonnen-Seher kein sehr guter Mann ist. Er hat ein paar Stellen verpaßt, letztes Jahr hat er unrecht gehabt … Alle Leute glauben, daß das der Grund ist, warum wir so viel Kälte diesen Winter hatten und keinen Schnee.
>
> Der Hopi Indianer Crow Wing, 1925

7.
Im Canyon die Sonne in die Ecke stellen

Sowohl wenn sie richtig als auch wenn sie falsch sind, haben [Ideen] mehr Macht, als man allgemein annimmt. In Wirklichkeit wird die Welt von kaum etwas anderem regiert. Männer der Praxis, die selbst keinerlei intellektuellen Einflüssen zu unterliegen glauben, sind meistens die Sklaven irgendeines verstorbenen Ökonomen.

John Maynard Keynes

Die Idee einer Idee – das war es, was ich zwischen den Ruinen zu suchen schien. Oder wenigstens eine vage Ahnung davon. Zivilisationen werden auf Ideen gegründet, und um uns selbst besser zu verstehen, brauchen wir eine bessere Vorstellung davon, wie die Jäger-Samrnler auf die Idee kamen, ihren rastlosen Lebensstil aufzugeben und sich niederzulassen, das Land zu bestellen und spezialisierteren Beschäftigungen nachzugehen. So hatten es auch die Anasazi gemacht, vor mehreren tausend Jahren hatten sie damit angefangen.

Meine vage Ahnung schien sich, oberflächlich betrachtet, um Fragen zu drehen wie etwa die, was die Teilzeitarchitekten der Anasazi für einen »guten Ausblick« oder für eine dramatische Szenerie hielten. Oder was ihre Priester zu verehren für Wert befunden hatten, etwa eine Sonnenwende. Wenn ich aber solche Dinge irgendwie mit Sonnen- und Mondfinsternissen in Verbindung bringen kann, dann habe ich gute Aussichten erklären zu können, wie sich der Stammesschamane zum kaiserlichen Astronomen weiterentwickelte, wie eine von Priestern betriebene Protowissenschaft sich aus eigener Kraft zur Wissenschaft emporschwang.

Die beiden himmlischen Ideen miteinander zu verbinden – Sonnenwend-Peilungen und Eklipsen-Vorhersage – liegt nicht auf der Hand, denn sonst hätte ich etwas darüber in einem alten Buch lesen können, statt mit unschlüssiger Miene durch die Gegend zu laufen. Mehr Fakten bringen oft auch mehr Ideen hervor, also fuhr ich fort, die alten Anasazi-Stätten auf dem Colorado Plateau zu untersuchen, um mich von den einstigen Architekten inspirieren zu lassen, und die Pueblos zu besuchen, um mich von den Nachfahren der Anasazi auf ein paar Ideen bringen zu lassen.

Die Aussichten aus einem Canyon unterscheiden sich erheblich von denen auf einer Mesa-Hochfläche. Mit ihren hochaufragenden Horizonten ringsum bieten Canyons eine Menge von Kerben, die die jahreszeitlichen Bewegungen der Sonne anzeigen und die Indianer in die Lage versetzen, einen Jahreszeiten-Kalender für die Pflanzungen und die Zeremonien zu führen. Die Hochebenen der Tafelberge, denen die meisten der übriggebliebenen Pueblos den Vorzug geben, bieten statt dessen weite Aussichten, ähnlich der in Stonehenge. Gründete sich die Anziehungskraft, die die Mesa-Hochebenen auf die Anasazi ausübten, auf eine Verteidigungsstrategie wie die des Herodes in Masada, oder war sie tief in ihrer Kosmologie verankert? Im Chaco Canyon im nordwestlichen New Mexico kann man eine Ansammlung von Anasazi-»Städten« sehen, die Mesa und Canyon miteinander verbindet.

Der Chaco Canyon ist ein langes, weites und nicht besonders tiefes Flußtal, das sich über mehr als 20 Kilometer in die Hochebene des nordwestlichen New Mexico eingegraben hat. Dutzende von Anasazi-Stätten liegen entlang dieses Canyons und der umgebenden Tafelberge. Im Chavo finden sich die Ruinen der am weitesten entwickelten Anasazi-Siedlungen, die uns erhalten sind. Sie weisen die phantasievollste Architektur auf, das sorgfältigste Mauerwerk und das komplexeste Wegenetz.

Angesichts der Funde, die im Lauf des letzten Jahrhunderts im Chaco gemacht worden sind, spekulieren die Archäologen darüber, daß diese Stätte vielleicht *ausschließlich* als zeremonielles Zentrum diente. Nur sehr wenige Gräber wurden gefunden. Schätzt man die Bevölkerung vom Chaco anhand der Anzahl der Räumlichkeiten und setzt die üblichen Sterberaten voraus, kommt man zu dem Schluß, daß entweder eine Menge Gräber fehlen oder Chaco eher so etwas wie ein heutiges Urlaubszentrum war: jede Menge Zimmer für zeitweilige Besucher, die gesund genug zum Reisen sind, aber nur wenige ganzjährige Bewohner (und folglich nur ein kleiner Friedhof).

Ich bezweifle irgendwie, daß Chaco eine Sommerfrische war: Während der warmen Jahreszeit mußte man sich um die Maisfelder kümmern, und Wasser zum Gießen mußte auf die Felder

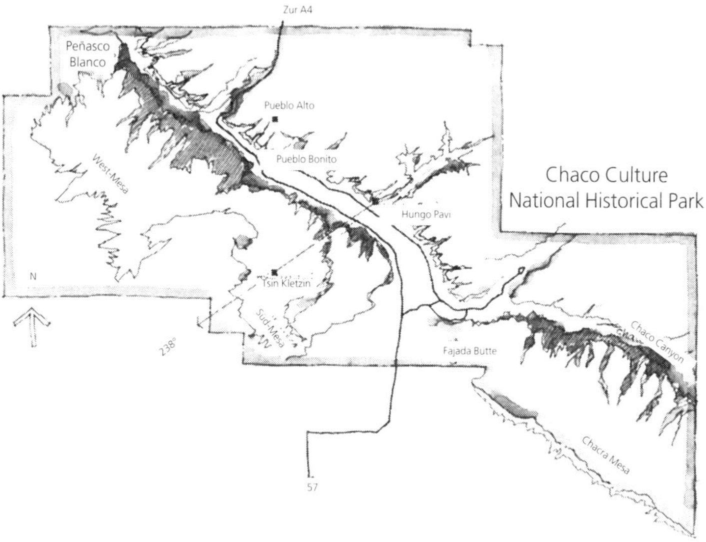

geschafft werden. Besuche zur Zeit der Wintersonnenwende wären jedoch nicht mit der Landwirtschaft in Konflikt geraten. Vielleicht leistete jede Besucherfamilie ihren Beitrag und baute einen weiteren Rauin an das Pueblo Bonito mit seinen 800 Zimmern (rätselhaft ist im übrigen auch, daß nur einige der Räume im Bodenschutt irgendwelche Spuren des Bewohntseins aufweisen).

Chaco liegt ungefähr 100 Kilometer südlich von Mesa Verde, und einige von Chacos Hauptwegen führen nach Norden. Die große Zeit von Chaco lag jedoch Jahrhunderte vor der von Mesa Verde: Zum größten Teil wurde der Ort zwischen 900 und 1120 n. Chr. erbaut. Ein paar spätere Bauwerke wurden im Mesa-Verde-Mauerstil errichtet, also ist Chaco vielleicht einige Jahrhunderte nach dem Niedergang der Chaco-Kultur selbst zu einem Außenposten der Mesa-Verde-Kultur geworden.

Doch die beste Zeit von Chaco ist zugleich die interessanteste, denn die große Expansion der Anasazi-Stätten ereignete sich etwa zwischen 1050 und 1100 n. Chr. Der großen Anzahl und der Qualität der Bauwerke nach könnte die Periode von 900 bis 1120 den Höhepunkt der Anasazi-Kultur repräsentieren, während Mesa Verde und Betatakin schon zu einer späteren Periode kurz vor dem großen Untergang zählen. Chaco ist kein Canyon voller Felsenbehausungen, denn es gibt dort nur wenige natürliche Alkoven in den Klippenwänden. Zwar finden sich schon einige Felsenwohnungen, doch die meisten Ruinen stehen auf dem eigentlichen Grund des Canyons und sind in einer Weise von den Klippen abgesetzt, die für die anderen uns vertrauten Anasazi-Stätten ganz untypisch ist.

Chaco schien also kein guter Ort zu sein, um die Ausblicke aus bewohnten Felsen-Alkoven zu erforschen, aber es gibt dort eine Menge Kivas, darunter auch einige riesige »Großkivas«, die den vielen kleineren Kivas hier und andernorts vorausgingen. Also machte ich mich schließlich auf den Weg und besuchte Chaco – und zwar zur Wintersonnenwende. Das Bild des Sonnenaufgangs an der richtigen Stelle ist weit mehr wert als irgendwelche langen Berechnungen, die sich auf Magnetkompaß-Ablesungen stützen.

»Alle Wege führen nach Chaco«, könnte ein Anasazi-Sprichwort gelautet haben, obwohl der heutige Autofahrer sich ein paar andere Gedanken machen dürfte, nachdem er mehrere Stunden lang, die tiefausgefahrenen Staubpisten verfluchend, in Richtung des Chaco Culture National Historical Park gefahren ist. Ich bezweifle, daß die Wege der Anasazi je so ausgefurcht und bucklig waren, denn die prähistorischen Indianer hatten keine Wagen. Auch keine Pferde.

Wozu brauchten sie also breite Wege? Ich bin mit einer Anthropologin befreundet, Astrida Blukis Onat, die glaubt, die Lösung des Wege-Rätsels sei in Wettläufen zu sehen; barfüßige Läufer hätten genügend Grund gehabt, sich eine Rennbahn freizuräumen. Lange bevor das Marathon-Fieber über die westliche Welt schwappte, waren Wettläufe schon bei den Indianern im Südwesten beliebt. Seit einigen Jahren wird ein jährliches Wettrennen vom Taos Pueblo zum Grand Canyon veranstaltet – über fast 800 Kilometer.

Als ich um das Pueblo Alto oben auf der Nord-Mesa herumging, bereitete es mir einige Schwierigkeiten, den alten Weg von

Mesa Verde her auszumachen. Doch die Multispektraltechnik, mit der man Luftbildaufnahmen der Gegend zusätzlich analysierte, hat ein weitreichendes Netz von Wegen aufgezeigt, die alle im Chaco zusammenführen. Am Boden besteht die beste Methode, einen alten Weg auszumachen, darin, nach einer verdächtig gerade aussehenden Reihe von Beifußbüschen Ausschau zu halten; die alten Wegebetten kanalisieren wahrscheinlich das Regenwasser, so daß die Pflanzen dort besser gedeihen.

Und sollte jemand der Meinung sein, daß nur moderne Straßenbauer leidenschaftlich gern schnurgerade Straßen bauen und natürliche Hindernisse ignorieren, dann sollte er sich ansehen, was mit dem Weg passiert, der von Mesa Verde südlich nach Chaco führt und nach Überquerung der Mesa den Klippenrand des Chaco Canyon erreicht: Die Jackson-Treppe besteht aus einer langen Reihe von Stufen, die in die Sandsteinklippen geschlagen wurden und breit genug sind, um eine ganze Prozession über den Klippenrand hinaus den steilen Abhang hinunterschreiten zu lassen. Keine Serpentinen. Die Chavo-Baumeister hatten sogar damit begonnen, in der Nähe noch eine breitere Treppenflucht zu graben, sie aber niemals vollendet. Die Klippenwand hinunterzusteigen, so vermute ich, könnte der Endspurt eines Wettlaufs gewesen sein – aber es ist anzunehmen, daß ihre Straßen auch einem zeremoniellen Zweck dienten, der vielleicht mit ihrer religiösen Kosmologie zu tun hatte.

Als ich zurück zum Ende der Piste wanderte, wurde es im Chaco Abend, aber bis zum Sonnenuntergang war noch ungefähr eine halbe Stunde Zeit. Rasch fuhr ich hinunter zur ersten größeren Siedlung, Hungo Pavi, und lief schnell hinüber zum Kiva. Ich sah zu, wie die Sonne hinter der gegenüberliegenden Wand des Chaco Canyon unterging, einem Horizontabschnitt bar jeder Besonderheit. Nichts erinnerte auch nur entfernt an eine Ecke, keine Kerben, keine Spitzen, nur ein Baum, der sicherlich vor einem Jahrtausend dort noch nicht gestanden hat. Das war's dann wohl, dachte ich – mit Chaco scheint es so schlecht zu laufen wie mit Mesa Verde.

Im Südosten jedoch erhob sich eine weitentfernte Klippe wie eine Landzunge als deutlich unterscheidbare Stufe über den fernen Canyonboden. Mein Kompaß ließ vermuten, daß die Spitze jener Klippe in der Bahn der Sonne lag – könnte sie, fragte ich mich, auf dieselbe Weise gedient haben wie die Sonnenaufgangs-Stufe bei Perfect Kiva? Keine andere Stelle der Ruinenstadt schien vielversprechender; die Winkel verschoben sich woanders so, daß die Klippe nicht länger auf dem Weg der Sonne über den Himmel lag. Morgen früh, das versprach ich mir, würde ich mit einer Kamera statt mit einem Kompaß hierherkommen. Wenn nur jene Wolken am westlichen Himmel nicht näherkommen und die ganze Sache verderben würden.

Am Morgen der Wintersonnenwende erwachte ich eine Stunde vor der Zeit, zu der meinen Berechnungen nach die Sonne über der Spitze jener Klippe aufgehen würde. Ohne Eile fuhr ich nach Hungo Pavi und blieb im Wagen sitzen, um mich warm zu halten, bis die ersten Sonnenstrahlen die fernen Canyonwände trafen. Dann schnürte ich mein Bündel und eilte mit meiner Kamera und meinem kleinen Kassettenrecorder den Pfad hinab. Natürlich war ich der einzige Mensch weit und breit. Was für eine Weise, sinnierte ich, die Wintersonnenwende zu feiern. Ich bezweifelte, daß es in den Pueblos genauso ruhig war.

Wolken am Südosthimmel kündigten Regen an, aber der Himmel hinter meiner Klippe war zu meiner großen Erleichterung klar. Ich wartete und schaute, ob sich hinter jener Erhebung dort hinten im Südosten die ersten Anzeichen des Sonnenaufgangs zeigen würden. Doch nach dem Hellerwerden des Himmels zu urteilen, schien es, als wären meine Kompaßwerte falsch gewesen. Die Sonne würde Minuten früher als vorhergesagt aufgehen – und zwar am Fuß der Klippe, nicht an ihrer Spitze! Irgend etwas konnte mit meinem Kompaß nicht stimmen, merkte ich (im Chaco Canyon, so fand ich später heraus, sind den Sandsteinklippen Eisenerzknollen eingelagert, die vielerorts magnetische Ablesefehler von mehreren Grad verursachen können).

Als schließlich der erste Strahl der Sonne aufleuchtete, geschah es in der Tat in jener Ecke dort unten, wo die vertikale Klippenkante den waagerechten Streifen des entfernten Horizonts schnitt. Langsam stieg die Sonne höher und füllte den Rahmen: Als ihre Unterkante den Horizont berührte, schmiegte sich ihr linker Rand an die Klippenwand. Die Sonne wirkte wie »in die Ecke gestellt«, ein weiteres Mal!

Wie ich vermutet hatte, war die Auswahl an Standorten in Hungo Pavi nicht groß; wenn ich mich in irgendwelche anderen bedeutenden Bereiche der »Stadt« begab, würde die Sonne nicht in die Ecke passen. Das Kiva war wieder einmal am richtigen Platz.

Zurück im Wagen ließ ich das Heizgebläse mit voller Leistung laufen und beendete das Diktat meiner Beobachtungen. Dann lehnte ich mich zurück und dachte über diese besonderen Ausblicke nach, die ich von den Kivas gehabt hatte: Bis jetzt hatten sie alle die Wintersonnenwende gezeigt, entweder den Sonnenauf- oder den Sonnenuntergang, wobei die Sonne immer von einer Ecke eingerahmt war, die entweder von einem Alkoven-Überhang oder bloß von einem eckigen Etwas in einer entfernteren Klippe gebildet wurde. Die Methode bestand nicht darin, die Sonne hinter einer Spitze oder irgendeinem Zacken in der Weise zu positionieren, wie die bekannten Merkpunkte des Hopi-Horizontkalenders funktionierten.

Dennoch mußte ich noch das Zufallsproblem lösen, jenes, das mir in Betatakin so viele Sorgen bereitet hatte. Obwohl in gewisser Weise alles zueinander paßte – die hervorgehobenen Blickrichtungen wiesen immer zur Wintersonnenwende –, brauchte ich unbedingt eine zweite Sonnenwend-Peillinie, die sich mit der ersten am selben Kiva schnitt, um die Prozentpunkte zu drücken. Ich mußte noch öfters zwei Fliegen mit einer Klappe schlagen können – wie im Anasazi Valley.

Zu schade, daß Hungo Pavi keinen Ausblick auf den Wintersonnenwend-Untergang bot, grübelte ich. Wieder schaute ich hinüber zu dem gleichförmigen Horizont im Südwesten. Abermals versuchte ich es mit Taschen-Theodolit und Fernglas, aber mit Ausnahme einiger niedriger Bäume gab es dort oben rein gar nichts. Der Canyonrand war so fad und eintönig wie der, den man aus den Felsenwohnungen von Mesa Verde sah. Vielleicht sollte ich hinauf auf die Süd-Mesa wandern und den Horizont abgehen, den man vom Kiva in Hungo Pavi sieht? Den Blick in der Gegenrichtung versuchen, wie ich es in Mesa Verde tat, und den richtigen Platz für einen Schrein am Klippenrand finden?

Die topographische Karte lag ausgebreitet auf der Motorhaube des Wagens, die Ecken wegen des Windes mit Kameras und Blitzlichtgeräten beschwert. Ich wollte eine Linie vom Hungo-Pavi-Kiva zum Wintersonnenwend-Untergang ziehen. Weil sich der Horizont, vom Kiva aus betrachtet, um etwa 3° erhob, lag die richtige Richtung laut meinem Computer bei *238*°. Ich strichelte eine gerade Linie vom Kiva zur Mesa bei *238*°. Aber ich zog die Linie ein bißchen zu lang, so daß sie weiter quer über die Mesa-Hochfläche lief.

Die Linie kreuzte etwas – eine Ruine oben auf der Süd-Mesa, die von den Navajo Tsin Kletzin genannt wird. Sie lag ziemlich weit entfernt von dem, was wie der Rand der Mesa aussah, aber vielleicht... Vielleicht hat der Sonnenpriester, wenn er am Kiva von Hungo Pavi stand, in früheren Zeiten Tsin Kletzin gesehen, vielleicht ragten die Bauten einst weit in den Himmel empor, um von Hungo Pavi aus gesehen eine Markierung für den Wintersonnenuntergang zu bilden. Das könnte zwei sich kreuzende Peillinien am Kiva ergeben und die Wahrscheinlichkeit, daß bloßer Zufall mich zum Narren hielt, auf 1:1000 herunterdrücken.

Wesentlich schneller als in meinem üblichen Schneckentempo wanderte ich den Pfad nach Tsin Kletzin hoch. Würde ich Hungo Pavi sehen können, wenn ich oben bei Tsin Kletzin stand? Die Karte verneinte es, wenn auch nur um weniger als 1/3°, aber Karten können ja manchmal falsch sein. Man soll nur glauben, was man gesehen hat. Wenn ich von Tsin Kletzin nach Hungo Pavi zurückblicken könnte, dann hätte sicherlich auch der Priester unten am Kiva Tsin Kletzin sehen können, damals in jenen Tagen, da Tsin Kletzin noch höher in den Himmel ragte.

Wenn man oben auf der Süd-Mesa ankommt, steht Tsin Kletzin in einiger Entfernung fast wie ein kleiner Hügel in einem mit Gestrüpp bewachsenen Feld. Während ich darauf zuging, konnte ich nichts vom Chaco Canyon sehen, nur die Nord-Mesa, die jenseits des Canyons lag, eines verschwundenen Canyons. Tsin Kletzin lag vom Rand der Mesa ein Stück zurückversetzt, einfach mit nichts drum herum, mitten im Niemandsland. Es ist ein geheimnisvoller Ort, nicht die Art von Platz, an dem man immer wieder baut. Alle Bäume, die zum Bau verwandt wurden, waren in den drei Jahren von 1111 n. Chr. an gefällt worden (was man dank der wunderbaren Jahresring-Datierung weiß), also war Tsin Kletzin ein oder zwei Jahrhunderte jünger als Hungo Pavi und die meisten anderen Ruinen am Grund des Canyon. Eine der letzten Siedlungen, die vor den Dürreperioden erbaut wurden, mit denen man den Niedergang Chacos in Verbindung bringt.

Tsin Kletzin ist ungewöhnlich, weil es dort mehrere »Turmkivas« gab. Sie stehen nicht mehr, aber die Archäologen können anhand der Dicke der Mauern ihre einstige Höhe abschätzen und sie mit den Turmkivas vergleichen, die an anderen Stätten stehengeblieben sind (so etwa Kin Klizhin einige Meilen südlich vom eigentlichen Chaco). Wenn die Anasazi die Mauern für ein vierstöckiges Gebäude errichteten, begannen sie mit einer am Fuß dicken Wand, die sie nach oben verjüngten. Und die Kivas von Tsin Klitzin haben wirklich dicke Fundamente, was auf eine Höhe von mehreren Stockwerken schließen läßt.

Als ich auf die Ruinen von Tsin Kletzin hinaufkletterte, konnte ich kaum die Wände des Chaco Canyon sehen, die in jene Kerbe dort in der Landschaft hinabführten. Selbst vom höchsten Punkt der Ruine aus konnte ich nur die obere Hälfte des Chaco Canyon einsehen. Ganz bestimmt konnte ich Hungo Pavi nahe des Canyongrunds nicht sehen. Wenn aber ein Turmkiva noch stehen würde, hätte ich dann von seiner Spitze Hungo Pavi erblicken können?

Nachdem ich an jenem Abend den Sonnenuntergang über der Mesa betrachtet hatte, maß ich sorgfältig die Höhenunterschiede nach der topographischen Karte und betätigte mich ein wenig in Trigonometrie. Die Höhe des Horizonts müßte von

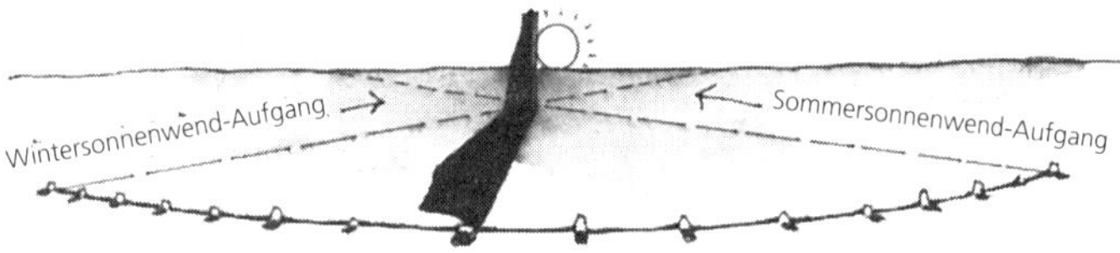

Hungo Pavi 2,95° betragen, sehr dicht an den 3,0°, die ich mehrere Male mit meinen Taschen-Theodoliten gemessen hatte. Wie hoch hätte das Turmkiva ragen müssen, um sich über dem Horizont zu zeigen? Wenn es (oder irgendein hochragender »Fahnenmast«) sich noch mehrere Stockwerke höher als gegenwärtig (sieben Meter) erhoben hätte, würde es eine ausgezeichnete Zacke in der Horizontlinie gebildet haben, an der die Sonne, vom Hungo-Pavi-Kiva aus betrachtet, untergehen würde.

Darüber hinaus gab es dort oben zwei Turmkivas. So weit ich es meiner archäologischen Karte der Stätte entnehmen kann, hätte das zweite genau neben dem ersten gestanden, wenn man entlang der Peillinie von Hungo Pavi aus hinübergeschaut hätte, ganz wie jene Steine in Stonehenge eine schmale Peillinie einrahmen. Der Schlitz zwischen den beiden Turmkivas sah wieder ganz nach der guten alten Richtung *238*° aus, der Peillinie vom Hungo-Pavi-Kiva zum Sonnenuntergang der Wintersonnenwende.

Hatten die Anasazi eine ganze Stadt gebaut, nur um eine Zacke oder einen Schlitz zu haben? Vielleicht. Vom Kiva in Hungo Pavi aus ist die Plazierung genau richtig, um den Wintersonnenwend-Untergang zu markieren. Aber warum hatten die Anasazi Tsin Kletzin nicht am Rand der Mesa, in freier Sicht von Hungo Pavi aus, erbaut? Warum haben sie es um 670 Meter zurückversetzt, so daß es zur Kompensation eines extra hohen Turmkivas bedurfte? Könnte jene Stelle dort mitten auf der Mesa der Schnittpunkt zweier Peillinien sein, so daß die Türme einem doppelten Zweck dienten? Ich versuchte es mit allen bekannten Ruinen in der Gegend, um herauszufinden, ob Tsin Kletzin von ihnen aus betrachtet in Richtung irgendeiner Sonnenwende oder Tagundnachtgleiche lag. Ich hatte kein Glück, obwohl es möglich ist, daß man von einer Ruine weiter unten im Chaco Canyon außerhalb des Nationalparks an dieser Stelle den Sonnenuntergang der Sommersonnenwende sieht. Archäologen, die noch unbekannte Stätten suchen, mögen sich an den Sonnenwend-Peillinien von Tsin Kletzin orientieren.

Die Tsin-Kletzin-Türme im Sonnenuntergangspunkt von Hungo Pavi könnten natürlich einfach die Folge einer Stadtplanung sein, welche sich gern der Haupthimmelsrichtung bei der Ausrichtung der Bauwerke bediente. Washington, D.C., ist ein Beispiel dafür: Wenn man vor dem Capitol steht, liegt das Washington Monument genau im Westen – und so schmiegt sich zur Tagundnachtgleiche die Sonne in die Ecke, die dessen Spitze mit dem Horizont bildet. So etwas folgt aus einer Stadtplanung, die eine Vorliebe für Haupthimmelsrichtungen hegt. Eine weitere Folge sind die Flüche der Autofahrer im Berufsverkehr um die Tagundnachtgleichen, wenn sich der Sonnenuntergang direkt am Ende der Ost-West-Straßen ereignet; eingerahmt von den Bauwerken auf beiden Seiten, scheint die untergehende Sonne den Fahrern genau in die Augen. Eine Stadtplanung, die die Ausrichtung der Straßen innerhalb des Sonnenuntergangs-Bereichs vermeidet (bei ungefähr *240–300°* in diesen Breiten), würde jenes Hazardspiel umgehen, das heißt, man müßte das gewohnte Schachbrettmuster der Stadt um etwa 45° aus der üblichen Nord-Ost-Süd-West-Ausrichtung drehen.

Als ich über Turmkivas als Sonnenstands-Anzeiger nachdachte, erinnerte mich das an die Horizontstufe beim Perfect Kiva und daran, wie man sie umgekehrt als Angelpunkt benutzen konnte, indem man jeden Tag wieder den gleichen Standardanblick suchte, wobei die wechselnde Position des Beobachters zur Meßpunktreihe wurde. War das Turmkiva von Tsin Kletzin deswegen ein Stück vom Rand der Klippe entfernt plaziert, damit Priester mit geeignetem Abstand in einem Kreis darum herumgehen konnten? Wie beim Seitwärts-Gehen-Schema von Perfect Kiva?

Damit diese Methode, den Beobachtungspunkt seitwärts zu verlagern, auf einer Mesa-Hochfläche mit einem Turmkiva funktioniert, muß man ein Standardkriterium für die aufgehende Sonne finden. Wenn man sie zum Beispiel immer in die Ecke zwischen Turm und Horizont geschmiegt sehen will, muß man morgen an einer anderen Stelle stehen als heute. Nahe den Tagundnachtgleichen verschiebt sich die Position der Sonne am Horizont von Tag zu Tag um mehr als einen Sonnendurchmesser; bei einem Radius von 600 Metern bedeutet das, daß der Beobachter sich bis zu sieben oder acht Schritte von der Beobachtungsposition des vorangegangenen Tages wegbewegen muß. Das kann wohl kaum der Aufmerksamkeit entgehen. Die Unterschiede werden kleiner, wenn sich die Sonnenwende nähert, kleine Schritten verschmelzen zu einem mehrere Tage währenden Stillstand, dann geht es anders herum. Natürlich muß man kein Turmkiva erbauen, um eine Ecke zu bekommen – irgendeine Klippe hier in der Gegend wäre genausogut, wenigstens während eines Teils des Jahres. Von Tag zu Tag geht man ein Stück weiter und behält den Standardanblick bei, der die Sonne zwischen den Horizont und die aufragende Klippenwand geschmiegt zeigt, genau wie man von Hungo Pavi aus den Sonnenwendaufgang erblickt. Der Vorteil eines Turms oben auf einer flachen Mesa besteht darin, daß man das ganze Jahr lang dieselbe Ecke benutzen kann, um sowohl den Sonnauf- wie den -untergang messen zu können. Daß Tsin Kletzin vom Canyonrand zurückversetzt liegt, läßt es besonders geeignet erscheinen, an solchen Tagen den Sonnenuntergang zu messen, an denen der Sonnenaufgang bewölkt war.

Die Tagundnachtgleiche liegt in der Mitte des Bogens zwischen den Beobachtungspositionen für die Winter- und Sommersonnenwende. Aber vielleicht dachten die Anasazi gar nicht in diesem Sinn an eine Winkelhalbierung (die man einfach durchführen kann, indem man zwischen den Extrempositionen ein Seil spannt und dieses dann genau zur Hälfte faltet). Wenn sie konsequent abzählten, so könnte man meinen, hätten sie die Zahl der Tage zwischen den Sonnenwenden ermitteln und diese durch zwei teilen können. Damit hätte man aber Unrecht: Weil die Erde schneller wird, wenn sie sich auf ihrer Umlaufbahn der Sonne nähert, sind die »Vierteljahre« von ungleicher Länge; sie dauern zwischen 91 und 94 Tagen (91 Tage von der Wintersonnenwende bis zur Frühlings-Tagundnachtgleiche, was der Grund dafür ist, daß der Februar nur 28 Tage hat). Welche einfachere Methode könnten sie benutzt haben, um die Tagundnachtgleichen zu lokalisieren?

Die Zwei-Priester-Methode, um vor Mondfinsternissen Alarm zu geben, kann man auch dazu benutzen, die Tagundnachtgleiche zu ermitteln. Keinerlei »Zeiger« ist dafür nötig. Man stellt sich einfach irgendwo auf eine Mesa mit einem freien Blick zum östlichen und westlichen Horizont.

Mit Tagundnachtgleiche, auch Äquinoktium genannt, meint man das Datum, an dem Tag und Nacht von genau gleicher Dauer sind, was sich vor Erfindung der Uhr unmöglich direkt bestimmen ließ. Aber zum Äquinoktium liegen auch Sonnenauf- und -untergang auf einer geraden Linie, die durch den Beobachter hindurch geht. Zur Wintersonnenwende geht die Sonne in der Gegend des Chavo bei *120°* auf und bei *240°* unter; das ergibt einen Winkel von 120° dazwischen. Zur Sommersonnenwende hat sich der Sonnenaufgang nach Nordosten auf *60°* verlagert, der Sonnenuntergang auf *300°*, was einen stumpfen Außenwinkel von 240° ergibt. Genau in der Mitte des Zyklus liegen Sonnenauf- und -untergang auf einer geraden Linie, die sich von *90°* nach *270°* erstreckt. Aufgrund der täglichen Winkelveränderung nahe der Mitte des Zyklus wird man an einem Tag beinahe 180° zwischen Sonnenauf- und -untergang feststellen und am nächsten Tag ein bißchen mehr als 180°.

Aber wie hätten die Anasazi diese gerade Linie ermitteln können, da doch die Messungen in einem Abstand von zwölf Stunden erfolgen müssen? Am Morgen spielen die zwei Priester den ersten Teil ihres Spiels: A steht still an einer markierten Stelle der Fläche, und B bewegt sich um ihn herum, bis die aufgehende Sonne genau hinter A steht. Er markiert seinen Standpunkt. Kurz vor Sonnenuntergang kehren die beiden Priester zurück und nehmen die Positionen ein, die sie an diesem Morgen mar-

Morgens: Der westliche Beobachter geht hin und her, bis er die Sonne hinter dem östlichen sieht.

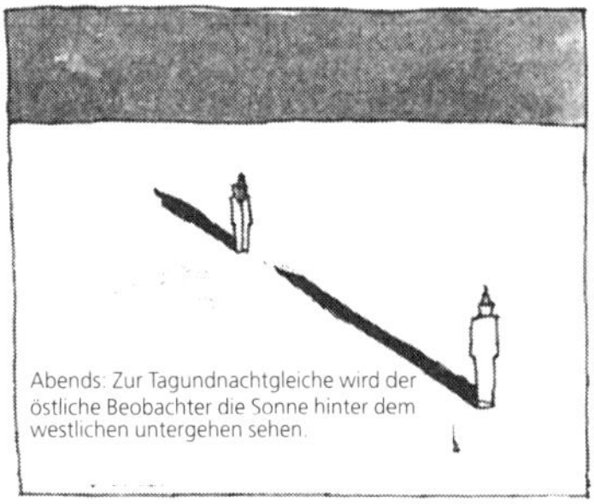

Abends: Zur Tagundnachtgleiche wird der östliche Beobachter die Sonne hinter dem westlichen untergehen sehen.

kiert haben. Jetzt ist es an A, der sich nicht von seiner Markierung fortbewegt, zu beobachten, ob sich der Sonnenuntergang genau hinter B ereignet. Am Tag vor dem Äquinoktium wird der Sonnenuntergang dicht neben B stattfinden. Am nächsten Abend wird er unmittelbar hinter B oder nur ein kleines bißchen nach der anderen Seite verschoben sein. Das ist die Tagundnachtgleiche.

Haben sie das tatsächlich so gemacht? Die Chaco-Anasazi scheinen etwas von der Ost-West-Linie gewußt zu haben, die mit der Tagundnachtgleiche in Verbindung zu bringen ist. Im Pueblo Alto oben auf der Nord-Mesa, wo die nach Süden führende Straße von Mesa Verde ankommt, erstreckt sich eine lange Ost-West-Mauer durch die ganze Siedlung. Und das Großkiva, Casa Rinconada, hat eine perfekt ausgerichtete Nord-Süd-Achse (und es gab damals keinen Polarstern) sowie Nischen, die auf der Ost-West-Linie liegen. Die Pueblo im Osten nehmen in der Tat heute Norden, Osten, Süden und Westen als ihre Haupthimmelsrichtungen, aber dies könnte auch auf europäische Einflüsse zurückzuführen sein; die Hopi und Zuni, die von allen Pueblo-Indianern am wenigsten beeinflußten, nehmen statt dessen mit Sicherheit die Sonnenwend-Richtungen.

Ob man sie nun für die Bestimmung der Tagundnachtgleiche oder die Warnung vor Eklipsen verwendet, die Zwei-Priester-Methode funktioniert nicht unten in einem Canyon, weil die hochaufragenden Horizonte stören. Wenn die Horizontlinie insgesamt aber nur wenige Sonnendurchmesser erhöht ist (entweder im Osten oder im Westen oder ein bißchen in jeder Richtung), wird dies kaum zu größeren Fehlern führen. Indem die Lichtbeugung durch die Atmosphäre ausgeblendet wird, würde ein etwas erhöhter Horizont Beobachtern sogar dabei helfen, die Messungen dicht an der wahren Horizontalen zu halten. Die Ost- und Westaussichten von Pueblo Alto summieren sich auf etwa drei bis vier Durchmesser Horizonterhöhung; wenn sie sich des ersten Strahls des Sonnenaufgangs und des letzten Strahls des Sonnenuntergangs bedient haben, wären sie in der Lage gewesen, die Tagundnachtgleiche mit einer Abweichung von nur einem Tag, verglichen mit modernen Techniken, zu bestimmen. Und dieses weite Hochland ist nicht die einzige Mesa, die man dazu benutzen konnte; auch ein Tafelberg wie die Mesa von Acoma oder eine Canyon-Halbinsel wie Cape Royal würden bestens zur Bestimmung des Äquinoktiums geeignet sein, besonders wenn man das Kriterium anwendete, daß die Sonne gerade auf den Horizont aufsetzen muß.

Anstelle unseres Neujahrstages, der gerade einmal zehn Tage nach der Wintersonnenwende liegt, ergäbe die Tagundnachtgleiche eine gute Jahreswende. Weil sich die Position des Sonnenauf- oder -untergangs jeden Tag im Frühling und Herbst um 0,6° verschiebt, kann man eine eindeutige Antwort auf die Frage bekommen: Ist es schon Frühling? Nichts Dramatisches passiert mit der Sonne an diesem besonderen Tag, aber wenn man Messungen vornimmt, ist es einfach, ihn davor und danach zu bestimmen: Der östliche Beobachter sieht den Sonnenuntergang sich von der einen Seite des westlichen Beobachters auf die andere verschieben, einfach von einem Tag zum nächsten.

Allmählich sah es ganz danach aus, als hätten die Anasazi ihre wendende Sonne gern in Ecken auf- und untergehen sehen – so sehr, daß sie eine Ecke bauten, wenn sich keine natürliche an der richtigen Stelle befand. Und daß sie eine ganze Reihe von Rahmenvarianten benutzten. Ich hatte das Gefühl, daß ich schließlich die Dinge so zu sehen begann, wie es die Anasazi damals in der amerikanischen Steinzeit taten. Sie liebten es, wenn die Sonne in der Ecke stand.

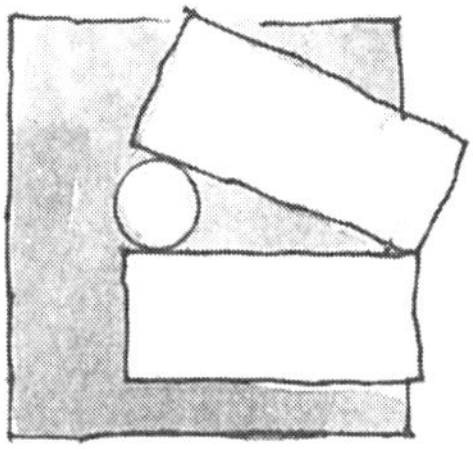

Die Maya-Hieroglyphe für Sonnenaufgang

Der offene Rahmen

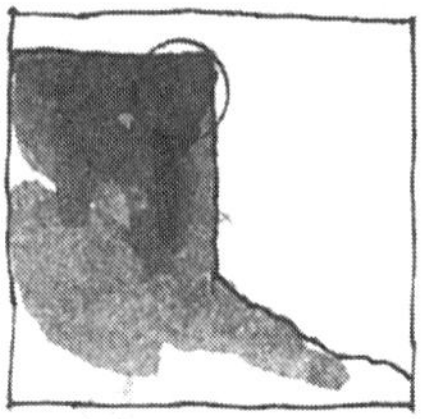

Der verdeckende Rahmen

Der Trichter

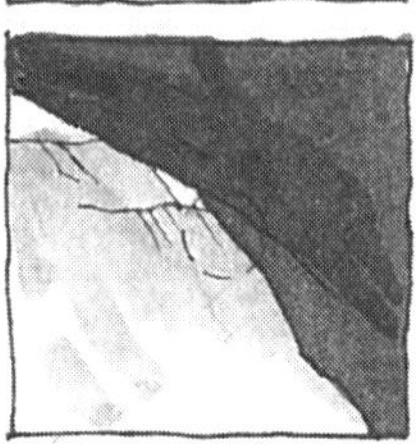

Das kurze Blinzeln

Die Zinnenposition

Die Maya-Hieroglyphe für Sonnenaufgang bestand in der Tat aus einem Kreis, der oben auf einem Stein saß, wobei ein weiterer Stein eine Seite des Kreises in einem spitzen Winkel zur Basis einrahmte. Es gibt eine Reihe von Variationen der Sonnenaufgangs-Hieroglyphe, doch bei allem sieht die »Sonne« aus, als sei sie in einer Art Trichter gefangen. Es scheint also möglich, daß das Einwinkeln der Sonne weiter verbreitet war als nur bei den Anasazi. Die Anasazi-Archäologie kennt zwar Maya-Einflüsse, aber sie sind relativ selten – jedenfalls im Vergleich zu dem, was man bei den zeitgenössischen Nachbarn der Anasazi im Süden findet, den Sinagua (die Ballspiel-Felder und weitere charakteristische Maya-Architektur hatten). Mehr als nur Papageien machten die Reise nach Norden.

An den verschiedenen Anasazi-Stätten finden wir also eine Reihe von Eckvarianten, die als Kriterium dienen:

- den *Trichter*, bei dem die Sonne in einem spitzen Winkel untergeht (oder aus einem solchen auftaucht);
- den *offenen Rahmen*, wobei die ganze Sonne zu sehen ist, wie sie auf einem Horizont aufsitzt und sich mit einer Seite gegen eine einrahmende Klippe stützt;
- den *verdeckenden Rahmen*, bei dem eine absteigende Stufe am Horizont die Sonne bis auf einen schmalen Rand oder zwei völlig verbirgt (der Sonnenwend-Aufgang beim Perfect Kiva, der wie eine Sonnenfinsternis aussieht, ist vielleicht das beste Beispiel); genau wie Klippenvorsprünge geben Fels- und Turmzinnen gute verdeckende Rahmen ab;
- das *kurze Blinzeln*, bei dem es zu einem kurzem Aufleuchten kommt, nachdem die Sonne normalerweise schon untergegangen ist (oder, so vermute ich, ehe die Sonne normalerweise aufgeht).

Die offenen Rahmen liegen in der Tat tief am Himmel (höher positioniert, könnte man wegen der Leuchtkraft der Sonne unmöglich mit ihnen arbeiten). Die verdeckenden Rahmen und kurzen Blinzler liegen alle hoch, in einem Winkel von ungefähr 12–14° über der Horizontalen. Rahmen sind so gut geeignet, weil sie die Sonne »einkasteln«; wenn nun nur einen Lichtstrahl sieht und der Horizont nicht waagerecht ist (wie es bei »Trichtern« der Fall ist, jenen Sichelecken im Anasazi Valley), weiß man nicht genau, welchen Teil des Sonnenrands man sieht (das ist das Hauptproblem bei Sonnenaufgängen aus trichterähnlichen Winkeln).

Ich mache Fortschritte – ich habe in der Tat einige gute Methoden wiederentdeckt, wie man die Tagundnachtgleiche bestimmen und Tag für Tag einen Kalender das Jahr hindurch führen kann. Aber ich habe immer noch keine Antworten auf skeptische Fragen hinsichtlich *Fundstück* B (Wozu dienen Sonnenwend-Peillinien, wenn nicht zur Verankerung eines Kalenders?) und *Fundstück* A (Wozu dienen künstlich erhöhte Horizonte?). Wie hängen alle diese Beobachtungen miteinander zusammen? Ich begann an der Verbindung von Sonnenwend-Peilungen mit Eklipsen-Vorhersagen zu verzweifeln; doch dann besuchte ich den Canyon de Chelly.

8.
Ein halber Blick zeigt den Trick

Wir leben auf diesem Land seit Zeiten, die jenseits der geschriebenen Geschichte liegen, weit zurück hinter jedem lebendigen Angedenken, und die tief zurück ins Reich der Sagen weisen. Die Geschichte meines Volkes und die Geschichte dieses Ortes sind ein und dieselbe Geschichte. Kein Mensch kann an uns denken, ohne an diesen Ort zu denken. Wir sind auf immer eins.

Ein Bewohner des Taos Pueblo

Als ich ins »Paradies« hinunterwanderte, hatte ich Schwierigkeiten, mich weiterhin mit der Frage zu beschäftigen, warum Sonnenwend-Peillinien soweit verbreitet waren – der Ausblick lenkte einfach zu sehr ab. Ich habe keine Ahnung, wie die Anasazi den Canyon de Chelly nannten, aber ich wette, daß es so etwas wie »Paradies« bedeutet haben muß. Die rund 30 Stockwerke hohen, klippengleichen Wände des Canyon sind größtenteils unüberwindlich. Im Gegensatz zum rund einen Kilometer breiten Grund des Chaco bietet der Canyon de Chelly nur einen flachen Boden von ein oder zwei Häuserblocks Breite. Ein Bach fließt friedlich seines Wegs, hier ist gutes Ackerland. Dies ist ein verborgener Flecken von der Art, wie ihn Dichter erfinden; versteckte Eingänge eröffnen den Weg aus der Wüste in einen Paradiesgarten. Kein Wunder, daß die Navajo diesen Ort in Ehren halten. Wie es sicherlich auch die Anasazi taten.

Der Canyon de Chelly liegt westlich vom Chaco, gerade jenseits der Grenze zu Arizona. Wie Betatakin ist er heute ein »National Monument« inmitten des Navajo-Indianerreservats. Die Navajo gehören nicht zu den Pueblo-Stämmen, ähneln diesen aber in vielerlei Hinsicht. Ihre Landwirtschaft und sogar ihre Religion haben viele Elemente mit denen der Pueblo gemeinsam. Die Navajo sind einem Jäger-und-Sammler-Leben noch näher als die Pueblo-Stämme, denn es ist erst 500 Jahre her, daß sie den ganzen Weg vom fernen Norden bis hinunter in den Südwesten jagend und sammelnd hinter sich gebracht haben. Wie die Apache im Süden und die Ute in Colorado gehören sie zur Gruppe der Athapasken; die Linguisten waren die ersten, die diese Verwandtschaft anhand der Ähnlichkeit ihrer Sprachen mit jenen der Indianer Alaskas und des Yukon-Territoriums in Kanada feststellen. Hätte Kolumbus die Neue Welt ein paar Jahrhunderte früher entdeckt, hätten die Konquistadoren keine

»Apache mit bestellten Feldern« erblickt (von daher sollen, so sagt man, die Navajo ihren spanischen Namen bekommen haben).

Von den Pueblo-Stämmen lernten die Navajo, das Land zu bestellen; sie ließen sich nieder und machten ihnen das Gebiet streitig. Heute übertreffen sie sie an Zahl bei weitem: 210 000 Navajo gegenüber 50 000 Pueblo. Die Navajo haben sogar viele Elemente der Pueblo-Religion übernommen, was auch Sinn macht, wenn man bedenkt, wie eng die landwirtschaftlichen Praktiken der Pueblo mit ihren religiösen Gebräuchen verbunden sind. Die Navajo erwiesen sich als vitales, anpassungsfähiges Volk – aber gerade deshalb ist ihre athapaskische Jäger-Sammler-Kultur untergegangen.

So ist der übliche Lauf der Dinge, und das macht die wirklich konservativen Pueblo-Stämme so bedeutend. Daß sie sich so eng mit ihrer angestammten Umgebung identifizieren, ist vielleicht der Grund, warum sie neue Methoden nur zögerlich übernehmen und nur widerstrebend an andere Orte umziehen. Die Pueblo sind wahrscheinlich nicht besonders repräsentativ für den Anasazi-Stil ihrer Vorfahren – vielleicht nicht mehr, als so streng konservative Sekten wie die Amish für die postindustrielle Zivilisation Europas repräsentativ sind. Doch das Puzzle von Mutmaßungen über irgendeine neolithische amerikanische Kultur ist unendlich aussagekräftiger als alles, was wir über die Steinzeitmenschen wissen, die Stonehenge erbauten – was abgesehen von Megalithen, Werkzeugtechnologie und einigen Schätzungen der Bevölkerungsdichte so gut wie nichts ist.

Das »Paradies« hat die Gestalt einer Wünschelrute. Der Canyon de Chelly teilt sich in zwei Arme, die beide gut 30 Kilometer lang sind; der eine erstreckt sich nach Nordosten, der andere nach Südosten. Felsenwohnungen der Anasazi liegen zurückversetzt in großen Felsalkoven wie jenen von Betatakin und im Anasazi Valley.

Die White-House-Ruine liegt im südöstlichen Teil. Der Wanderpfad dorthin führt an ein paar ungewöhnlichen Gebil-

Die White-House-Ruinen liegen sowohl unten am Talgrund des Canyon de Chelly wie im Alkoven ein paar Stockwerke darüber. Am oberen Bildrand erstreckt sich die Hochfläche der Mesa bis zum entfernten Horizont. Die dunklen Streifen von »Wüstenfirnis« finden sich häufig an den Klippenwänden aus rotem Sandstein und Kalkstein.

den vorbei, die die Erosion in den Sandstein gegraben hat. Eines sieht wie eine Brille mit leeren Augenhöhlen dahinter aus. Kleinere Vertiefungen haben über die Jahre Flugsand eingefangen, dann ein paar Samen, und jetzt hängen hier und da leuchtendgrüne Pflanzen in den rötlich-braunen Klippen.

Immer tiefer windet sich der Pfad hinab. Endlich kommt man an einen Tunnel, der erst vor wenigen Jahrzehnten aus dem Felsen geschlagen wurde; er erspart dem Besucher einen recht gefahrvollen Weg quer über ein Klippenriff, der den Indianern vermutlich nicht allzuviel ausgemacht hat. Tritt man aus dem Tunnel wieder heraus, steht man mitten unter Bäumen vor einem ungewöhnlichen Bauernhaus. Es ist ein traditionelles Navajo-Hogan, ein rundes, erdgedecktes Haus mit nur einem Raum und einer nach Osten weisenden Tür. Irgendein Schriftsteller, dessen Werk ich gelesen habe, muß schon vor mir hier gewesen sein – ich hatte deutlich das Gefühl des Déjà-vu, als ich aus dem Tunnel hinaus auf den sonnenbeschienenen Talgrund trat.

Der Pfad setzt sich unter einigen schattenspendenden Pappeln fort und führt dann hinaus an das Ufer des breiten Baches. Außer an Engstellen scheint das Wasser noch nicht einmal knietief zu sein. Gegenüber ragt die Canyonwand empor; blickt man hinauf, sieht man einen großen Alkoven, der zahlreiche Felsenwohnungen birgt. Große Streifen von schwarzem »Wüstenfirnis« verlaufen wie Tropfenspuren an einer Farbdose vom oberen Rand der Klippen nach unten, wo sie rings um den Alkoven enden – ein prachtvoller Anblick.

Ganz nahe (und ziemlich feucht gelegen) erblickt man eine Reihe von Räumen, die direkt auf dem Canyongrund stehen und vermutlich während eines Frühlingshochwassers überflutet wurden. Ein paar Stockwerke darüber, nur mit einer Leiter zu erreichen, befindet sich das Erdgeschoß des Alkoven, der so schön nach Süden weist, wie es sich für einen richtigen Anasazi-Alkoven gehört. Die Anasazi bauten Leitern aus dünnen Bäumen, deren Äste sie so abschnitten, daß genug stehen blieb, um dem Fuß Halt zu geben. Die Parkverwaltung hat die unteren Räumlichkeiten dem Ansturm der Besucher preisgegeben, die oberen sollen jedoch eindeutig dem Zugriff eines jeden Nicht-Anasazi für immer entzogen bleiben. Der Alkoven scheint ein guter Kandidat für Sonnenwend-Ecken zu sein, von irgendwo dort tief drinnen gesehen, und wert, mittels des Taschen-Theodoliten erforscht zu werden– doch daran ist heute nicht zu denken.

Im Sommer boten die Pappeln nahe des Bachlaufs Schatten; im Winter schien während des größten Teils des Tages die tiefstehende Sonne in den Alkoven. Für Anasazi-Verhältnisse gab es jede Menge Wasser; ihre Nachbarn beneideten sie wahrscheinlich, was erklären könnte, warum der Zugang zu den Felsenwohnungen nicht mittels in den Felsen geschlagener Treppen erleichtert worden war. Wenn weiter draußen der karge Boden austrocknete und die Maisernte ausblieb, was in diesem Land mit seinen unbeständigen Regenfällen alle paar Dekaden vorkam, suchten die Leute von dort vermutlich nach einer Getreidequelle. Der Canyon de Chelly führte sicher noch Wasser, wenn die meisten anderen schon trocken waren, und die Menschen hier wurden wahrscheinlich wegen ihrer Nahrungsvorräte Opfer von Raubzügen. Einer der Nachteile, wenn man im Paradies lebt.

Weit oben in manchen Alkoven kann man hohe Felssimse sehen, die breit genug sind, um Vögeln gute Schlafplätze zu bieten. Doch die Vogelplätze scheinen hier von einigen versiegelten Getreidegefäßen besetzt gewesen zu sein. Es war schwer, dort hinaufzukommen; wahrscheinlich bedurfte es wenig bekannter Stufen und Leitern, die irgendwo unten im Canyon versteckt waren, so daß die meisten Räuber es nicht bis dorthin schafften, ehe sie wieder verjagt werden konnten. Das versteckte Getreide könnte den Bewohnern des Paradieses gut als Notvorrat und, was noch wichtiger ist, als die unverzichtbare Saat gedient haben, die zur Pflanzzeit im nächsten Frühjahr mit Sicherheit zur Verfügung stehen mußte, egal wie hungrig die Menschen waren. Seine Unzugänglichkeit war vermutlich voll beabsichtigt, um sowohl hungrige Räuber wie die eigenen Mitbewohner in Zeiten des Mangels fernzuhalten.

Im Schatten der Pappeln am Südufer des Baches ließ ich mich nieder und blickte hinüber zum White-House-Alkoven mit seinen langen Wüstenfirnis-»Tropfen« darüber. Und ich versuchte, die gesammelten Puzzlestücke zusammenzufügen.

Auf den ersten Blick schien die Astronomie der Anasazi eine etwas detailliertere Version all jener archäoastronomischen Befunde auf der ganzen Welt zu sein: Danach zu urteilen, wie Steine in Reih und Glied aufgestellt und wo Gebäude errichtet worden waren, waren die Richtungen der Sonnenwenden sehr beliebt. Landwirtschaftlich gesehen, passiert jedoch zur Winter- oder Sommersonnenwende nichts Interessantes. Und selbst wenn es so wäre, die Position des Sonnenaufgangs verändert sich zu den Zeiten der Sonnenwende nur so allmählich, daß man auf jährliche Schwankungen von einer Woche oder mehr kommt (in der Pekwin-Geschichte waren es 20 Tage!). Die Hopi-Gepflogenheiten, aus den dazwischenliegenden Sonnenaufgangs-Positionen die Pflanzzeit zu ermitteln, waren dagegen die Einfachheit selbst.

Wie Kolumbus klargemacht hat, kann es in ganz anderer Weise von Nutzen sein, eine Finsternis vorherzusagen. Die Methode kann sich als sehr wirkungsvoll erweisen, wenn man persönlich vorankommen will (oder seinen eigenen Hals retten muß); vielleicht verbirgt sich das hinter dem Bau von Sonnenwend-Peilungen, und keine landwirtschaftlichen Erwägungen? Doch keine der einfachen Anfängermethoden (und auch keine, sollte ich hinzufügen, der bekannten fortschrittlicheren wie die 56 Steine von Stonehenge oder der Maya-Zyklus) stützt sich explizit auf Sonnenwenden; die Vorhersage mittels des Abzählens in Sechserschritten bedient sich überhaupt keiner Peilungen. Was ist dann an Sonnenwend-Peilungen zum östlichen und westlichen Horizont so zweckmäßig? Es muß doch bestimmt einen Weg geben, die Zweckmäßigkeit der Eklipsen-Vorhersage und das am weitesten verbreitete astronomische Interesse vieler prähistorischer Völker unter einen Hut zu bekommen.

Meine Methoden der Mondfinsternis-Vorwarnung bedürfen offensichtlich sowohl eines einigermaßen waagerechten westlichen wie eines einigermaßen waagerechten östlichen Horizonts. Gegensätzliche Aussichten, sozusagen. Wenn man auf einer Insel lebt, wandert man ans Nord- oder Südende und hat, wie beim Poseidon-Tempel, in beiden Richtungen einen Meereshorizont. Auf einem großen Kontinent jedoch kann es ein schönes Stück Arbeit sein, so den richtigen Horizont zu finden – in Nordamerika etwa müßte man beispielsweise an die Spitze Floridas oder auf die Yucatan-Halbinsel oder die Baja California wandern.

Der Puget-Sund ist mit all seinen Inseln und Halbinseln und den langen Strecken freien Wassers möglicherweise eine Ausnahme – dennoch hatte ich Schwierigkeiten, einen Aussichtspunkt zu finden, der weite Wasserflächen im Nordwesten und Südosten und niedrige Horizontlinien bot und von dem aus man eine Mondfinsternis im frühen August hätte beobachten können. Auf der Karte konnte ich nur einen solchen Punkt ausmachen, die Dungeness-Spitze in der Juan-de-Fuca-Straße, wo es einer Rundwanderung von 15 Kilometern bedurfte, um weit genug draußen einen unbehinderten Blick auf den Horizont zu haben. Einen zweiten Punkt fand ich auf der Insel Whidbey nördlich von Seattle: eine freie Wasserstrecke von gut acht Kilometern, aber der südöstliche Horizont war ein wenig zu hoch. Man könnte es, vermutete ich, mit einem höheren Berggipfel versuchen, wobei man zwar auf glitzernde Streifen auf dem Wasser verzichten (und die Nacht über dort kampieren) muß, was aber ansonsten angesichts von entfernten Horizonten annehmbar ist. Wehmütig dachte ich an die hohen Tafelberge im Land der Anasazi mit ihren weiten Ausblicken oder an die Ebenen von Kansas, wo man leicht freie Sicht nach allen Seiten findet.

Die meisten Menschen leben an Orten, wo man nicht jene schöne Aussicht hat, an die ich eben dachte, freie Aussicht nach beiden Seiten. Nun ja. Wenn es nur irgendeine Eklipsen-Vorwarnung gäbe, die sich mit der halben Aussicht begnügt, die sich des Anblicks des Sonnenaufgangs von Nordosten bis Südosten bedient und den Sonnenuntergang nicht benötigt. Was fängt man mit einem halben Horizont an?

Dann fiel mir wieder ein, was Fred Hoyle in seinem Buch über Stonehenge nebenbei erwähnt hatte: Wenn eine Mondfinsternis bevorsteht, geht die Sonne an diesem Morgen ungefähr so weit nördlich vom genauen Ostpunkt auf, wie der Vollmond an diesem Abend südlich vom genauen Ostpunkt aufgehen wird (oder umgekehrt). Die einfache Regel lautet: um gleiche Winkel von genau Ost entfernt.

Hoyles Methode ist eigentlich nur eine Variante der 180°-Methode und beruht darauf, daß Sonnenauf- wie -untergang an ein und demselben Tag gleich weit von der Ost-West-Achse entfernt sind. Wenn die Sonne 20° nördlich vom genauen Ostpunkt aufgeht (das heißt, bei 70° auf der Windrose), dann wird sie etwa 20° nördlich vom exakten Westpunkt am selben Abend untergehen (bei *290*°, plus minus 0,5°). Das bedeutet, daß der Schattenkegel 20° südlich vom genauen Ostpunkt aufgehen wird, richtig? Bei *110*° von Norden aus? Genau die Position für einen Mondaufgang, bei der dann eine Finsternis zu befürchten ist.

Aber woher wußten sie, wo genau Osten ist? Die Tagundnachtgleiche zu bestimmen, ist mit der Zwei-Priester-Methode

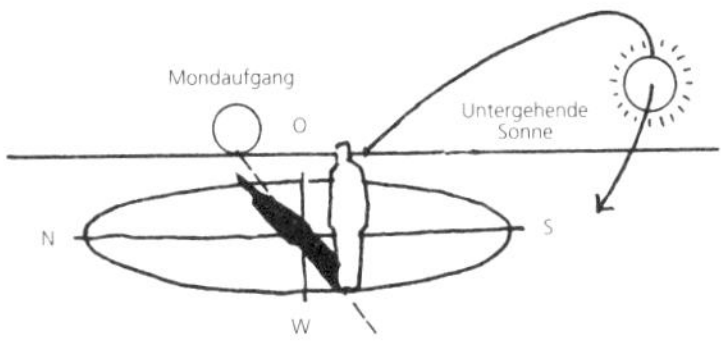

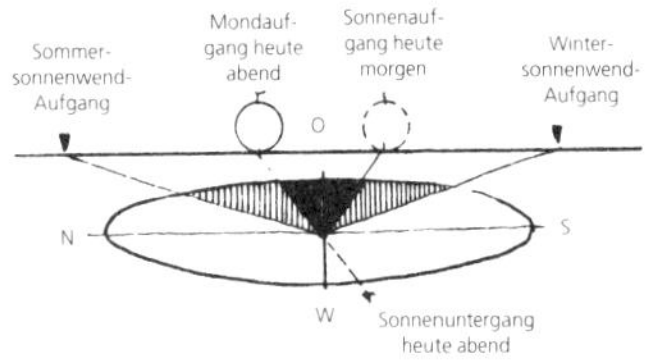

möglich; aber das erscheint immer noch als ein ziemlicher Schritt, wenn man bedenkt, daß die Anasazi die Sonnenwendpunkte als Lieblingshimmelsrichtungen betonten und nicht unsere Nord-Ost-Süd-West-Himmelsrichtungen bei *0°*, *90°*, *180°* und *270°*. Die genaue Ostrichtung methodisch zu nutzen, stellt also sicherlich keine ursprüngliche Entdeckung dar, sondern ist eher so etwas wie eine Folgeerscheinung, nachdem man die Vorteile eines rechtwinkligen Koordinatensystems herausgefunden hatte.

Dann probierte ich Hoyles Methode aus, bediente mich aber der Pueblo-Himmelsrichtungen, der Sonnenwend-Aufgänge bei *60°* und *120°* statt des genauen Ostpunkts bei *90°*. Nehmen wir zum Beispiel an, daß sie den *70°*-Sonnenaufgang Mitte Mai als gerade 10° von der nächsten Sonnenwend-Richtung entfernt, also der bei *60°*, gemessen hätten. Die Sonne würde dann 10° südlich von der *300°*-Sonnenwend-Richtung bei *290°* untergehen, so daß der Schattenkegel der Erde 10° nördlich des Wintersonnenwend-Aufgangs bei *120°* zu liegen käme. Und *110°*, das ist nun einmal die Mondaufgangs-Position, bei der eine Eklipse droht. Hoyles Methode funktioniert mit dem Koordinatensystem der Anasazi genauso gut wie mit unserem! Die einfache Regel lautet: *Wenn der Mond heute abend so weit von der nächsten Sonnenwend-Peilung entfernt aufgeht wie die Sonne heute morgen vom anderen Sonnenwendpunkt enfernt war, dann muß man eine Finsternis befürchten.*

Zwei Bogenwinkel miteinander zu vergleichen, scheint jedoch ganz etwas anderes zu sein als die übrigen Methoden; das Verfahren, nur mit dem östlichen Horizont auszukommen, hat nicht gerade Anfängerniveau, ist nichts, worüber ein prähistorischer Priester einfach gestolpert sein könnte. Es ist komplizierter, denn man muß die »Entfernung« des Sonnenaufgangs von einem Sonnenwendpunkt – eine Differenz zwischen Peilungen, wenn man so will – mit dem vergleichen, was man am selben Abend bei Mondaufgang sieht. Also abschätzen, ob der Vollmond dieselbe »Entfernung« vom anderen östlichen Sonnenwendpunkt hat. So ein Verfahren ist nicht so einfach, wie etwas mit einem Lineal abzumessen, wo man einfach die Striche einer Skala abzählen kann; statt dessen verlangt es, sich ein Urteil darüber zu bilden, ob etwas genauso oder verschieden groß ist.

Ich bezweifle aber, daß die Anasazi irgendwelche abstrakten Begriffe wie Bögen und Winkel (mit denen wir Geometrie lehren) brauchten, um diese Methode mit dem halben Horizont anzuwenden. Da die Anasazi so viel Freude an perlenbesetzten Halsketten hatten, stelle ich mir vor, daß sie am Morgen eine Perlenkette auf Armeslänge hochhielten, so daß das eine Ende auf den Sonnenwendpunkt wies, dann diejenige Perle heraussuchten, die genau unter der aufgehenden Sonne lag, und dann die übrigen Perlen von dieser »Sonnenaufgangs-Perle« wegschoben, vielleicht indem sie dort einen Knoten machten. Und am Abend desselben Tages hätten sie dann die Halskette dem aufgehenden Mond entgegengestreckt und gesehen, ob der Vollmond der Sonnenaufgangs-Perle nahekam, wenn das Ende der Halskette mit den anderem Sonnenwendpunkt zur Deckung gebracht worden war. Nennen wir das Methode Nr. 7 (»Die Halskette auf Armeslänge«).

Wir haben das Mondfinsternis-Vorwarnungsproblem für solche Leute gelöst, die an einer Ostküste leben und mithin nur einen östlichen Meereshorizont haben. Was aber ist mit den armen Leuten landeinwärts, die zwar einen ebenen, aber um mehrere Grad erhöhten Horizont haben? Es *funktioniert dennoch*, erstaunlicherweise: Die schrecklichen Probleme, die erhöhte Horizonte bei der 180°-Methode darstellten (weil sie aus einer geraden Linie einem abknickenden Winkel machen), sind von untergeordneter Bedeutung, wenn man es nur mit einem östlichen Horizont zu tun hat. Sowohl Sonnen- wie Mondaufgang

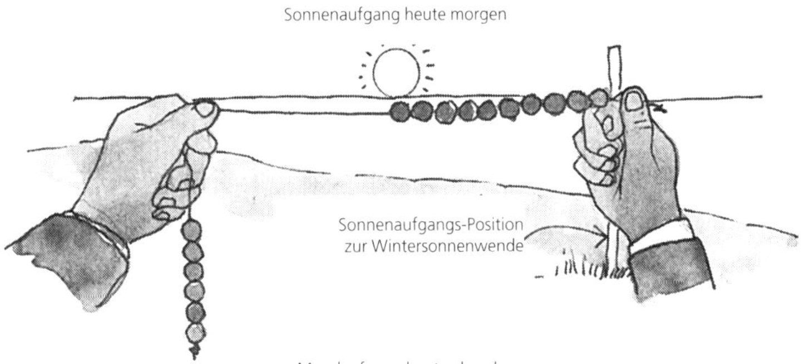

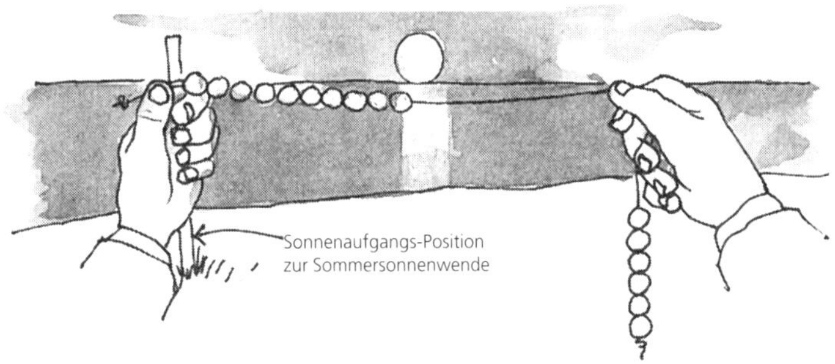

sind dann nach Süden verschoben, aber um beinahe dasselbe Maß. Weil man die Richtungen des Sonnen- und Mondaufgangs immer mit den Sonnenwend-Richtungen vergleicht (die auch verschoben sind), heben sich die Fehler gegenseitig auf, wenn der Horizont zwischen den Sonnenwendpunkten gleichermaßen erhöht ist.

»Heureka!« auszurufen könnte jetzt angebracht sein. Sonnenwend-Peilungen sind *sehr* nützlich, weil sie als Referenzrichtungen dienen, die erlauben, die Methoden der Mondfinsternis-Vorwarnung allein bei einem Nordost-Südost-Horizont anzuwenden, ohne daß es erforderlich wäre zu sehen, was im Westen passiert. Ist damit *Fundstück B* erklärt?

Und damit könnte auf einen Streich auch das Rätsel der erhöhten Wälle bei den britischen Megalith-Monumenten erklärt sein – das, was ich *Fundstück* A genannt habe. Der leicht erhöhte

Horizont stellt nicht länger eine Komplikation dar- solange er *gleichmäßig* über die eigentliche Horizontale hinaus erhöht ist (wenigstens in jenem Sechstel Kreissegment zu beiden Seiten des Ostpunkts, das man braucht). Einen höckerigen Horizont kann man dadurch einebnen, daß man einen ebenen Wall aufschüttet, der die Höcker verbirgt und über den hinweg man Sonnen- und Mondaufgang anpeilt. Beide werden ein bißchen nach Süden verschoben sein, aber was macht das schon? Man legt die Sonnenwend-Richtungen angesichts des erhöhten Walls fest. Dann benutzt man jeden Monat zur Zeit des Vollmonds jene Sonnenwend-Peillinien dazu, die Positionen von Mond- und Sonnenaufgang miteinander zu vergleichen.

Glücklich spielte ich im Sand entlang des Bachlaufs herum, als ein paar Wanderer vorbeikamen. Sie dachten vermutlich, daß ich ein bißchen zu alt dazu sei, Sandburgen zu bauen – und ganz bestimmt etwas aus der Übung. Schließlich ist der Burggraben das letzte, was man baut, wenn all die Zentralgebäude schon stehen. Aber ich baute ausschließlich einen Wallgraben, und keine Burg. Die schlichte Konstruktionstechnik für einen Wall besteht darin, einen Graben auszuheben und den Sand entlang einer Seite aufzuhäufen. Der Grundwasserspiegel innerhalb des Bachbetts bracht es mit sich, daß mein Graben sich langsam mit Wasser füllte. Doch was bei der Eklipsen-Vorhersage zählt, ist der erhöhte Wall.

Der Graben ist jedoch nicht nur ein Nebenprodukt: Er ist *sehr* nützlich, denn er bietet eine einfache Möglichkeit, die Oberkante des Walls zu nivellieren. Wasser bildet immer eine waagerechte Fläche, solange niemand Wellen schlägt. Also braucht man nur einen Ast mit einem stehengebliebenen Seitenzweig und kann den Sand oben auf dem Wall glätten, indem man das untere Ende des Astes genau entlang der Wasserlinie führt. Auf diese Weise wird die Oberkante des Walls beinahe so glatt wie die Wasseroberfläche. Für einen Beobachter nahe der Kreismitte entsteht ein gleichmäßig erhöhter Horizont. In Avebury und Stonehenge füllten die Winterregenfälle wahrscheinlich die

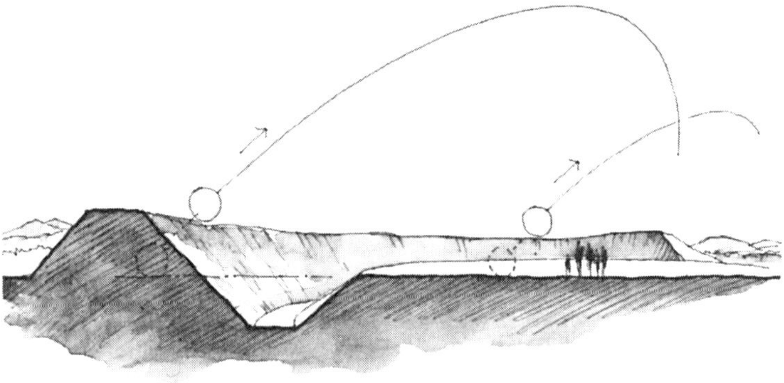

Gräben, die man in den Felsengrund geschlagen hatte. Und all die dort herumschwimmenden Kalksteinsplitter hinterließen wahrscheinlich einen Badewannenrand, der weltweit seinesgleichen suchte und es ermöglichte, mit Bezug auf die Hochwasserlinie das ganze Jahr über weiterzubauen. Ein Baumstamm mit einem Seitenast könnte dazu gedient haben, meine Sandkasten-Technik in vergrößertem Maßstab zur Einebnung der Walloberkante zu nutzen.

Sich um einen als Peilecke dienenden Pfosten oder Turm herumzubewegen, sollte auch bei einem erhöhten Wallhorizont gut funktionieren. Der Drehpunkt könnte außerhalb des Walls liegen, etwa wie der Heel Stone in Stonehenge. Oder er könnte innerhalb des Ringwalls sein, obwohl dann die Genauigkeit leidet, wenn man keinen sehr großen Ring hat. So lange die Drehpunkt-Markierung, vom Weg des Beobachters innerhalb des Kreises aus beobachtet, über den Wall hinausragt, könnte man Sonnen- und Mondaufgang verfolgen und anhand der Entfernungen entlang des Kreisbogens miteinander vergleichen. Am südlichen Ende des Beobachtungs-Bogens ist die Position, von der aus man den Sommersonnenwend-Aufgang in einer Linie mit der Drehpunktstele sieht. Vom nördlichen Ende aus bietet sich der Anblick des Wintersonnenwend-Aufgangs in genau gleicher Weise an der Stelen- oder Turmseite dar.

Die beiden Bogenabschnitte zu messen – nein, man muß sie *vergleichen*, nicht messen – um also den Abstand zwischen dem Mondaufgang und dem nächsten Sonnenwendpunkt mit dem

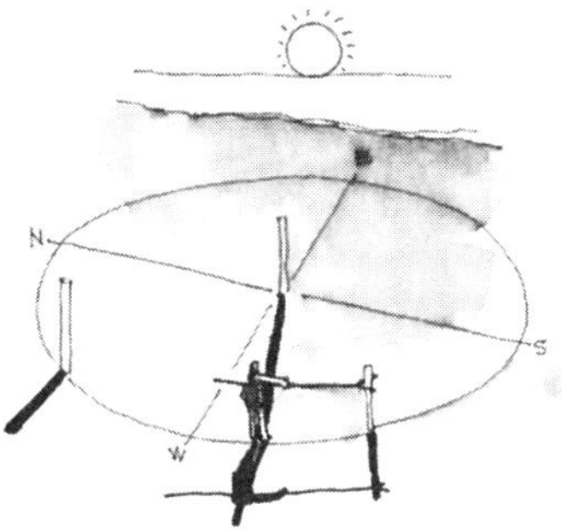

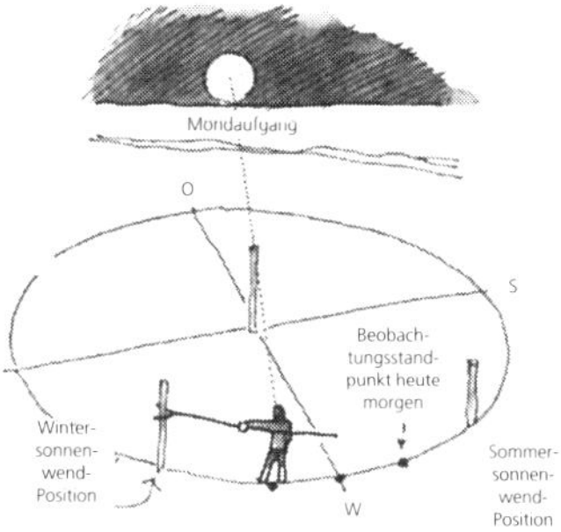

zu vergleichen, was der Sonnenaufgang am selben Morgen tat, kann man, so mein Vorschlag, extra lange Halsketten verwenden, solche, die man sich ein Dutzend Mal um den Hals schlingen kann. Man spannt die Halskette zwischen der Sonnenaufgangs-Beobachtungsposition und der nächstgelegenen Sonnenwend-Peillinie, greift sie ab und trägt sie hinüber zur anderen Sonnenwend-Position, wo man sie wieder spannt, um die Position des Mondaufgangs vorherzusagen.

Eine lange Stange würde auch genügen, wenn man sie mit einem Ende an einen Pfosten hielte, der die nähergelegene Sonnenwend-Peillinie markiert: *Gehe einfach hinüber und berühre mit der Stange den anderen Sonnenwend-Pfosten, während du sie an derselben Stelle hältst, dann wirst Du an dem Beobachtungspunkt stehen, an welchem ein wahrscheinlich sich verfinsternder Vollmond heute abend in der Ecke an der Zentralstele aufgehen wird.* Die Länge der Stange oder Halskette hängt von der Entfernung zwischen der Zentralstelle und dem Beobachtungspfad ab. Je größer sie ist, desto genauer wird das Ergebnis, das man erhält. Nennen wir das Methode Nr. 8 (»Die Stange«).

Ein gleichmäßig erhöhter Horizont macht es möglich, daß all jene Eklipsen-Vorhersagemethoden an beinahe jedem Ort funktionieren – obwohl Canyons vielleicht eine Ausnahme darstellen, wenn man es mit der Erfolgsquote genau nimmt. Örtlichkeiten mit 15° hohen Merkmalen am Horizont sind nicht so gut, aber

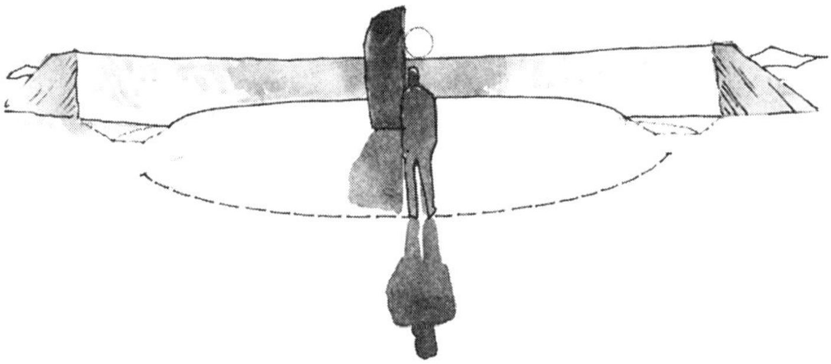

ich kann mir vorstellen, daß die 3° hohen Horizonte an vielen Stellen im Haupttal des Chaco dafür in Frage kommen, mit einem Wall wie in Avebury oder Stonehenge geglättet zu werden. Ich habe jedoch dort in der Gegend keinerlei solche Wälle gesehen, und die angrenzenden Gräben mit Wasser zu füllen, dürfte in der Wüste auch schwieriger gewesen sein als in England. Vielleicht, grübelte ich, gibt es eine andere Methode, den Horizont zu erhöhen und zu nivellieren.

Wie lang müßte so ein nivellierter Wall sein? Ich würde ihn sicherlich so kurz wie möglich halten, wenn ich ihn aufschütten müßte. Je näher der horizontale Rand der vertikalen Zentralstele ist, die mit ihm eine Peilecke bildet, desto weniger lang muß der Wall sein. Wenn der Heel Stone in Stonehenge die Zentralstele darstellte und der Wall im Inneren aufgeschüttet worden wäre, hätte er nur ein paar Schritte lang sein müssen.

Warum sollte man denn eigentlich den künstlichen Horizont nicht an der Zentralstele schaffen, wie in jenen Fällen, bei denen die Sonne von unveränderlichen Horizontmerkmalen eingerahmt wurde: *Nimm die eingerahmte Sonne, aber stelle auch den Mond in diesen Rahmen und vergleiche die Abstände des Beobachters vom nächstgelegenen Sonnenwend-Peilpunkt!* Der Beobachter manövriert einfach hin und her, bis die aufgehende Sonne (oder der aufgehende Mond) auf der Horizontalen aufsitzt und mit einer Seite eine Vertikale berührt. Falls die Sonne dann schon zu hoch am Himmel steht, um hineinzuschauen, kann der Beobachter die Sonne auch hinter der Stele verbergen, so daß sie nur ein bißchen darüber und noch ein bißchen an der Seite leuchtet. Solange der Weg des Beobachters ebenerdig verläuft (und viele alte ausgetrocknete Seen sind ziemlich flach), wird die Kante einer Klippenspitze als Rahmen genügen (solange sie höher ragt als alle anderen Horizontmerkmale, die der Beobachter entlang seines halbjährigen Weges erblickt).

So einfach wie möglich – kein Wall und kein Graben werden benötigt, bloß eine Stelenspitze, die so geformt ist, daß man die Sonne dahinter verbergen kann. Der Beobachtungspfad könnte einen Kreisbogen um den Mittelpunkt herum beschreiben (obwohl eine gerade Linie in Nordsüdrichtung wirklich fast genauso gut funktioniert). Es sei daran erinnert, daß man ja nicht eigentlich mißt, sondern bloß einen Bogen mit einem anderen vergleicht (post-euklidischer ausgedrückt, vergleicht man Sehnen, und nicht Bögen). Methode Nr. 9 (»Um den Rahmen herumlaufen«) verzeiht manchen Fehler.

Dank der Vorliebe der Neuwelt-Archäoastronomen für Fenster und jener der Altwelt-Archäoastronomen für Stelen bemerkte ich, daß es auch noch eine hausbackene Alternative zum Wallgraben gibt. Das Navajo-Hogan ein Stück stromaufvon den Felsenwohnungen brachte mich mit seiner nach Osten gehenden Eingangstür darauf. Ein ebener Fußboden kann praktisch den gleichförmigen Horizont ersetzen, wenn der Raum ein Fenster oder eine Tür nach Osten hat.

Mit dem Leben in Hogans habe ich noch nicht viel Erfahrungen machen können, also erkläre ich dieses Verfahren anhand meines Schlafzimmers zu Hause in Seattle. Mein Bett weist nach Osten, und oben an der östlichen Zimmerwand ist ein kleines Fenster. Wenn im Sommer die Sonne im Nordosten aufgeht, fallen ihre ersten Strahlen schräg durch das Fenster und treffen auf die Südwestecke des Zimmers. Sie bilden einen hübschen rosa Lichtfleck in Gestalt des Ostfensters. Eine halbe Stunde später hat sich der Schattenriß des Fensterrahmens an der westlichen Wand hinunter auf mein Bett zubewegt; er beschreibt einen Bogen nach Norden und nach unten, während die Sonne sich nach Süden und nach oben emporschwingt (der Fensterrahmen dient als Drehpunkt).

Nehmen wir an, daß wir zur Sommersonnenwende die Stelle markieren, wo die Schattenecke auf den Fußboden trifft. Zur Wintersonnenwende machen wir dasselbe. Dann können wir an den einzelnen Tagen des Jahres eine Halskette (oder einen Gürtel oder eine Stange) auf den Fußboden legen, die vom Sonnenaufgang bis zum nächstgelegenen Sonnenwendpunkt reicht und sie dann hinüberschieben zur anderen Sonnenwend-Markierung, um am Abend desselben Tages aus der Position des Vollmonds die Möglichkeit einer Mondfinsternis vorherzusagen.

Dasselbe wird sich in den meisten Navajo-Hogans ereignen. Der Schattenriß der oberen Südecke des nach Osten sich öffnenden Türrahmens wird die Rückwand des Hogan hinunterstreichen, bis er schließlich auf den Fußboden trifft. Ich für meinen Teil würde, wenn ich es mit einer solchen Eingangstür ausprobieren wollte, ein kleines Fensterchen über dem Türsturz schaffen, indem ich dort ein bißchen von der Lehmfüllung wegließe

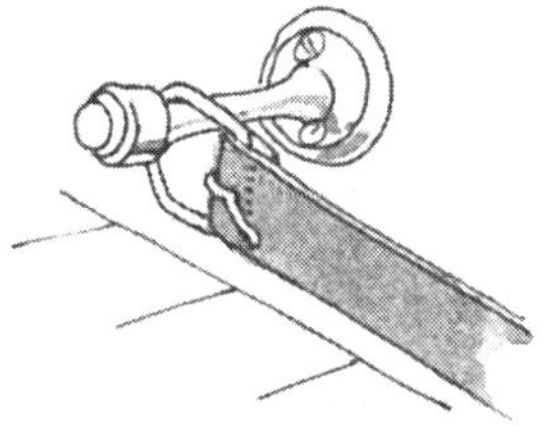

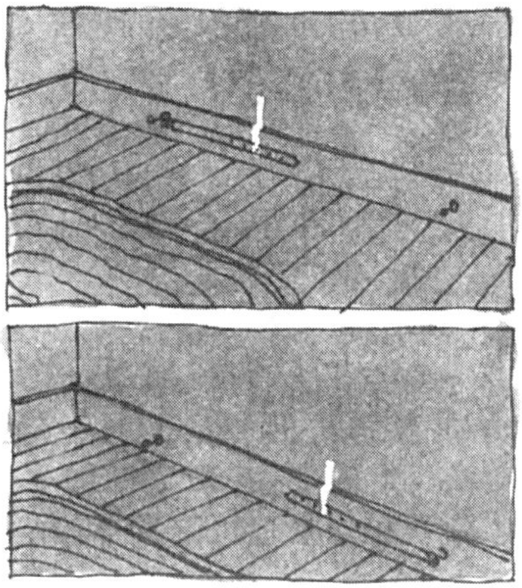

– etwa in der Art wie das Loch, das über der Eingangstür zu der quadratischen Höhle in Tsankawi gebohrt war –, und dann jenen kleinen Lichtfleck auf der Rückwand und nicht den Schatten des Türrahmens nehmen. Da ein Hogan rund gebaut ist, funktioniert diese Methode analog dem Kreisweg um eine Zentralstele. Aber man könnte das auch mit einer Westwand in Nordsüdrichtung machen (man vergleicht nur, mißt nicht) wie mein Schlafzimmer in Seattle sie hat.

Von den Pueblo-Stämmen weiß man, daß sie im Inneren der Kivas Kristalle benutzten, um das Licht zu reflektieren, das durch den Eingang hereinschien; wenn man einen Kristall an die Position des Kreisbogens legt, die eine Mondfinsternis erwarten läßt, könnte er dazu dienen, das Mondlicht in das Innere des Kiva zu spiegeln und so eine für alle wahrnehmbare Eklipsen-Vorwarnung zu geben. Mehrere Kristalle zu beiden Seiten der gefährlichen Position (ein mit Bergkristallen besetzter Gürtel fällt mir dazu ein) würde helfen, die Grenze zwischen Schatten und Halbschatten genau auszumachen; der erste Kristall, der aufleuchtet, während die Schattenlinie hinabwandert, würde die fragliche Stelle markieren. Wenn auch Sternenbeobachtungen bei den Pueblo historisch überliefert sind, kenne ich keinerlei Belege dafür, daß in den damaligen Pueblos aus Kivas heraus regelmäßig die Sonne beobachtet wurde. Die traditionelle Verschwiegenheit der Pueblo läßt allerdings den Aphorismus »Das Fehlen von Beweisen ist kein Beweis für das Fehlen« besonders angebracht erscheinen.

Also ist ein nach Osten gelegenes Fenster alles, was man braucht, um vor Eklipsen zu warnen? Je mehr man weiß, desto einfacher wird die Sache. Der ebene Fußboden (oder ein waagerechtes Bord oder eine Bank wie in den Kivas) dient hier als der erhöhte Horizont – der Schwenk um das Türsturzloch verkehrt ihn einfach ins Gegenteil, und der Höhenwinkel ist der Winkel zwischen der Fußbodenkante und der Türhöhe (er muß größer sein als der der größten Erhebung entlang des östlichen Horizonts, sollte aber nicht viel größer sein).

Methode Nr. 10 (»Das Hogan«) ist nur so genau, wie das Zimmer groß ist. Jene riesigen Kivas im Chaco ermöglichten eine wesentlich größere Genauigkeit als das typische Kiva oder Hogan oder ein Schlafzimmer in Seattle (obwohl es auch dafür Grenzen gibt, weil die Schattenränder unscharf werden). Wenn man das Verfahren in einem kleinen Raum anwendet, kann es zu ungenau werden, um noch für die Eklipsen-Vorhersage zu taugen. Doch wie die kleinen Sonnenuhren könnte es sich dennoch als populär erwiesen haben – und, man stelle sich vor, die großen Kivas werden früher datiert als die kleinen.

Felszinnen sind im Canyon de Chelly im Überfluß zu finden. Die spektakulärste ist der Spider Rock. Zinnen (und, wie ich bemerkte, vergleichbare Bauwerke wie etwa Turmkivas) stellen eine andere Möglichkeit dar, den Horizont zu erhöhen. Wenn die Sonne aufgeht, stellt man sich weit genug entfernt auf, so daß ein kleines bißchen Sonne sowohl links wie rechts vom Turm hervorblinzelt. Während die Sonne weiter emporsteigt, wird

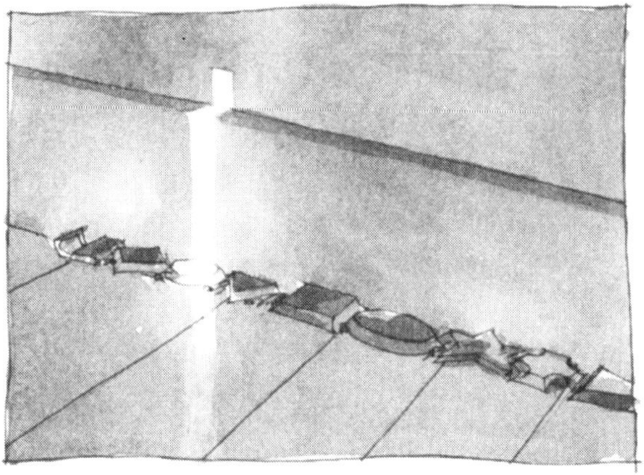

man mehrmals nach links rücken müssen. Schließlich wird die Sonne auch über die Oberkante blinzeln (ein dreiseitiger verdeckender Rahmen!) und zu hell werden, um hineinzublicken.

Man muß wegschauen, vielleicht hinunter auf die eigenen Füße – auf die Position, wo man nach all den Seitenschritten zu stehen gekommen ist. Weil man die richtige Entfernung einhält, um den linken wie den rechten Rand der Sonne zu sehen, wird der halbjährliche Pfad rund werden, ungefähr ein Sechstel eines imaginären Kreises um den Turm herum. Wenn dieser Beobachtungspfad auf einigermaßen ebenem Grund liegt, sind alle Voraussetzungen erfüllt, um vor Eklipsen dadurch warnen zu können, daß man auf dieselbe Weise den Mondaufgang anpeilt und die Entfernungen von den nächstgelegenen Sonnenwendpunkten miteinander vergleicht.

Das könnte nun den Weg weisen, um irgendwelche Präzisions-Beobachtungspfade auszumachen, die die Anasazi hinterließen. Man stellt sich weit genug westlich von einem in Frage kommenden Turm oder einer Zinne auf, um die Morgensonne bis auf einen kleinen Saum links und rechts dahinter verbergen zu können. Dann schaut man sich auf der umliegenden Mesa um, ob man nicht auf irgendeiner Art kreisförmigem Segment steht, das vielleicht von Beifuß überwuchert ist wie jene Anasazi-Straßen, die zum Chaco Canyon führen. Wer es selbst ausprobieren möchte, findet bestimmt in seiner Umgebung einen Fabrikschlot

Priester markiert die heutige Position

oder ein anderes Gebäude, das in ähnlicher Weise die Sonne verbergen kann: Methode Nr. 11 ist »Der Pfad um die Stele«.

Je breiter die Stele, um so weiter entfernt muß man sich aufstellen – und um so größer werden folglich von einem Tag zum nächsten die Abstände zwischen den Positionen zur Beobachtung des Sonnenaufgangs. Weil die dreiseitige Rahmung der Sonne so verläßlich ist (man bleibt stehen, wenn der erste Sonnenstrahl über der Oberkante zu sehen ist), kann man damit eine große Genauigkeit erreichen. So lange die Stelenspitze sowohl von Südwesten wie von Nordwesten aus betrachtet dieselbe Höhe hat (wie etwa ein runder Turm oder ein oben flacher Fabrikschornstein) und solange der Beobachter sich auf einigermaßen ebenen Grund bewegt (ausgetrocknete Seen wären ideal), sollte sich eine hervorragende Zuverlässigkeit ergeben – und das Arrangement läßt sich erheblich einfacher bauen!

Eigentlich ist eine Stele für Kalender- oder Eklipsenzwecke nicht nötig. Irgendein Klippenprofil oder die Kante eines Bauwerks reicht aus (man behält eine Kante der Sonne oder des Monds im Blick, bis sie hervorlugt). Auch ein Kreispfad ist für die Eklipsen-Vorhersage nicht unbedingt nötig: Ein geradliniger Pfad, der annähernd in Nordsüdrichtung liegt, reicht aus (und für reine Kalenderzwecke kann man sogar diese Anforderung noch niedriger ansetzen).

Reicht es aus, nur den westlichen Horizont zu sehen? Um einen Kalender zu haben, bestimmt – aber nicht, um eine Mondfinsternis vorherzusagen (die Eklipse wäre schon vorbei, wenn man den Monduntergang anpeilte!). Einen guten Kalender zu führen, ist noch einfacher, als Eklipsen vorherzusagen, da die »Licht-Hebel« mechanisch so einfach zu begreifen sind.

Als ich den Weg aus dem Canyon de Chelly zurückwanderte, fegte ein Unwetter über die Gegend hinweg. Glücklicherweise war ich gerade an einer kleinen Höhle in der Klippe neben dem Pfad vorbeigekommen, also rannte ich dahin zurück. Nicht viel größer als eine Parkbank, doch sie bot mir bequem Platz. Ich blickte auf den Canyon de Chelly hinaus und sah dem vorbeiziehenden Gewitter zu. Meine Aussicht beschränkte sich auf einen kleinen Teil des Canyons; das ist eines der Probleme, die man mit Alkoven hat. So sah ich den Regenbogen erst, als ich aus meinem Unterschlupf wieder hervorkam.

Ich fragte mich, wie sich der Anblick wohl oben in der White-House-Ruine dargeboten hätte, wie das Leben an einem solchen Ort wohl die Sicht der Welt um einen herum geformt haben mag. Sicherlich bot es viele Möglichkeiten zu erkennen, wie die Sonne sich im Wechsel der Jahreszeiten über den Himmel bewegt und wie der Mond die Bewegung der Sonne annähernd, nur in wesentlich kürzerer Zeit, nachahmt. Natürliche Meßinstrumente, mit denen man Eklipsen vorhersagen konnte, gab es ringsherum,; so daß die Wahrscheinlichkeit erheblich stieg, daß man zufällig auf eine jener einfachen Methoden stieß, ohne es je beabsichtigt zu haben.

9.
Die Sonne als leuchtendes Auge: Wintersonnenwende vom Grund des Grand Canyon aus gesehen

Die meisten Soyal-Riten [Hopi-Zeremonien zur Wintersonnenwende] finden im Kiva statt. Einer der signfikantesten ereignet sich am Abend des neunten Tages und besteht darin, daß ein Tänzer den zögerlichen Lauf der Sonne darstellt, die Richtung Sommersonnenwende umkehrt ... In Walpi zwingt eine Gruppe von Sängern den Träger eines Schildes in Gestalt einer Sonne, auf den korrekten Weg zurückzukehren.

Die Ethnologin Arlette Frigout, 1979

Blickt man von der Third Mesa im Hopi-Reservat nach Westen, sieht man am Horizont den Grand Canyon – wenigstens an einem klaren Tag. Immer häufiger jedoch macht sich aus dem Schornstein eines gigantischen Kohlekraftwerks nördlich des Hopi-Reservats ein schwefeliger Dunst breit.

Südlich der Third Mesa kann man den Canyon des Little Colorado River sehen, der seinen Weg nach Nordwesten zum Grand Canyon nimmt. Ein paar Kilometer vor dem Zusammenfluß des Little Colorado mit dem Colorado River im Grand Canyon entspringt in einer Felsenkuppel eine heiße Quelle, auf die die Hopi ihren Ursprung zurückführen. In der Kosmologie der Hopi gehen die Menschen durch genau dieses »Sipapu« aus der Unterwelt hervor, und die Toten kehren durch es hindurch wieder in die Unterwelt zurück (ein symbolisches Sipapu – ein Loch im Boden – gibt es in jedem Kiva). Den ganzen Weg entlang von den Hopi-Dörfern bis in den Grand Canyon sind Schreine aufgestellt, der letzte in einem kleinen Alkoven am Ufer des Colorado. Eine Reise zu diesen Stätten zu unternehmen, kann bei den Hopi Teil des Erwachsenwerdens sein.

Sozusagen gleich um die Ecke von dem letzten Schrein im Grand Canyon trieben die Anasazi Ackerbau. Der Canyon weitet sich zu einem breiten, knapp 20 Kilometer langen Talgrund zu beiden Seiten des Flusses, bis er sich schließlich dicht unterhalb des Unkar-Deltas wieder verengt. Ist in der Pueblo-Überlieferung dieser Teil ihres Anasazi-Erbes (der von etwa 700 bis 1100 n. Chr. zu datieren scheint) dem Vergessen anheim gefallen? Oder haben sie es nur vermieden, Außenstehenden davon zu erzählen? Wenn sie den Fluß weiter unten als bei Meile 64 besuchen, hinterlassen die Hopi jedenfalls keine Gebetsstöcke oder andere Opfergaben.

Besonders interessierte mich die Ruine, die den Cardenas

Hill bei Meile 71 jenseits des Unkar-Deltas krönt; dort hatte ich die Mondfinsternis gesehen. Die Aussicht von dort bot dank all jener Kerben in der Ostwand des Grand Canyon einen wunderbaren Horizontkalender. Als ich mir zu Hause einige Dias betrachtet hatte, die auf meinen Wunsch hin Larry Stevens, ein in der Nähe arbeitender Ökologe, von der Spitze des Hügels aus gemacht hatte, bemerkte ich, daß sich in der südöstlichen Horizontlinie ein Loch befand, durch welches man blauen Himmel sehen konnte. Dies erwies sich als die Stelle, wo meinen Berechnungen zufolge der Wintersonnenwend-Aufgang stattfinden mußte: Durch das Loch in der Wand müßte das erste Sonnenlicht fallen. Wo man stehen müßte, um das zu sehen, konnte ich jedoch nicht genau herausfinden. Sicherlich war es irgendwo hier oben entlang des Südwestabbruchs des Cardenas Hill. War die Ruine der »richtige Platz«? Allein der Karte nach war ich nicht sicher. Aber eine Karte ist nicht dasselbe wie das Territorium; ich mußte wohl die Gegend selbst inspizieren.

Und natürlich konnte ich der Versuchung nicht widerstehen, mir von der Ruine aus genau den Wintersonnenwend-Aufgang anzusehen – ein paar Freunde halfen mir dabei.

Zu guter Letzt waren es mit mir sieben, die die Cardenas-Expedition bildeten und in den Canyon hinabwanderten, um den Sonnenwendaufgang zu beobachten. Wir hatten uns am Lipan Point auf dem Südrand des Grand Canyon versammelt, von wo man oft klare Sicht auf den Colorado hat, wie er dort durch den gewaltigen Talgrund fließt. Man kann erkennen, daß der Fluß in einem Halbkreis um eine Erhebung herumfließt: Das ist der Cardenas Hill, der sich alles in allem etwa 40 Stockwerke über dem Fluß erhebt. Mit einem Fernglas kann man die Ruine oben auf der Hügelspitze sehen, wo mehrere Grate aufeinander treffen. Jenseits des Flusses liegt das Unkar-Delta, das wahrscheinlich das Winterdomizil der Anasazi war, die sonst auf dem Nordrand lebten.

Vom Lipan Point nimmt der Wanderpfad, der in den Grand Canyon hinabführt, seinen Ausgang. Es schneite ein wenig, als wir losmarschierten, aber es war eher das verharschte Eis auf mehreren Abschnitten des Pfades, das uns zur Vorsicht zwang. Robert (»Bob«) Euler, der Anthropologe vom Park Service des Grand Canyon, war als einziger von uns so umsichtig gewesen, Steigeisen mitzunehmen, die sich auf solchen vereisten Abschnitten sehr gut bewähren. Bob begleitete uns nur einen Teil des ersten Tages und kehrte dann wieder in sein Büro auf dem Südrand zurück, um in Funkkontakt mit uns zu bleiben; er gilt als der Fachmann für die Cardenas-Ruine und hat die Keramikfragmente, die man in der Nähe fand, auf um 1100 n. Chr. datiert. Meine Frau, Katherine Graubard, war ebenfalls oben auf dem Rand geblieben und bediente die fünf Tage lang, die die Expedition dauerte, die Funkgeräte und versorgte uns mit den Wettervorhersagen.

Während wir hinabwanderten, erklärte uns Bob, daß Paläo-Indianer schon viele Jahrtausende vor den Anasazi im Canyon gelebt hatten, daß sie in einigen Höhlen kleine, aus gespaltenen Zweigen angefertigte Figürchen hinterlassen hatten, die vermutlich Opfergaben darstellten. Dafür wurde ein Weidenzweig fast auf seiner ganzen Länge gespalten, dann in die Form eines Tieres gebogen und die Enden so hindurchgesteckt, daß sie das Bild eines Speeres ergaben, der sich in das Tier gebohrt hatte. Einige von ihnen werden auf ein Alter von 4000 Jahren datiert.

Auf halbem Weg kampierten wir, weit genug unten, um nicht mehr vom Eis belästigt zu werden, aber immer noch würde es während der Nacht dort schneien. Unser Camp war nicht weit von einem alten Anasazi-Lagerplatz entfernt, wie all die Keramikfragmente von dieser Stelle schließen lassen, die Bob Euler analysiert hat. Wir genossen einen herrlichen Sonnenuntergang – nicht nur mit dem Anblick des Grand Canyon selbst, sondern auch mit dem seines Ostrands, der als »Palisaden der Wüste« bekannt ist, einer Reihe vertikaler Ausbuchtungen in den Klippen über uns, die vom Sonnenuntergang in rotes Licht getaucht wurden.

Während des Abendessens diskutierten wir ein weiteres Verfahren für die Eklipsen-Vorwarnung, welches sich jener Ausbuchtungen in den Klippen bedient haben könnte. Ich hatte es zu Hause im verregneten Seattle ausgearbeitet, während ich die Expedition plante. Während der Lektüre von Pueblo-Überlieferungen hatte mich deren Vorstellung von einer Unterwelt wie der Blitz getroffen – und ich kam zu dem Schluß, daß diese Vorstellung gut als Ersatz für das gelten könnte, was wir Stereometrie nennen. Für ihre Unterwelt fand ich sogar einen praktischen Verwendungszweck.

> [Eines der grundlegenden Elemente der Hopi-Weltsicht ist] die Vorstellung einer Zweiteilung von Zeit und Raum zwischen der Oberwelt der Lebenden und der Unterwelt der Toten. Dies kommt in der Beschreibung des Laufs der Sonne auf ihren täglichen Runden zum Ausdruck. Die Hopi glauben, daß die Sonne zwei Zugangswege habe, die verschiedentlich als Häuser, Heime oder Kivas bezeichnet werden und jeweils am äußersten Punkt ihrer Laufbahn liegen. Am Morgen, so sagen sie, tritt die Sonne aus ihrem östlichen Haus hervor, und am Abend geht sie in ihr westliches Heim hinab, sagen sie. Während der Nacht muß die Sonne unten herum von Westen nach Osten reisen, um in der Lage zu sein, am nächsten Tag an gewohnter Stelle wieder aufzugehen. Tag und Nacht sind folglich in der Ober- und der Unterwelt spiegelbildlich ...
>
> Der Anthropologe Mischa Titiev, 1944

Zusätzlich zu dieser Tag-Nacht-Dualität weist auch das Jahr bei den Pueblo-Stämmen einen Dualismus auf: Die reale Welt ist, so glauben sie, in einer Unterwelt verdoppelt, diese aber geht der realen ein halbes Jahr voraus. Folglich: »Wenn der Winter Powa-Mond im Oben scheint (also in der Welt, wo wir leben), scheint sein Gegenstück, der Sommer Powa-Mond im Unten.«

Der Hopi-Kalender, der im 19. Jahrhundert im Gebrauch war, wies eine Besonderheit auf, die gut zu einem weiteren Verfahren der Mondfinsternis-Vorwarnung paßt. In dem alten Hopi-Kalender werden die Wintermonate mit denselben Namen bezeichnet wie die Sommermonate. Man erinnere sich, daß in der Pekwin-Geschichte der Sonnengott der Zuni sagte: »Wenn ich am Ende jeden Jahres nach Süden komme, beobachte mich genau; und in der Mitte des Jahres im *selben* Monat ... beobachte mich genau [Hervorhebung von mir]. Um es zu verdeutlichen, der erste Monat nach jeder Sonnenwende wurde auf Hopi Pamuya genannt; ganz als würden wir sowohl Januar wie Juli mit derselben Bezeichnung benennen (etwa »Januli«) und sowohl Februar wie August mit einer anderen Bezeichnung (»Febgust«) und so weiter.

Das war keine sehr praktische Ubereinkunft, denn die Hopi-Zeremonien während des Jahres werden danach festgelegt, wo die Sonne über einem bestimmten Horizont-Merkmal auf- oder untergeht (wobei es noch ein paar Modifikationen gibt, je nach dem was der Mond im betreffenden Jahr tut). Doch jene Monatsnamen korrespondieren nicht direkt mit den Horizontpositionen – Pamuya ist, wenn der Sonnenaufgang sowohl im extremsten Südosten wie im extremsten Nordosten des Hin und Her des Sonnenaufgangs zwischen *120°* und *60°* stattfindet, aber nur im Monat nach der Sonnenwende, nicht in dem davor (wenn der Sonnenaufgang ebenfalls im selben Sektor stattfindet). Solche eigenartigen Monatsnamen lassen den Schluß zu, daß ein zweites Kalendersystem dem vernünftigen Horizont-Kalender übergestülpt wurde. Warum?

Horizontkalender funktionieren etwa so, als würde man den östlichen Horizont mit einem Lineal vermessen, dessen Markierungen auf die Tage seit der letzten Sonnenwende verweisen. Wenn die Sonne über diesem Lineal aufgeht, liest man das Datum ab. Die Skala ist nicht linear (die 31 Tage des März zum Beispiel nehmen wesentlich mehr Platz ein als die 31 Tage des Januar), aber Linearität ist nur dann wichtig, wenn man addieren oder subtrahieren muß. Wenn man bloß zwei Kreisbögen vergleichen will, die jeweils an einem Sonnenwendpunkt beginnen und als gleich oder verschieden groß bezeichnet werden sollen, dann muß man sich um Nichtlinearität keine Sorgen machen.

Nun nehmen wir einmal an, daß man den Vollmond behandelt, als wäre er die aufgehende Sonne, und sein »Datum« von der Horizontskala abliest: also einfach *den Vollmond mit den Sonnenlineal messen.* »Der Mond ist in der Mitte des März«, könnten wir zum Beispiel sagen, wenn der Mond fast genau im Osten dort aufgeht, wo die Sonne Mitte März erscheint. Bedenkt

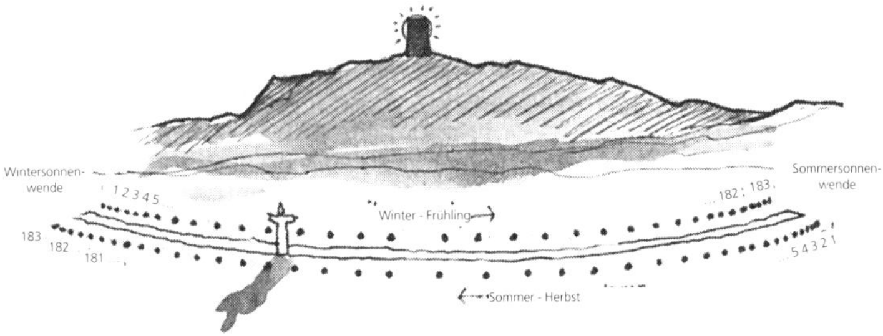

man, wie ähnlich sich Sonne und Vollmond hinsichtlich Größe und Form sind, kann man sehen, wie diese Praktik vielleicht ganz ohne die Absicht, Eklipsen vorherzusagen, ihren Anfang genommen hat – besonders angesichts jener Vorstellung von einer Unterwelt. Wenn das Datum des Mondes (die Anzahl von »Tagen« vom anderen Sonnenwend-Extrem) dasselbe ist wie das gegenwärtige Sonnendatum, tendiert der Mond zu einer Verfinsterung: Das »Datum« des Mondes ist nichts anderes als der Winkelabstand vom anderen Sonnenwendpunkt, genauso wie das Sonnendatum den Winkelabstand vom zuletzt gehabten Sonnenwendpunkt markiert.

Nehmen wir an, es wäre einen Monat nach der Wintersonnenwende, und der Mond würde dort aufgehen, wo es die Sonne einen Monat nach der Sommersonnenwende tut: Das »Datum« beider ist der »letzte Tag des Januli«. Da der Monat »Januli« bloß ein Double für einen Winkelabstand ist, sind die Voraussetzungen für eine Eklipse gegeben.

Also besteht ein einfaches Verfahren der Eklipsen-Vorwarnung, das keinerlei Verständnis von Hoyles Prinzip der gleichen Winkel voraussetzt, darin, *den Vollmond mit dem Sonnenlineal zu messen und auf »identische« Daten zu achten*. Das ist nichts anderes als die Methode Nr. 7 (»Die Halskette auf Armeslänge«), nur daß hier die zuletzt stattgefundene Sonnenwende benutzt wird und nicht der nächstgelegene Sonnenwendpunkt und daß Horizontmerkmale statt einer Halskette verwendet werden. Zweideutigkeit ist manchmal nützlich, so bei Methode Nr. 12: »Den Mond mit dem Sonnen-Horizont-Kalender messen.«

In dieser Weise die Daten zu vergleichen, umschifft das übliche Problem, den Sonnenaufgangs-Winkel entsprechend der lokalen Horizonthöhe korrigieren zu müssen – oder den Horizont einebnen zu müssen, was die Benennung jener Kerben zunichte machen würde, die sich so gut für einen Horizont-Kalender eignen. Man mißt dann nicht wortwörtlich den Winkel zwischen Sonnenaufgang und Sonnenwend-Peillinie, etwa in der Weise, daß man eine Halskette hochhält, sondern benutzt das Datum als ein Double für den eigentlichen Winkel. Je höckriger der Horizont ist, desto besser funktioniert er sogar, da man an seinem Lineal dann weniger zwischen den benannten Merkmalen interpolieren muß.

Wenn man keine Palisaden der Wüste oder eine ähnlich höckrige Horizontlinie hat, kann man auch das Verfahren von Perfect Kiva anwenden, das noch einmal bei Tsin Kletzin diskutiert wurde: Der Beobachter geht auf einem Kreisbogen um einen Turm herum, hinter dem er die Sonne fast ganz verborgen hält. Je breiter der Turm, um so größer wird der Kreis des Beobachters sein müssen (man muß so weit zurücktreten, daß der Turm nur noch ein halbes Grad breit zu sein scheint, genau wie die Sonne). Und solch ein langer »Hebelarm« läßt die täglichen Seitwärtsschritte besonders deutlich werden. Jeder Tag des Halbjahres hätte dann seine bestimmte, eigene Beobachtungsposition.

Man könnte, vermute ich, eine Reihe von 183 Markierungen anlegen, für jeden Tag eine, und sie dann irgendwie abzählen, indem man am Wintersonnenwend-Punkt (»Nummer 1«) beginnt, so daß »Winter-Frühling Nummer 183« genau die richtige Position für den Sommersonnenwend-Aufgang wäre. Der guten Ordnung halber legt man sie alle auf dieselbe Seite des wohlausgetretenen Pfades, sagen wir auf die Turmseite. Dann legt man eine weitere Reihe von 183 Steinen für Sommer-Herbst auf der anderen Seite des Pfades an und numeriert sie nach den Tagen nach der Sommersonnenwende, bis man den Stein der Wintersonnenwende erreicht (»Sommer-Herbst Nummer 183«). Der

Beobachtungspfad ist jetzt von numerierten Steinen gesäumt. *Wenn der Priester bei Sonnenaufgang am Winter-Frühling-Stein Nummer 67 steht, dann ist die Mondaufgangs-Position, zu der Eklipsen drohen, am Sommer-Herbst-Stein Nummer 67.* Nun, wegen der elliptischen Urnlaufbahn der Erde könnte man sich um einen Tag vertun, aber ich denke, dies kann als Methode Nr. 13 gelten, »Monddatum gleich Sonnendatum« (obwohl ich wette, daß ein Name, der irgendeine Koinzidenz mit einem Unterwelt-Ereignis anspricht, wahrscheinlicher gewesen wäre, wenn die Anasazi diese Methode anwendeten).

Des weiteren muß man die 183 Tage des Halbjahrs nicht in ununterbrochener Folge abzählen. Irgendein Schema, das die Halbjahre in Unterabschnitte teilt, wird es auch tun (etwa wie die Namen nach Art des »Januli«), solange es mit einer Sonnenwende beginnt und endet. Es muß nicht genau auf eine Sonnenwende abgestimmt sein. Ein festgelegter Zeitpunkt nach einer Sonnenwende genügt auch, so wie in unserem gegenwärtigen Kalendersystem der Monat zehn Tage nach einer Sonnenwende endet (man beachte, daß unser moderner Januar wie unser moderner Juli beide annähernd dann beginnen, wenn der Stillstand der Sonne vorüber ist). Die Bezeichnungen des alten Hopi-Kalender kommen solchen Erfordernissen sicherlich näher, obwohl die Überlagerung mit Neumond-Erwägungen die Angelegenheit kompliziert (wie die Römer haben die Hopi versucht, einem mit der Sonne synchronisierten Kalender irgendwie die Neumonde einzuverleiben).

Dieser potentielle Nutzen des alten Monatsnamen-Schemas läßt mich überlegen, ob die Hopi oder ihre Vorfahren es geschafft haben, eine Methode zu finden, die die Eklipsen-Vorwarnung mittels des östlichen Horizonts allein (die gewöhnlich einen flachen Horizont erfordert) mit dem anderweitig wünschenswerten Verfahren verschmolz, für die Landwirtschaft einen Jahreszeitenkalender an einem höckrigen Horizont zu führen. Die europäischen Kulturen haben viele Generationen lang gebraucht, um für die Kalenderreform Kompromisse herauszuarbeiten, die die Eigenschaften zweier Kalendersysteme irgendwie miteinander verbanden. Niemand weiß, wie lange die Maya versucht haben, ihren Zeremonialkalender von 260 Tagen (der sich angeblich auf ein Schema magischer Zahlen bezog) mit demJahreszeitenkalender von 365,24 Tagen zu verzahnen – es wird aber spekuliert, daß dies sie nach immer mehr und immer besseren mathematischen Methoden suchen ließ. Wenn die Anasazi tatsächlich einen Höckerhorizont-Jahreszeitenkalender mit einem Flachhorizont-System der Eklipsen-Vorhersage vernetzten, nimmt ihre Leistung unter den prähistorischen intellektuellen Errungenschaften sicherlich einen hohen Rang ein.

Falls die Pueblo-Stämme tatsächlich mittels eines solchen Horizontkalender-Verfahrens (oder eines anderen) vor Eklipsen warnen, dann haben sie es vor den Anthropologen mit Erfolg geheimgehalten. Wann irnrner ich an die Verschwiegenheit der Pueblo in rituellen Dingen denke, erinnert mich das an die Pythagoreer, die schwere Strafen für das Vergehen vorsahen, auch nur die Existenz des Dodekaeders zu enthüllen. Es besteht natürlich die Möglichkeit, daß die Indianer den Anthropologen doch etwas erzählt haben – daß aber die Anthropologen sich weniger in Astronomie auskannten als sie und deswegen niemals in der Lage waren, sich auf die dargebotenen Erklärungen einen Reim zu machen (so wie es in biologischer Hinsicht vorgekommen ist, daß Indianer akkurat zwischen eng verwandten Arten von Pflanzen unterschieden, die selbst hochgebildete Beobachter in einen Topf warfen) . Selbst wenn ein hochgebildeter Pueblo-Schamane wirklich versucht hätte, das alles einem Astronomen zu erklären, wären seine Darlegungen vielleicht nicht gewürdigt worden, weil Näherungsverfahren den meisten Astronomen unbekannt sind.

> Der Hopi orientiert sich in keiner Weise nach Norden und Süden, sondern nach den Punkten am Horizont, die die Stellen des Sonnenauf- und -untergangs zur Sommer- und Wintersonnenwende markieren. Unveränderlich beginnt er seinen zeremoniellen Kreislauf, in dem er 1. auf die Stelle des Sonnenuntergangs zur Sommersonnenwende, als nächstes auf 2. die Stelle des Sonnenuntergangs zur Wintersonnenwende, sodann auf 3. die Stelle des Sonnenaufgangs zur Wintersonnenwende und 4. die Stelle des Sonnenaufgangs zur

> Sommersonnenwende weist etc. ... Kommt da nicht Freude auf? ... Sobald mich dieser Geistesblitz getroffen hatte, eilte ich hinein, um mir mit diesem Schlüssel weiteres Wissen der alten Kameraden zu erschließen. Und dann erklärten sie mir alle, einer wie der andere, wie froh sie wären, daß ich es jetzt begriffen hätte, wie leid es ihnen getan hätte, *daß ich diese simple Tatsache vorher nicht hatte verstehen können.*
>
> Der Ethnograph Alexander M. Stephen, 1893

Wenn im Grand Canyon der Morgen dämmert, senkt sich ein Vorhang aus Licht allmählich in das zerklüftete Tal hinab. Von unserem Lagerplatz auf halber Höhe des Südrands aus gesehen, scheint das warme Morgenlicht zunächst auf die allerhöchsten Klippen des Nordrands – in der Tat genau dorthin, wo ich gestanden hatte, als ich am Cape Royal beim Sonnenuntergang meinen Schatten zu verfolgen versucht hatte.

Mit einem Anflug von Erhabenheit schwebt der Lichtvorhang herab und enthüllt immer mehr vom nächtlichen, noch im Schatten liegenden Canyon. Morgendämmerung im Grand Canyon – das ist eine Welt aus roten Klippen, weißlichen Spitzen und schokoladenfarbenen Kuppen, die wie Tempel oder Burgen geformt sind. Der Sonnenaufgang kann mehr als eine Stunde brauchen, um den ganzen Weg von den Felsklippen zum Fluß hinunterzustreichen. Etwas Besonderes ist an dieser Stunde, zu der die Luft ruhig und klar ist, satte Farben mit langen Schatten kontrastieren und die Tiefe ebenso wie die tausenderlei Details des Canyon hervortreten lassen.

Von seinem Anfang unterhalb des Cape Royal folgt der Sonnenaufgang dem Unkar Creck; dort bringt er langsam einer ehemaligen Wohnstätte der Anasazi nach der anderen den neuen Tag; wo immer auch genügend Wasser hervorsickerte, lagen ihre Maisfelder verstreut entlang des ganzen Bachlaufs. Schließlich erreicht die Morgensonne die sandigen Hänge nahe des Flusses am Unkar-Delta.

Sodann läßt die Sonne die Spitze des Cardenas Hill jenseits des Flusses im Licht erstrahlen. Innerhalb des 1500 Meter tiefen Canyons stellt der Hügel nur eine kleinere Erhebung dar, die einzig durch ihre geheimnisvolle Ruine zu etwas Besonderem wird. Von der Spitze des Hügels bietet sich ein weites und spektakuläres Bild, ein Panorama des Canyon und der ihn säumenden Klippen. Doch die ungeschützte Lage der Ruine auf einen windumtosten Grat, weit entfernt von einer Wasserquelle, ist kaum die Art von Bauplatz, wie ihn die Anasazi vernünftigerweise sonst wählten. Die Ruine ist viel zu groß, um bloß der Ausguck eines Wachtpostens gewesen zu sein, und obwohl die Pueblo-Stämme Gebetsschreine weit entfernt von ihren Behausungen an entlegenen Orten errichten, habe ich niemals von einem gehört, der so groß gewesen wäre. Ein Kiva für die Menschen vom Unkar-Delta?

> Am Rand der Mesas gut zehn Kilometer jenseits des Tales stand südöstlich eines jeden Hopi-Dorfes ... ein kleiner Schrein, *Tawati* oder Sonnenhaus genannt ... [Die] Schreine sind klein, nicht sonderlich massiv und genügen nur wenigen der Kriterien, die sie als entfernte Anpeilpunkte glaubhaft werden ließen, mit Ausnahme der Tatsache, daß uns das gesagt wird und die Richtung, in der sie liegen, dies bestätigt. Das eine Element, das wirklich auffällt, ist die Heiligkeit solcher Stätten ... Jedes Jahr, wenn die Sonne in ihrem [Winterhaus] ankommt, werden mit Federn geschmückte Gebetsstöcke [*Pahos*] und andere rituelle Symbole angefertigt, um sie der Sonne zu opfern ... Während der Dauer von vier Tagen, die die Sonne in diesem Haus verbringen soll, werden diese Opfer von einem jüngeren Mitglied der Gemeinschaft, das für die Sonnenwend-Zeremonien verantwortlich ist, am Schrein deponiert.
>
> Der Historiker Stephen C. McCluskey, 1982

Auch ohne bei Sonnenaufgang auf dem Cardenas Hill gewesen zu sein, kann ich verraten (dank topographischer Karten und Computer), daß nahe jener Stelle etwas ganz Besonderes passiert. Um die Mitte des Winters fällt jeden Tag, etwa zu der Zeit, da der herabsteigende Vorhang aus Sonnenlicht den Rand des Flusses erreicht, ein schmaler Lichtstrahl auf die Spitze des Hügels. Wie ein gedämpftes und diffuses Spotlight, das auf eine Bühne leuchtet, erhellt ein Kreis aus Sonnenlicht nahe der

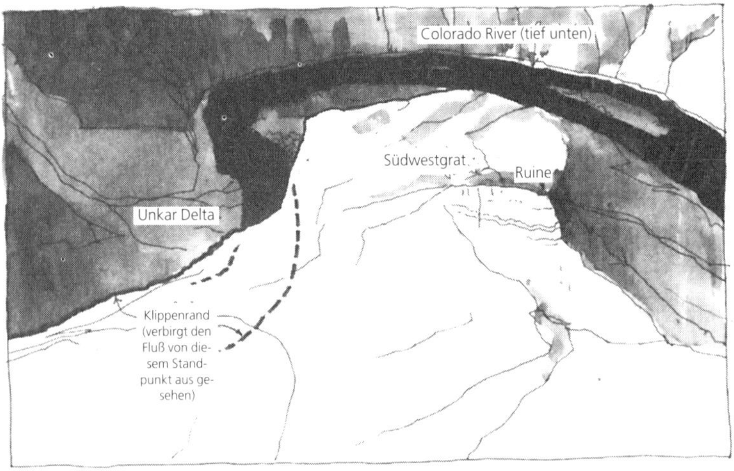

Ruine die Hügelspitze. Während die Wintersonnenwende täglich näherrückt, bringt dieser Lichtfleck für ein paar außergewöhnliche Minuten den neuen Tag hier oben hin, bevor die breite Front des Sonnenscheins, die über den Canyon vorrückt, die Hügelspitze erreicht. Am folgenden Tag erscheint der Lichtfleck ein oder zwei Schritte näher an der Ruine.

Bei einem Blick hoch zu den Felsen, die die im Aufgehen begriffene Sonne verbergen, würden Beobachter ein einem Menschenantlitz ähnelndes Profil an der Horizontlinie erkennen, das ziemlich wie ein Indianerhäuptling aussieht, der hinauf in den Himmel starrt. Sein »Auge« erscheint hell erleuchtet (das ist es, was das Spotlight verursacht), und eine Gloriole leuchtet rund um seinen »Kopf«. Dies entging vermutlich nicht der Aufmerksamkeit der Anasazi, wie aus der Faszination zu folgern ist, die die Wintersonnenwende immer noch auf ihre Nachkommen in den Pueblos, 40 Generationen später, ausübt. Traf einst der Sonnenstrahl eine wartende Gruppe von Anasazi, gab er das Signal, eine Sonnenwendfeier zu beginnen?

Die Pueblo-Stämme nennen es natürlich nicht »Wintersonnenwende«. Ihr Ausdruck dafür bedeutet übersetzt »das Winterhaus der Sonne« – obwohl manchmal das Wort »Kiva« anstelle von

»Haus« benutzt wird. Das ist eine ungewöhnliche, räumliche Metapher für etwas, das die meisten von uns als ein Ereignis in der Zeit betrachten. Mich erinnert er an eine Art Gehäuse, fast so etwas wie eine Schwarzwälder Kuckucksuhr, die die Sonne während ihres Stillstands beherbergt. Ein Sonnenpriester, der einen Horizontkalender führt, würde sich auf irgendeine Spitze oder Kerbe in einer Horizontlinie beziehen, und ein Hopi würde noch nicht einmal das tun. Eine Schutzhütte auf einem Bergpaß scheint nicht gerade etwas zu sein, was man mit einer Sonnenwende assoziiert. Selbst wenn der Ausdruck »Haus« größtenteils metaphorisch gemeint ist, gibt es mit Sicherheit Vorläufer, die in anderen Praktiken zu suchen sind. Und ich denke, ich habe einen geeigneten Kandidaten gefunden.

Wenn bei dem Verfahren mit den nivellierten Peillinien um einen Drehpunkt der Beobachter sich jeden Tag ein Stück weiterbewegt, um einen standardisierten Anblick der aufgehenden Sonne zu erhalten, kann man sich am Ende der Linie einen Pferch vorstellen, die Stelle, an der der Sonnenpriester tagelang stillesteht. Die Wendeplatte am Ende der Linie, wo der Straßenbahnwagen in die Gegenrichtung gedreht wird, wäre eine moderne Analogie – ein Kiva als Straßenbahndepot? Könnte es sich bei der Ruine auf dem Cardenas Hill um solch einen Wendeplatz handeln? Alles hängt davon ab, ob das »Auge« wirklich den Drehpunkt darstellt und Teil eines die Sonne verdeckenden Rahmens ist, der sie in eine wohldefinierte Ecke zwängt.

Könnte diese Ruine ein spezielles Kiva für die Wintersonnenwende gewesen sein, das Winterhaus der Sonne? War es überhaupt ein wirkliches Bauwerk?

Mit solchen Vorüberlegungen hatte ich also sechs Freunde dazu gebracht, schweres Gepäck über vereiste Hänge hinunterzuschleppen und eine Woche dafür zu opfern, meine Neugier bezüglich dieser Stätte am Grund des Grand Canyon befriedigen zu helfen.

Alan Fisk-Williams ist von Beruf Bootsführer (und seit kurzem Lehrer für Naturwissenschaften); er hat mich mit diesem

Platz bekannt gemacht – und auch mit Bob Euler, der sich mit seinem anthropologischen Hintergrundwissen über die Anasazi im Grand Canyon als so große Hilfe erwies.

John DuBois ist mein ältester Freund; unsere Dauerfreundschaft reicht zurück in die Grundschulzeit, die wir nahe Kansas City verbrachten, und setzte sich während der Highschool und während des Studiums an der North Western University fort; wir promovierten sogar beide in einigermaßen verwandten Fächern, John in Biotechnik und ich in Neurophysiologie. John (der in jüngerer Zeit Instrumente für Satelliten entwickelt hat) war meine Quelle für all die Computerprogramme, die die Himmelsmechanik zurückdrehten und mir verrieten, wie die Dinge in der Vergangenheit lagen, und sie dann wieder vorwärtslaufen ließen und mir anzeigten, wann ich wo zu sein hätte, wenn ich ein Ereignis beobachten wollte. Johns Sohn Jim, im Teenageralter, war ebenfalls aus Boston herübergekommen; ich bin nicht sicher, ob man auf diesem Weg seine erste größere Wanderung machen sollte, denn spätere Ausflüge werden vergleichsweise blaß dagegen erscheinen.

Jack Bunn ist ein weiterer alter Freund aus Schultagen; wir haben gemeinsam im Abschlußexamen geschwitzt. Er lebt in Seattle und hat als Augenchirurg den entsprechend geschulten Blick für visuelle Sensationen (wie noch deutlich werden wird). Zwei Freundinnen von ihm, Lynn Langley und Karen Kepler, ließen sich nicht lange überreden, als zusätzliche Beobachter mitzukommen.

Während wir hinabwanderten, hielten wir alle nach jenem Loch in der Wand des Cardenas Butte Ausschau. Auf der topographischen Karte war es nicht auszumachen, und die Luftaufnahmen waren auch keine große Hilfe. Wir erblickten nur ein paar klobige Brocken einer Supai-Formation in Gestalt eines großen »G«; wie sehr wir uns auch anstrengten, nirgendwo konnten wir ein geschlossenes »O« in jener Felsformation finden.

Das Mittagessen nahmen wir inmitten präkambrischer Schichten ein; wir saßen auf Felsen, die 800 Millionen Jahre alt waren. Dann ging es mit einem kurzen Aufenthalt, bei dem die

Feldflaschen wieder gefüllt wurden, weiter zum Colorado River. Ein paar Kilometer flußabwärts war der Lagerplatz, den wir uns ausgesucht hatten – dieselbe Stelle, an der Alan und ich damals kampiert hatten, als wir in jener Nacht die lange Mondfinsternis sahen.

Das Cardenas-Lager liegt am Colorado bei Meile 71, und hier schlugen wir am zweiten Nachmittag unsere Zelte auf; Jim und ich waren den anderen weit voraus.

Ich war gespannt, ob es eine Sonnenuntergangs-Peillinie für die Wintersonnenwende geben würde; also beeilten Jim und ich uns, um vor Sonnenuntergang hinauf zur Ruine zu kommen – Mitte des Winters geht die Sonne in den Tiefen des Grand Canyon ziemlich früh unter. Alan hatte mir von einer Abkürzung erzählt, die hinter dem Lager über einen Grat direkt hinaufführte; schnell fand ich sie und keuchte meinen Weg hinauf. Als ich den Gipfel erklomm, sah ich die Cardenas Ruine in der späten Nachmittagssonne liegen; sie sah sogar noch größer aus als auf den Fotos und mit Sicherheit ansehnlicher, als ich sie von damals in Erinnerung hatte – im schwindenden Mondlicht vor jener überlangen Mondfinsternis.

Die Cardenas Butte, wie man sie von der Hügelspitze nahe der Cardenas-Ruine sieht. Das Fenster liegt gerade rechts der V-förmigen Einkerbung in der Mitte des Fotos.

Und da, hoch über der Ruine im Südosten, war auch das Loch in der Wand der Cardenas Butte; sogar ohne Fernglas war deutlich blauer Himmel hindurch zu sehen. Die Felsen ringsherum waren von der untergehenden Sonne perfekt ausgeleuchtet, eine klare Sicht, wie man sie nur selten findet. Das Loch in der Wand, so bemerkte ich, war in der Tat das »G«, das wir auf unserm Weg hinab gesehen hatten. Von hier unten war der Anblick so verschoben, daß das »G« geschlossen wie ein »O« erschien. Das Loch in der Wand, das keines ist. In diesem Fall zählt aber der Schein mehr als das Sein – ein virtuelles Loch möglicherweise? Vielleicht lassen wir es einfach mit »Fenster« bewenden.

Der Sonnenuntergang selbst war bei weitem nicht so interessant. Die Sonne ging einfach an der Seite einer Spitzkuppe unter, an keiner herausragenden Stelle. Über Funk fragten wir auch bei den anderen nach; sie waren zu spät im Lager angekommen, um noch hinaufzukommen. Und ich sprach mit Katherine oben auf dem Canyonrand, die berichtete, daß das Wetter am nächsten Morgen gut werden würde – vielleicht aber nicht übermorgen, dem genauen Tag der Wintersonnenwende. Ein weiteres Sturmtief war im Anzug.

Wir beeilten uns mit dem Abendessen. Was wir am nächsten Morgen vorhatten, besprachen wir beim Schein der Taschenlampen vor dem Hintergrund des rauschenden Flusses.

Mitten in der Nacht wurden Alan und ich von einem Tier geweckt, das immer wieder an der Seite des Zelts emporsprang und dann wieder hinunterrutschte. Alan spähte durch die kleine, sichelförmige Zeltbahnlasche, die wir oben nahe der Spitze des Kuppelzelts zur Belüftung offengelassen hatten. Von draußen starrte eine ziemlich große Ratte in das Licht der Taschenlampe und schien entschlossen, geradewegs durch die Öffnung hineinzuspringen. Alan sprach ein ernstes Wort mit der Ratte.

Am nächsten Tag entdeckte ich, daß mein blankgeputzter Blechlöffel fehlte. Diese Packratte war wohl zu allem entschlossen; ich wunderte mich, daß sie nicht auch noch versuchte, Alans Taschenlampe ihrer Sammlung einzuverleiben. Die Archäologen mögen Packratten ziemlich gern, wenigstens theoretisch: Die Tiere horten Samen und Nüsse (und aus Gründen, die niemand kennt, alles was glänzt), aber fressen nicht immer alles auf. So können die Archäologen ihre Schätze wieder heben, sie mit der Radiokarbon-Technik datieren und die Pflanzen, die in den verschiedenen Jahrtausenden wuchsen, als Indikatoren für Klimawechsel der Vergangenheit benutzen.

Vielleicht wird irgendein Archäologe der Zukunft meinen Löffel finden, gut versteckt in einem verborgenen Winkel der Felsen. Wir hatten jede Menge Ersatzbatterien dabei – für die Kameras, für Johns kleinen Computer, für die Taschenlampen, für die zwei Handfunksprechgeräte, für die kleinen Kassettenrecorder – aber keinen Ersatzlöffel. Das Frühstücksmüsli mit der Gabel zu essen, ist nicht das, was ich mir unter spaßig vorstelle.

Alle Holzratten sind gute Hausbauer, aber die weißhalsigen Holzratten zählen zu den besten. Sie nagen Zweige, Kakteenglieder und Blätter ab, um sie in ihre Behausungen einzubauen. Dann nehmen sie alles, was irgendwie lose ist, und fügen es der Konstruktion hinzu – Flaschen, Dosen, Maultierextremente, Knochen, Papier oder sogar Mausefallen. Die Baue werden bis über einen Meter hoch und haben zahlreiche Eingänge, die in ein Netz von Tunneln führen, welche im inneren Nest enden … Alle Holzratten sind hervorragende Kletterer und entrinden die Aste von Strauchwerk aller Großen.

Aus: Donald F. Hoffmeister,
Mammals oft the Grand Canyon, 1971

Wir hatten nur zweimal einen Morgen, um eine ganze Menge Fragen zu beantworten – und der zweite könnte zu bewölkt werden, um ihn nutzen zu können. Also haben wir an jenem ersten Morgen, am Tag vor der Sonnenwende, in gewissem Umfang die »Risiken verteilt«. Das bedeutet, wir verteilten unsere sieben Beobachter entlang des ganzen Grats, der auf der Hügelspitze von der Ruine in südwestlicher Richtung verläuft.

So gut ich es anhand der Berechnungen feststellen konnte, war die Ruine nicht länger der beste Platz, um das Sonnenaufgangs-Schauspiel zu sehen: Der lag sicherlich irgendwo südwestlich davon. Selbst wenn die Ruine vor 1000 Jahren der beste Platz gewesen sein mag, seit damals hat sich die Neigung der Erdachse um 0,1° verringert, und schon deswegen hätte sich der Endbeobachtungspunkt um zehn Meter nach Südwesten verschoben.

Was wir sehen würden, konnte in gewissem Maß vorhergesagt werden: Die Silhouette des Cardenas Butte, um 15° gegen die Kammlinie erhöht, weist nördlich des Loches in der Wand (des »Fensters«) eine U-förmige »Kerbe« auf. Während sie sonst hinter dem Felsen verborgen bliebe, würde die Sonne durch diese Kerbe blinzeln, und das würde etwa eine halbe Minute lang währen, wenn der Beobachter sich nicht bewegte. Dann würde das Fenster erstrahlen. Ein paar Sekunden sähe man die leuchtende Silhouette des Gesichtsprofils mit dem strahlemden Auge, dann würde die Sonne als Sichel über der Spitzkuppe rechts vom Fenster auftauchen (»Sichel«), und die Szenerie würde zu grell, um noch hinzuschauen. Wenn man zu dicht an der Ruine stünde, würde die Sonne bloß über der Kerbe aufgehen und rasch zu hell für die weitere Beobachtung; man müßte nach rechts treten, um nicht geblendet zu werden. Wenn man sich aber zu weit nach rechts bewegte, würde man niemals das erleuchtete Fenster sehen, ehe die Sonne über der Kuppe auftauchte. Dazwischen müßte man folglich in der Lage sein, die Sonne mit Ausnahme des Fensters hinter den Felsen verborgen zu halten.

John und ich trugen kleine Kassettenrecorder an Handschlaufen und hatten gute Teleobjektive; wir planten, hin und her zu laufen, um den besten Anblick zu erwischen. Statt mit Karten oder Luftbildern herumzufummeln, hatten wir beschlossen, die Stellen, an denen wir fotografierten oder Beobachtungen diktierten, dadurch zu markieren, daß wir numerierte Münzen auf den Boden fallen ließen; das würde es uns ermöglichen, hinterher die Sonnenaufgangsszene zu rekonstruieren. Die anderen fünf stationären Beobachter standen über 140 Meter des Grats verteilt.

Ich selbst blieb nahe der Ruine und schaute durch das große Teleobjektiv meiner Kamera auf die heller werdende Kammlinie. Aber ich hatte daneben getippt. Jack Bunn rief »In der Kerbe!«, und ging ein paar Schritte zur Seite nach Südwesten, um einen besseren Blick zu haben, während John und ich zu ihm hinrannten. Bald darauf tauchte die Sonne über der Kuppe auf, und alles war vorbei. Die meisten von uns hatten den Anblick verpaßt. Alle sprachen von der strahlenden »Gloriole« rings um alle Horizont-Merkmale nahe der Sonne – und vielleicht noch irgend etwas Spitziges dazu.

Jack hatte eine kanadische Fünf-Cent-Münze zu Boden fallen lassen, bevor er sich weiterbewegt hatte; die Stelle erwies sich als 79 Meter von der Ruine entfernt gelegen. Er glaubte, der beste Platz, um das erleuchtete Fenster zu erblicken, läge noch einige Meter weiter südwestlich auf dem Grat. Und Jack hatte die 79 Meter von der Ruine entfernte Stelle nach einem anderen Kriterium ausgewählt als ich die meine. Ich war damit beschäftigt gewesen, die heller werdende Horizontlinie zu beobachten. Er

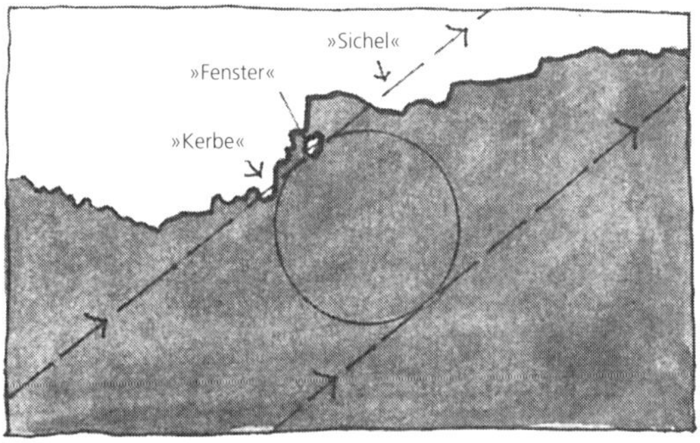
»Sichel«
»Fenster«
»Kerbe«

hatte sich herumgedreht und die Schattenlinie beobachtet, die auf unseren Grat zuwanderte, die verzerrten Merkmale des Horizonts, den wir beobachteten ausgemacht und sich selbst in etwa dorthin manövriert, wo seiner Schätzung nach das Fenster hinkommen würde. Ich hatte niemals daran gedacht, hinter mich zu blicken; Wissenschaftler sind of sehr auf einen Plan fixiert, zu vielen interessanten Entdeckungen kommt es aber einfach dadurch, daß man wach und agil bleibt und nach beiläufigen Ereignissen wie kriechenden Schatten Ausschau hält.

Jetzt wußten wir also, wo wir uns morgen aufstellen mußten, in eine dichte Reihe von Beobachtern weit von der Ruine entfernt. Nachdem wir alles noch einmal durchgesprochen hatten, gingen wir hinüber, um vom Klippenrand auf den Colorado hinunter zu schauen. Das Unkar-Delta jenseits des Flusses lag wie frischgebadet in der Morgensonne und Alan zeigte uns die Ruinen und die Stellen, wo die Anasazi ihre Mais- und Kürbisfelder bewässert hatten. Ich aber war ungeduldig und wollte zurück ins Lager, um mit Hilfe von Johns Computer herauszufinden, was jene 79-Meter-Distanz zu bedeuten hätte. Sie war viel größer, als ich vermutet hatte, und es war gut gewesen, daß ich die Beobachter über eine weite Strecke verteilt hatte, statt sie nahe meiner ursprünglich geschätzten Position etwa zehn Meter von der Ruine entfernt zu gruppieren.

Im Grunde lautete die Frage: Um wieviel müßte die Erdachse geneigt werden, um Jacks Beobachtungsposition ins Innere der Ruine zu verlegen? Wäre es zu viel, wäre es mehr als die bekannten Schätzungen des Bereichs, in dem die Erdachsneigung fluktuiert (24,6° Neigung ist ungefähr der größte Wert)? Das würde die Hypothese vom Winterhaus der Sonne in der Cardenas-Ruine mit Sicherheit in der Versenkung verschwinden lassen. John und ich setzen uns auf einen Baumstamm am Fluß und tippten die Zahlen in den kleinen Computer, um eine Überschlagsrechnung zu machen. Sie besagte, daß die Neigung um beinahe noch 1° größer als die gegenwärtige von 23,43° sein müßte. Also zwar ein unbehaglich großer Wert (das bedeutet, vor langer, langer Zeit), denmoch kein völlig unmöglicher.

Über Funk sprachen wir mit Bob Euler oben auf dem

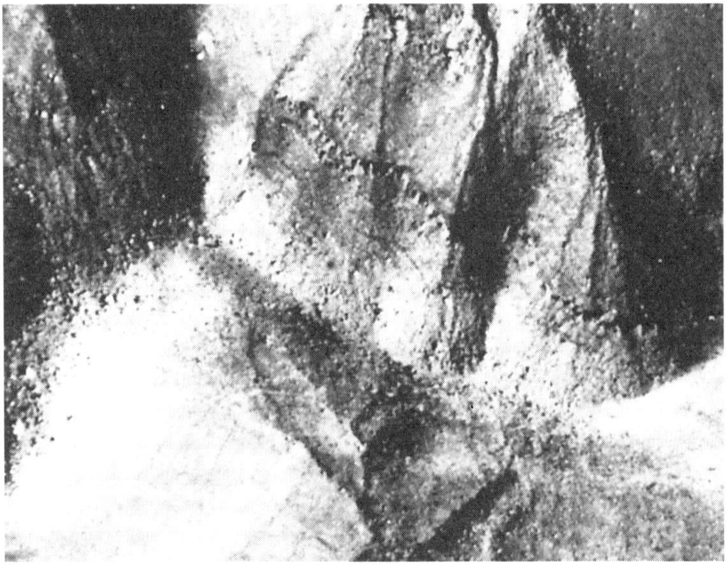

Die Spitze des Cardenas Hill in einer Luftaufnahme. Die rechteckige Ruine ist links von der Bildmitte am Schnittpunkt der drei aufeinander zulaufenden Grate zu erkennen. Die Kammlinie in Zehn-Uhr-Position verläuft von Nordost nach Südwest und stellt in den Monaten vor und nach der Wintersonnenwende den Beobachtungspfad dar.

Südrand, ich berichtete ihm von unseren vorläufigen Befunden. Und wir bekamen eine revidierte Wettervorhersage: zur Sonnenwende morgen wahrscheinlich klar, kurz darauf aber würde es zu schneien beginnen. Das bedeutete, daß wir keinen dritten Morgen bei der Ruine verbringen könnten, sondern uns gleich morgen nach dem Sonnenaufgang wieder an den Aufstieg machen müßten.

Der Ausdruck »Stillstand« legt den Gedanken nahe, daß die beste Beobachtungsposition sich vom Tag vor der Sonnenwende bis zum tatsächlichen Morgen der Sonnenwende nicht mehr verändern sollte, aber die 3100 Meter lange Peillinie von Cardenas bewirkt eine außergewöhnliche Verstärkung noch der kleinsten Veränderung in den Horizontpositionen der Sonne; aufgrund dessen verschiebt sich die Standard-Ansicht noch um einen halben Meter auf die Ruine zu, ein kleiner, aber wesentlicher Schritt für den Beobachter. Während der zwei Wochen vor der Sonnenwende verlagert sich die Beobachtungsposition um 67 Meter (in etwa ein halber Wohnblock). Ungefähr 17 Meter sind es noch während der letzten sieben Morgen; die täglichen Seitwärtsbewegungen müßten 4,4 – 3,8 – 3,1 – 2,3 – 1,6 – 0,9 und 0,5 Meter betragen. Dann dreht sich das Ganze um.

Wenn ein Beobachter eine Differenz von einem halben Meter feststellen kann, dann kann auch der exakte Tag der Wintersonnenwende bestimmt werden, sogar noch vor der Wende, einfach weil man die täglichen Markierungen erreicht, die von vorausgegangenen Sonnenwenden übriggeblieben sind. Wie empfindlich die Beobachtungsposition auf Veränderungen reagierte, war die andere wichtige Sache, die wir an diesem einen Morgen, der uns noch blieb, herausfinden mußten; man kann daraus schließen, wie groß der Kreis für einen Stelen-Kalender sein müßte (wie bei Methode Nr. 13), mit dem man jeden einzelnen Tag des Jahres mittels eines Steinkreises bestimmen könnte.

Einen Teil des Tages verbrachten wir damit, daß wir die Entfernungen von der Ruine zum Grat vermaßen und anhand dessen die Luftbilder kalibrierten, die Katherine und ich vor einigen Tagen aus einem kleinen Flugzeug aufgenommen hatten. Und wir suchten den Boden um die Ruine herum und entlang des Grats nach alten Markierungen irgendwelcher Art ab: Behauene Felsen wären prima gewesen, aber ich hätte mich auch mit ein paar Kerben zufrieden gegeben. Nichts. Natürlich hätten auch Steinhaufen es ein Jahrhundert lang getan, und da der Wendepunkt (wie alle anderen Tagesmarkierungen) sich um etwa einen Meter pro Jahrhundert von der Ruine wegverschob, wären Felsritzungen hier binnen weniger Generationen von Sonnenpriestern ungenau geworden. An Stätten wie Perfect Kiva, wo der Hebelarm neunzehnfach kürzer ist (und damit auch die täglichen Bewegungen, die Verschiebungen im Lauf der Jahrhunderte), erschienen Beobachtungspositionen wie für die Ewigkeit gemacht.

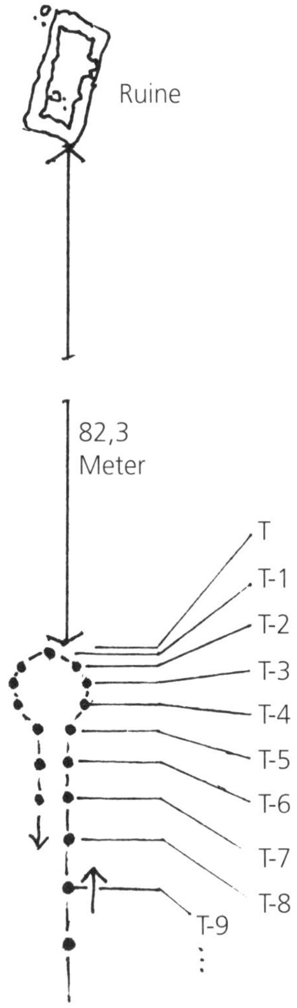

Archäologen haben auf dem Cardenas Hill niemals gegraben, also haben wir keinerlei Vorstellung, was die Steine unter der Ruine bergen mögen. Vielleicht sind kleine Opfergaben in Winkeln des Felsenbodens vergraben, so etwas Ähnliches wie die Gebetsstöcke (mit vielen Vogelfedern), die die Pueblo-Stämme in einsam gelegenen Schreinen zurücklassen? Sodann könnten auch Packratten die Zeit eingekapselt habem: Ich hoffe immer noch, daß die Gebetsstöcke der Prä-Pueblo-Indianer Material enthalten, wie es Packratten mögen – vielleicht einen Kristall oder Katzensilber? Vielleicht eine Halskette aus Piñon-Nüssen, so daß eine Packratte eine abgeflachte, durchbohrte, nach der Radiokarbon-Methode datierbare Nuß für uns aufbewahrt hätte? Ich könnte mich daran gewöhnen, Packratten zu mögen.

Als der Tag der Sonnenwende begann, hatte ich besser geschlafen als in der Nacht zuvor; unsere zeitgenössische Packratte aus der Gattung *Neotoma* schien auf Alans Ermahnungen gehört zu haben. Vielleicht war sie auch zu sehr damit beschäftigt, ihre jüngsten Erwerbungen zu bewundern.

Da wir jetzt ungefähr wußten, wo entlang des Grat wir stehen mußten, konnten wir uns dicht beieinander gruppieren. Ich versuchte es mit einigen Metern Abstand und hoffte, die Fragen hinsichtlich der Empfindlichkeit der Beobachtungsposition klären zu können. John und ich synchronisierten unsere Uhren mit meiner Kamera-Rückwand, die in jedes Farbfoto, das ich schoß, die Zeit einspiegelte. Wir testeten die kleinen Kassettenrecorder und vergewisserten uns, daß jedermanns Stimme gut zu hören war.

Dieses Mal versuchte ich es mit Jacks Trick und beobachtete die Schattengrenze, wie sie langsam über den Colorado und dann hoch auf uns zukroch. Den »Scheinwerferkegel« selbst zu erkennen, so wie beim Delicate Arch, ist ausgesprochen schwierig; über eine Entfernung von drei Kilometern hinweg werden die Schattengrenzen ziemlich unscharf – was ich mir hätte denken können. Aber das »Profil« der Horizontlinie kann man anhand der Schattenlinie identifizieren und so mutmaßen, wo man sich hinstellen sollte.

Ungefähr in diesem Moment bemerkte ich, daß das Sonnenaufgangs-Schauspiel auch von unten, am Flußufer, zu sehen ist. Der richtige Platz wäre gut eineinhalb Kilometer flußaufwärts vom Unkar-Delta und läge am Weg zu den anderen Anbauflächen der Anasazi auf jener Seite des Flusses. Damals, als noch kein Grand-Canyon-Staudamm den Wasserstand des Flusses regulierte, schrumpfte der Fluß um die Wintermitte erheblich, das freigelegte Flußbett trocknete aus und ergab einen hervorragenden Wanderweg durch diesen Teil des Grand Canyon, eine Anasazi-»Hauptstraße«. Vielleicht hatten sie so dieses Schauspiel mit dem Fenster und der Gloriole entdeckt, einfach indem sie irgendwann in dem Moment vor oder nach der Wintersonnenwende den Fluß entlang wanderten. Vielleicht hatten die Priester dann die Hügelspitze für sich selbst reserviert, nachdem sie versucht hatten, das Winterhaus der Sonne dort zu erbauen, wo die Frühlingsfluten des Flusses es wegspülten.

Alan, der von uns allen der Ruine am nächsten stand, erhaschte den ersten Sonnenstrahl, aber bald berichteten alle Beobachter, die Sonne in der Kerbe zu haben. Eine Minute später sagte John, daß er die Sonne an allen drei Stellen sähe: Kerbe, Fenster und als Sichel über dem Rand. Aber nur 2,1 Meter südwestlich von John sah ich nichts von alledem – doch 15 Sekunden später sah (und fotografierte) ich einen großartigen Anblick: *Einzig das Fenster war hell erleuchtet, nur ein paar gekräuselte Strahlenbüschel betonten die Silhouette des restlichen »Gesichts«.* Sonnenkorona? Karen und Lynn, die 1,3 Meter weiter südwestlich als ich standen, sahen nur die Büschel, nicht das erleuchtete Fenster. Dann meldeten alle, die Sonne »sicheln« zu sehen, und wir stellten die Beobachtungen ein. Meine Kamera mit dem Teleobjektiv gab ich Alan, der anstelle seiner Bergstiefel Joggingschuhe trug. Wir wollten unbedingt ein Bild des Sonnenaufgangs von der Ruine, das einfach zeigen sollte, wie weit die Sonnenaufgangs-Position dort von dem interessanten Schauspiel entfernt lag. Er schoß zur Ruine hinüber und schaffte die Strecke in nur 36 Sekunden – dann mußte er zwei Minuten warten, bis an der Ruine endlich die Sonne aufging. Ihre Position war von dort ein ganzes Stück links des tiefsten Punktes am Horizont.

Plötzlich ein Gefühl der Leere. Wir faßten die Beobachtungen eines jeden zusammen, dann vermaßen wir die Lage der numerierten Münzen, die unsere verschiedenen Positionen entlang des Grats markierten. Als »fliegender« Beobachter hatte ich sechs Münzen fallen lassen und jede auf dem Kassettenrecorder vermerkt.

Ein »fliegender« Beobachter hat ungefähr 90 Sekunden Zeit, um die Sonne hinter dem Felsen zu positionieren: Man wird nach Südwesten gezwungen, weil der linke Rand der Sonne hervorstrahlt und zu hell wird, um hineinzuschauen. Wenn man zu weit nach Südwesten geht, wird das Fenster nicht erleuchtet. Wenn ich ein Anasazi-Beobachter wäre, der versuchte, einen Standard-Anblick zu definieren, den er jeden Morgen wieder benutzen könnte, würde ich mir zunächst eine Stelle suchen, an der nur die Kerbe illuminiert ist, und dann weit genug nach rechts gehen, so daß sie nur noch ganz schwach erleuchtet ist. In der Kerbe würde es dunkler, während das Fenster immer heller würde. Schließlich würde das Fenster wieder verlöschen, ehe die Sonnensichel über der Kuppe aufgeht.

Ich vermute, daß ein geübter Beobachter (und in den Monaten vor und nach der Sonnenwende konnten sie jede Menge üben) ziemlich gut darin werden könnte, den Beobachtungspunkt für diese Sequenz herauszufinden. Er könnte ein bißchen nach links treten und den Anblick als nicht ganz richtig taxieren; ein bißchen nach rechts; wieder ein bißchen zurückkorrigieren... Eine Frage der Erfahrung, aber ich wette, daß von der Unsicherheit hinsichtlich des »richtigen Platzes« nach einiger Übung nicht mehr als ein halber Meter übrigblieb, da die Kombination von Kerbe-Fenster-Sichel bestens dafür geeignet ist, den Sonnendurchmesser von einem halben Grad präzise in einen verdeckenden Rahmen »einzukasteln«.

Das läßt auf einen Stillstand von mehreren Tagen schließen, an denen der Beobachter sich nicht sicher sein kann, ob es schon zur Umkehr gekommen ist. Wenn er aber aus einem früheren Jahr mit unbewölkten Sonnenaufgängen eine Reihe von Steinhaufen hat, die die Beobachtungspositionen für die fragliche Woche markieren, dann genügt ein einziger nicht bewölkter Sonnenaufgang, um den genauen Tag der Wende vorherzusagen. Wenn die tägliche Seitwärtsbewegung mehrere Meter beträgt, und die Unsicherheit hinsichtlich der Positionierung weniger als einen Meter, dann ist ziemlich einfach festzustellen, welchen Vor-Sonnenwend-Tag man hat. Und dies legt auch den Schluß nahe, daß 3100 Meter als Hebelarm ausreichen, wenn man einen dieser bogenförmigen Stelen-Kalender anlegen will, dessen Beobachtungspfad mit 183 Steinen aufjeder Seite ausgelegt ist. Beobachtungsexperten könnten sogar mit wesentlich kürzeren Abständen zum Drehpunkt auskommen.

Eine spätere Analyse der Fotos vom Sonnenaufgang zeigte, daß jene gekräuselten Büschel an der Horizontlinie nicht die Sonnenkorona sein konnten, da sie sich nicht mitbewegten, als die Sonne höherstieg. Es waren nur Pflanzen, die um das »G«-Fenster herum wuchsen und von hinten hell angestrahlt wurden. Wenn der Wind blies – oder in früheren Zeiten, als der Grand Canyon eine dichtere Vegetation hatte –, muß das eine noch viel beeindruckendere Ausschmückung des durch das Fenster blinzelnden Sonnenaufgangs gewesen sein.

Der Wendepunkt liegt gegenwärtig 82,3 Meter von der nächstgelegenen Ruinenecke entfernt, wenn man den von mir vorgeschlagenen Standardanblick benutzt. Wenn ich die Uhr zurückdrehen wollte, mußte ich berücksichtigen, daß die Ruine 7,4 Meter tiefer lag als der Beobachtungspunkt auf dem Grat (was ich nach Fotos schätzte) und daß die Anasazi durchschnittlich 0,3 Meter kleiner waren als ich. Das Ergebnis war, daß die heutige Stätte der Ruine in der Tat zu jener Zeit ein Wendepunkt gewesen sein konnte, als die Paläo-Indianer begannen, die hohen Wüsten des Südwestens aufzusuchen. Sie kann ein Winterhaus der Sonne gewesen sein, ein Platz, an der der Sonnenpriester stillstand.

Aber sie müßte dann eine sehr alte Stätte sein. Das anzunehmende Datum liegt weit zurück in jenem Jahrtausend, in dem die Neigung der Erdachse nahe ihrem jüngsten Maximum lag: vor 9500 Jahren. Seither hat sich der Beobachtungspunkt für die Wintersonnenwende ganz allmählich von der Stelle der Ruine wegbewegt; der Neigungszyklus ist 41 000 Jahre lang, und so wird sich der »richtige Platz« noch einige Zeit lang weiter von der Ruine zurückziehen.

Die Ruine umgibt den Wendepunkt aller Wendepunkte (ob das die Paläo-Indianer nun wußten oder nicht). Den ultimativen

Wendepunkt. Das Kiva aller Kivas? Das Allerheiligste des Heiligen?

Ich bezweifle mit einiger Sicherheit, daß die heutige Ruine 9500 Jahre alt ist. Bob Euler hat Fotografien, die vor einem Jahrhundert gemacht wurden, mit dem heutigen Zustand der Ruine verglichen und glaubt, daß 100 Jahre Wind und Wetter nur wenig verändert haben. Dennoch würde ich erwarten, daß sie allein wegen der Stürme ungefähr alle tausend Jahre neu aufgebaut werden mußte; die Wände bestehen nur aus aufgeschichteten Steinplatten (aus einem nahegelegenen Steinbruch) und konnten von wenigen Arbeitern in ein paar Tagen errichtet werden. Kein Mörtel, kein Dach – eher so etwas wie eine Trockenmauer am Feldrand. Die Frage ist, ob dies eine traditionsreiche Stätte gewesen sein könnte, die man beibehielt und gelegentlich instand setzte, auch wenn der Sonnenwendpunkt immer weiter wegrückte.

Es ist nicht so unwahrscheinlich, wie es auf den ersten Blick scheint. Paläo-Indianer gab es zu jener Zeit hier in den Bergen des Südwestens; es waren die Clovis-Folsom-Jäger, die vermutlich an das Leben in der Arktis angepaßt gewesen waren, ehe sich vor ungefähr 12 000 Jahren ein eisfreier Korridor durch Kanada öffnete. Als vor ungefähr 10 000 Jahren die Megafauna verschwand, kam es zu einem Übergang von der Großwildjagd zum kleinräumigen Jagen und Sammeln. Die milden Temperaturen und das gute Nahrungsangebot haben die Jäger und Sammler sicherlich während der Winterstürme hier hinunter auf den Grund des Grand Canyon gelockt. Und das erleuchtete Fenster in der Cardenas Butte ist ein Schauspiel, das man während mehrerer Monate im Winter leicht entdecken kann, indem man zur Zeit des Sonnenaufgangs einfach die »Hauptstraße« den Fluß entlang wandert. Es ist also nicht unwahrscheinlich, daß die Paläo-Indianer den Wintersonnenwend-Aufgang hier in der Gegend betrachteten, nicht unwahrscheinlich, daß sie das Schauspiel sahen.

Mithin, damit die Ruine ein Winterhaus der Sonne gewesen sein konnte, mußte sie ein besonders altes sein. Aus der Archäoastronomie zu schließen, gäben die Felsspalten des Cardenas-

Hügel gute Stellen ab, um mit traditionelleren archäologischen Methoden untersucht zu werden. Ich hoffe nur, daß die einstigen Paläo-Indianer (oder die einstigen Paläo-Packratten) uns ein paar Stücke eingekapselte Zeit hinterlassen haben.

10.

Der lange Aufstieg: Vom Schamanen zum Wissenschaftler

Wenn wir beginnen, uns ein wenig für die großen Entdecker und ihr Leben zu interessieren, dann wird [Wissenschaft] erträglich, und erst wenn wir beginnen, die Entwicklung ihrer Ideen zurückzuverfolgen, wird sie faszinierend.

Der Physiker James Clerk Maxwell, 19. Jahrhundert

Als wir zwei Stunden nach Sonnenaufgang flußaufwärts wanderten, schaute ich von der Stelle meines ersten Rastplatzes zurück – und hatte Schwierigkeiten, auch nur die Spitze des Cardenas Hill inmitten der anderen Konturen des Grand Canyon auszumachen.

Es hatte sich bewölkt, aber wir konnten noch in Hemdsärmeln wandern. Die milden Wintertemperaturen am Grund des Grand Canyon ähneln jenen eines maritimen Kiimas wie in Seattle oder San Francisvo, wo es die Meereswärme für gewöhnlich verhindert, daß das angrenzende Land im Winter bis auf den Gefrierpunkt abkühlt. Wie es im Winter gemäßigter Zonen gang und gäbe ist, herrschen angenehme Lebensbedingungen. Das wissen auch die Tiere, was man aus den Fährten schließen kann, die man gelegentlich sieht und die hinunter zu den Ufern des Colorado führen. Wenn man zum Nordrand des Canyon emporblickt, kann man dennoch hohe Schneewehen erkennen.

So aufregend unser Ausflug nach Cardenas auch war, meine Suche wird nicht dadurch motiviert, daß ich eine Renaissance in der Astronomie mit bloßem Auge herbeiführen möchte. Ich will auch nicht versuchen, zweifelsfrei nachzuweisen, daß prähistorische Menschen sich in der Tat eine dieser Methoden zunutze gemacht haben. Ich möchte vielmehr zur Geltung bringen, daß es so viele verschiedene Wege zur aleatorischen Entdeckung der Eklipsen-Vorhersage gibt, daß es unvernünftig wäre anzunehmen, protowissenschaftliche Praktiken hätten bis zum Aufkommen der Zivilisation auf sich warten lassen.

Die Tatsache, daß es so viele Vorhersagemethoden gibt, legt die Vermutung nahe, daß es viele Wege gibt, auf denen man diese Art Basiswissen erwerben kann, und daß es nicht der Arbeitsteilung und der Aufzeichnungen bedarf, die es unserer Vorstellung nach erst gab, nachdem es mit dem Ackerbau zur seßhaften Existenz gekommen war. Man könnte sogar in der Tat argumentieren, daß der Erfolg, den Jäger-Sammler mit der Eklipsen-Vorwarnung hatten, die Seßhaftwerdung nahe nützlicher Horizontmerkmale förderte, weil der Schamane zögerte, sehr weit von der Stelle wegzugehen, wo seine Methoden anscheinend funktionierten – und daß der Ackerbau durch solch eine Seßhaftwerdung begünstigt wurde.

War der Glauben an Übernatürliches Teil von all dem? Aberglauben ist bloß bildhafter Ausdruck des sozialen Austauschs, nur ins Extrem getrieben. Für beinahe alle Menschen ist dies der »Mechanismus«, den sie am besten kennen: Sie lernen ihn von ihren Geschwistern, und oft benutzen sie ihn als junge Erwachsene bewußt, um sich in einer Welt zurechtzufinden, deren Ressourcen von den älteren Erwachsenen kontrolliert werden. Wenn man mit etwas zurechtkommen muß, das man nicht versteht, erfindet man nicht aus heiterem Himmel etwas Neues. Als erstes versucht man, es mit einer vertrauten Analogie zu probieren– und für die meisten Menschen ist dies der soziale Austausch. Heutzutage gebrauchen viele von uns dazu noch bildhafte Ausdrücke mechanistischer Natur: Wir nehmen Analogien aus der Klempnerei (»Er redet Blech«), der Fotografie (»Eine Momentaufnahme der Zeit«), dem Verkehrswesen (»Sie kam ins Schleudern«) und der Seefahrt (»Er behielt seinen Zickzackkurs bei«), die uns nicht nur soziales Verhalten breiter zu analysieren helfen, sondern uns auch Einblicke in schwerer verständliche physikalische Systeme wie Elektrizität, Aerodynamik, Computer und Gezeitenströme erlauben. In der Wissenschaft haben wir uns nach und nach ein umfassendes Analogienrepertoire zugelegt, das sich bestens dafür eignet, auf neue Gegebenheiten angewandt zu werden, um herauszubekommen, ob sie zu irgendwelchen Einsichten führen, selbst wenn sie nicht genau stimmen: Auch mental kann man nicht einfach aus dem Nichts etwas aufbauen, also beginnt man mit neuen Kombinationen alter Vorstellungen.

Während einer Sonnen- oder Mondfinsternis zu beten, war

auch nur eine Übertragung ins Übernatürliche – wenn aber Vorhersagen die flehenden Gebete auslösten, konnte es zu einem raschen Feedback kommen (daß eine Teilfinsternis sich umkehrte, statt zu einer totalen zu werden), ehe man die Vorgeschichte vergessen hatte: Die Stellung von Priestern, die vor Eklipsen warnen konnten, würde bald auf eine Weise anerkannt, die kaum Parallelen in den sonstigen übernatürlichen Beschwörungen um Regen, reiche Jagdbeute und so weiter gehabt hätten. Ein enormer Ansporn für die Priester, ihre Vorhersagefähigkeiten zu verbessern.

Die einzige andere Aktivität der Schamanen, die passende Parallelen zur Eklipsen-Vorhersage aufweist, ist die des Arztes, der das Glück hat, die Anerkennung dafür einzuheimsen, daß es dem Patienten spontan besser geht. Wie alle Ärzte irgendwann erfahren, haben sich bei den meisten Krankheiten – wenigstens in dem Stadium, da der Patient erstmals den Arzt aufsucht – die Beschwerden auch ohne Behandlung am nächsten Morgen schon gebessert (aus diesem Grund müssen neue Therapieformen immer mit dem »natürlichen Krankheitsverlauf« ohne Behandlung verglichen werden – und Krankheitssymptome wechseln ständig). Also erntete auch nach den meisten Heilritualen der Schamane wahrscheinlich ein Gutteil unverdienter Anerkennung seitens der Patienten, die spontan gesundeten.

Ehe der Pfad sich bergauf wendete, tauchten wir unsere Feldflaschen in den Colorado und schöpften einen Zweitagesvorrat Wasser. Eine Durststrecke lag vor uns – mit Ausnahme des Eises, natürlich. Und des angekündigten Schnees. Die Sonne schien nicht mehr, der Himmel war grau geworden.

Das Alter der Cardenas-Ruine fesselte weiterhin meine Aufmerksamkeit, während ich bergan stieg. Ein Jahrtausend oder zehn – das ist wahrlich ein rätselhafter Aspekt des Peillinien-Hebels von Cardenas. Ihre Bedeutung aber – genau so wie die von Perfect Kiva und anderen Stätten mit schönen Ecken, in welche die Sonne paßte, hängt eigentlich nicht vom Alter ab. Sie liegt in all jenen Implikationen für die entscheidenden Fragen: Wie könnte eine frühe, technisch vorgehende Wissenschaft entstanden sein, wie könnte sie Metaphern entwickelt haben, die wieder als Bausteine für Neues dienten – Zählen, Vergleichen, Messen. Gewöhnlich schreibt man dies einer Neugier darauf zu, wie die Natur funktioniert; die meisten Gesellschaften glichen in dieser Hinsicht wahrscheinlich aber nicht den alten Griechen. Umweltbedingungen, die der Entdeckung Gestalt geben – so daß man, ohne eigentlich die Absicht zu haben, über eine Methode »stolpert« –, könnten eine frühere Entwicklungsstufe der Protowissenschaft darstellen als die intellektuelle Neugier auf die nichteßbaren Aspekte der Natur.

Wenn man ein Observatorium definiert als »einen Ort, der für die Messung natürlicher Phänomene ausgerüstet ist«, erscheint es völlig angemessen, Cardenas als natürliches Observatorium zu bezeichnen und nicht nur als Sonnen-Beobachtungsstation. Das Meßinstrument ergibt sich aus den Gegebenheiten des Terrains (das Fenster ist der Drehpunkt, die Kammlinie entspricht dem kalibrierten Gradbogen eines Sextanten) – der Sextant als *objet trouvé*?

Schatten sind »Lichthebel«, wenn die Schattenlinie während des Sonnenaufgangs um einen Drehpunkt rotiert. Bei langen Hebelarmen sollte man eine erhebliche Ansprechempfindlichkeit auf kleine Winkelveränderungen der Solardeklination nahe der Sonnenwende erwarten. Doch bringen Schatten an sich in weitläufigen Räumen wie den großen Kivas einige Probleme mit sich. Der Halbschatten des Sonnendurchmessers von einem halben Grad stellt beinahe ein Prozent des Hebelarms dar, so daß die Schattengrenze mit zunehmender Entfernung immer unschärfer wird. Deshalb glaube ich, daß all jene Schattenspiele mit Höhlen und Felszeichnungen eher Spielzeug-Sonnenuhren analog sind. Vielleicht waren sie tatsächlich in Gebrauch und stellten eine Durchgangsphase der Gelehrsamkeit dar, ehe man präzisere Methoden erfand, aber die meisten Schattenspiele sind wahrscheinlich eine Art von Imitation.

Ein größerer Fortschritt besteht darin, statt des Schattens die

Sonne direkt zu beobachten und sie irgendwie einzuwinkeln, um die Vorteile einer Hebelwirkung zu nutzen. Der offene Rahmen wie beim Wintersonnenwend-Aufgang am Hungo Pavi Kiva stellt allerdings ein Problem dar (wenn auch, verglichen mit der Schattenbeobachtung, kein besonders großes). Denn Seite und Unterkante der voll sichtbaren Sonne in einen Rahmen einzupassen ist nur in Höhen nahe der eigentlichen Horizontalen möglich, wobei die Resultate je nach Wetterlage abweichen. Kalte, dichte Luft beugt das Licht stärker; wenn die Sonne auf dem lokalen Horizont aufzusitzen scheint (der selbst nicht sonderlich gebeugt wird) steht sie in Wirklichkeit noch weiter unterhalb der Horizontalen als gewöhnlich – und demzufolge weiter nördlich. Umgekehrt kann eine Hitzewelle den Sonnenaufgang nach Südosten verlagern, einen sogar glauben machen, daß die Sonnenwende vor der Zeit eingetroffen sei. Im nachhinein muß es für einen Sonnenpriester überaus peinlich gewesen sein, wenn die Sonnenwende am falschen Tag gefeiert worden war.

Verdeckende Rahmen bedeuten, daß die Messung – etwa wie in Perfect Kiva oder Cardenas – bei einer Sonnenhöhe von 15° am Himmel vorgenommen werden kann, wo die täglichen Schwankungen von Temperatur, Luftdruck und -feuchtigkeit kaum noch Auswirkungen haben (weil der Weg des Lichts durch die Atmosphäre viel kürzer ist). Verbindet man verdeckende Rahmen mit dem Schwenken um einen Drehpunkt, ergibt sich offensichtlich eine besonders günstige Kombination: Man schafft sich einen gleichförmigen Horizont (zumindest fur die Monate, da man den Rahmen und den Beobachtungskreis braucht), man umgeht die erwähnten Schwankungen der Lichtbrechung, und man versetzt sich in die Lage, anhand bloß eines einzigen unbewölkten Morgens in der Woche vor der Sonnenwende den genauen Tag herauszufinden – vorausgesetzt, man kann an seinen Fingern abzählen.

Mit Hebelarmlängen wie der der Cardenas-Peillinie kann man sogar Schwankungen von der Art der Schaltjahre entdecken. Man richtet Markierungen für den zehnten, neunten, achten und so weiter Morgen vor der Sonnenwende ein. Im folgenden Jahr nimmt man Steine von anderer Farbe und entdeckt die Abweichung. Das setzt sich so fort, bis man sich im vierten Jahr an den ursprünglichen Markierungen wiederfindet.

Am späten Nachmittag kämpften wir uns durch die Redwall-Klippen empor und fanden an der Rückseite des Cardenas Butte einen Lagerplatz. Jim ging die Gegend erkunden, während das Abendessen zubereitet wurde. Er kam zurück und verkündete seinem Vater, er hätte eine Höhle gefunden – und würde sich darin schlafenlegen.

Früh am folgenden Morgen fing es zu regnen an. Jim blieb erheblich trockener als wir anderen. Im Morgenlicht konnten wir in größeren Höhen frischen Schnee fallen sehen – dort oben, wo wir hin wollten.

Absichtlich rührte Alan, solange es ging, den kochenden Haferbrei nicht um, um vorzuführen, wie seine Oberfläche von Furchen in sechseckige Waben unterteilt wurde. Da wir unterwegs sechseckigen Säulenbasalt gesehen hatten, wollte er zeigen, wie sechseckige Säulen bei vorhandenem Temperaturgradienten sich als Lösung eines Schichtungsproblems von selbst organisierten. Kristalle machen dasselbe.

Einige große, nasse Schneeflocken fielen in unsere Kaffeebecher. Weiter oben auf unserem Weg würden sie sicherlich liegenbleiben. Über Funk sprach ich mit Katherine. Sie hatte ein paar wenig bekannte Anasazi-Ruinen untersucht, die oben auf dem Südrand leicht zurückversetzt liegen und diesen Teil des Canyon überblicken – eine Sommerfrische für die Cardenas-Anasazi, ähnlich wie die Ruinen auf dem Nordrand den Leuten vom Unkar-Delta dazu gedient haben könnten?

Und vermutlich, sagte sie, würde es jetzt bis Weihnachten schneien.

Observatorien, auch natürliche, brauchen Personal. Wer waren diese Super-Schamanen, die im Begriff standen, Propheten zu werden? Während die Eklipsen-Vorhersage von einem bestimmten Zeitpunkt an ein machtvolles neues Instrument in den Händen des Schamanen darstellte, reichten die Wurzeln seiner anderen Fähigkeiten vermutlich weiter zurück. Um nachzuvollziehen, wie sich Vorstellungen entwickeln, mag es hilfreich sein, die nichtastronomischen Fähigkeiten in Betracht zu ziehen, derer es wahrscheinlich bedurfte, wenn man Schamane werden oder Mondfinsternisse prophezeien wollte.

Als Heiler hat der Schamane seine Ursprünge sicherlich in der mütterlichen Pflege. Natürliche Heilpflanzen zu erkennen und anzuwenden, kommt anscheinend schon bei Schimpansen vor; erneut neige ich zu der Ansicht, daß Frauen hier die Fachleute waren, denn in den meisten heutigen voragrarischen Gesellschaften sind sie es, die viel mehr Zeit mit dem Einsammeln pflanzlicher Nahrung verbringen als die Männer.

Für die meisten Verfahren der Eklipsen-Vorhersage braucht man eine Menge räumlicher Intelligenz; solche geistigen Fähigkeiten scheinen tendenziell bei heutigen Männern besser entwickelt zu sein als bei Frauen – trotz der zahlreichen Fluglinien-Pilotinnen, die die erforderlichen Fähigkeiten für eine der räumlich anspruchsvollsten Aufgaben der modernen Welt aufweisen (und trotz einer Menge Männer, die im Flughafen-Parkhaus ihr Auto nicht wiederfinden können); das beweist, daß das Geschlecht kein verläßlicher Anhaltspunkt ist, wenn es um Expertenwissen geht. Frauen zeichnen sich hingegen tendenziell durch verbale Intelligenz aus, und angesichts des Umstands, daß Geschichtenerzählen ein wesentlicher Bestandteil der Schamanenrolle war, könnten es mit größerer Wahrscheinlichkeit die Frauen gewesen sein, die zu Schamanen wurden.

Ein anderer Aspekt ist, daß das Wissen um Eklipsen benutzt werden konnte, um andere zu beherrschen. Bei Menschenaffen neigen die Männchen dazu, mittels spektakulärer Bravourstücke die ganze Horde zu manipulieren. Bei den wilden Schimpansen von Gombe bot Mikes berechnende Zurschaustellung mit dem lauten Klappern der Blechbüchsen das klassische Beispiel, wie man sich mit einem neuartigen Verhalten »Respekt« verschafft. Da es eine weitere Dominanzhierachrie unter den Schimpansenweibchen gibt, hängt die Rangstellung hauptsächlich von der

Geburt durch eine hochrangige Mutter ab, nicht von manipulativen Wundern (obwohl solche vorläufigen Schlüsse immer wieder über den Haufen geworfen werden; wenn sich die Zahl der Beobachtungsstunden noch einmal verdoppelt, werden wir vielleicht einige entgegengesetzte Beispiele bekommen).

Wem bleibt genügend Zeit, um sie experimentellen Beobachtungen von Sonne und Mond zu widmen? Tendenziell haben Männer mehr Freizeit (mit Sicherheit in den Pueblos) und sind besser in der Lage, durchs Land ringsum zu schweifen, ohne sich um abhängige Kinder Sorgen machen zu müssen. In vielen ursprünglichen Gesellschaften (und einigen Weltreligionen wie dem Islam) ist die Mobilität der Frauen durch kulturell auferlegte Regeln in erheblichem Maße eingeschränkt.

Ich bin nicht so sehr daran interessiert, ob die protowissenschaftlichen Schamanen meistens Männer oder meistens Frauen waren, sondern daran, wie eine Mixtur unterschiedlicher Fähigkeiten zu einer spezialisierten Teilzeitbeschäftigung namens »Schamane« verschmolz. Zu den nützlichen Talenten zählen Fähigkeiten des räumlichen Denkens und der Vorausplanung, Taktiken des Dominanzstrebens, Methoden zur Einschüchterung von Feinden, Heilverfahren, Kenntnis und Gebrauch von Heilpflanzen, Wettervorhersage, die Orchestrierung spektakulärer Zeremonien, Wahrsagerei, das Erzählen fesselnder Geschichten – und natürlich besondere Fähigkeiten, mit denen man bei seinen Zuhörern religiöse Erfahrungen hervorruft. Aber nicht jeder Schamane wird über all diese Fähigkeiten zugleich verfügt haben. Gab es einst einen Heiler-Schamanen (oft eine Frau) und einen davon verschiedenen Zeremonien-Schamanen (oft ein Mann), als sich in einer Nische erstmals Kultur zu entwickeln begann?

Und wann wurden Schamanen zu Propheten oder Sehern (mit der Konnotation, Blicke in die Zukunft werfen zu können)? Sicherlich wird ein gelegentlicher Erfolg bei der Eklipsen-Vorhersage auch allem anderen, was der Prophet über sonstige Angelegenheiten zu sagen hatte, Autorität verliehen haben. Aber das ist ein zweischneidiges Schwert: Einige Menschen verwechseln irrtümlicherweise Ursache und Wirkung, so als wollte man einem Geologen die Schuld an einem Erdbeben geben, weil der Wissenschaftler es vorhergesagt hat. Eine weitere Version der Geschichte von dem »Boten, der die schlechte Nachricht bringt«: Wenn etwas Ungewöhnliches passiert, neigen die Menschen dazu, es widrigerweise mit den ungewöhnlichen Ereignissen in Verbindung zu bringen, die davor passiert sind. *Post hoc, ergo propter hoc* – das läßt sich anscheinend auch auf Vorhersagen anwenden, die dem vorhergesagten Ereignis vorausgehen, solange den Menschen ein tieferes Verständnis von Ursache und Wirkung fehlt. Wenn man etwas Gutes weissagt, und es tritt ein, wird man mit etwas Gutem assoziiert; eine erfolgreiche Vorhersage von etwas Schlechtem ist ein wenig riskant, und man könnte vermuten, daß die protowissenschaftlichen Propheten sich selbst dadurch abgrenzten, daß sie nur Boten zu sein behaupteten und nicht Makler der Macht wie Kolumbus.

Wenn ich über schamanistische Protowissenschaft nachdenke, erinnert mich das an moderne Versionen wie Astrologie, Kristallkugeln, Zahlenmagie, Wahrsagerei, Geistheilung und noch eine ganze Reihe anderer langweiliger Grenzerfahrungen. Viele Menschen sind von diesen Dingen fasziniert, und vielleicht entdecken wir dazwischen einige Hinweise auf die Protowissenschaft. Was das Interesse eines modernen Wissenschaftlers, der die Entwicklung solcher Vorstellungen zurückverfolgen will, jedoch stört, sind die pseudowissenschaftlichen Anmaßungen ihrer modernen Verkünder. Während ein gebildeter Teil der Bevölkerung gegenüber ihren Machtansprüchen relativ immun ist, erfreut sich ihre Propaganda bei den weniger Gebildeten der Unterstützung durch die Medien (vergleichen Sie einmal, abgesehen von all den bezahlten Anzeigen, wieviele Spalten Ihre Lokalzeitung wöchentlich der Astrologie widmet und wieviele der Grundlagenwissenschaft) .

Im ganzen sind die Verkünder des Übernatürlichen heute doch etwas anderes als damals, als jene Subjekte Teil einer allgemeineren intellektuellen Strömung waren, ehe sich das alles in Philosophie, Religion, Wissenschaft und eine Grauzone aufspaltete. Auch die intellektuellen Größen pflegten sich an dem zu beteiligen, was man heute die Diskussion von Grenzerfahrungen nennt (Isaac Newton ist ein klassisches Beispiel aus der Zeit vor 300 Jahren), ehe sie diese als Sackgassen erkannten. Die Verbesserung der Eklipsen-Vorhersage durch Newton, zum Beispiel, mag den Kristallen einiges von ihrer Faszination genommen haben (in dem Sinne, wie man sie für die Warnung vor Totalfinsternissen benutzen konnte), und auch der Zahlenmagie (in dem Sinne, wie ein Teil davon durch jene Listen magischer Zahlen bestätigt worden war, die die Maya und die Autoren von Kolumbus' nautischem Almanach genutzt hatten).

Was wir heute sehen, sind nur Überbleibsel einer einstigen Bandbreite von Belangen. Auch die Religion ist ein Überbleibsel; wenn man es schafft, sie nicht an ihren Worten zu messen und sich statt dessen auf ihre Taten zu konzentrieren, wird man bemerken, daß die Religionen (TV-Evangelisten ausgenommen) der Gesellschaft einen zivilisatorischen Dienst erweisen konnten, den Schlangenöl-Propagandisten nicht zu bieten haben.

Warum erweisen die Menschen den pseudowissenschaftlichen Grenzbereichen solche Aufmerksamkeit? Vielleicht erkennen sie, daß Wissen Macht bedeutet, haben aber in der Schule eine passable wissenschaftliche Ausbildung verpaßt – Pseudowissenschaft kann dann der beste Ersatz sein, den man leicht finden kann, ohne wieder die Schulbank drücken zu müssen (ähnlich wie Comics dem erwachsenen Analphabeten ein Refugium darbieten). Ich werte die Popularität der Pseudowissenschaft (und jene 94 Prozent »wissenschaftlichen Analphabetismus«) als Vorwurf an die Wissenschaftler, weil es uns nicht gelungen ist, unsere aufregenden Themen in verständlichen Worten zu vermitteln, und als Verweis für kurzsichtige Gesetzgeber, die unser Erziehungssystem aushungern.

Wissenschaft gilt oft als »komplizierter Stoff«, der noch viel schwieriger ist, als seinen Kontostand auszugleichen. Das ist ein klassischer Irrtum: Auch viele Mathematiker schaffen es nicht, ihren Kontostand auszugleichen. Abgesehen davon, wollen die meisten Menschen nichts weiter, als die Welt um sich herum verstehen, und nicht etwa Hausaufgabenprobleme lösen oder tote Frösche sezieren; demzufolge können sie von den einfachen Erklärungen, die die Pseudowissenschaft zu besitzen behauptet, in Versuchung geführt werden.

Wir sehen auch, wie empfänglich unsere Zeitgenossen für pseudowissenschaftliche Behauptungen sind: Für viele der zuvor erwähnten Überzeugungen gibt es eine Nische, die von jenen, die illusorische Abkürzungen zu Wissen und Macht anzubieten haben, fortgesetzt ausbeutet wird (und zwar manchmal zynisch). Die Orientierung auf die Zukunft macht die Menschen für die falschen Hoffnungen, die Hellseher wecken, empfänglich. Unser Wahn einer perfekt gestalteten Zukunft vermehrt die Sorgen und das Leiden und die Spekulationen – aber er bietet auch eine Basis für unsere Ethik.

Etwas vorherzusagen, ohne zu wissen, warum die Vorhersage funktioniert, mag eher als Zauberei denn als Wissenschaft erscheinen. Aber es sei daran erinnert, daß dasselbe von den meisten medizinischen Therapien für die meisten Krankheiten gesagt werden kann – Aspirin wurde 100 Jahre lang benutzt, ehe wir erste Erkenntnisse darüber gewannen, wie es im Nervensystem wirkt. Während ein Verfahren zur Eklipsen-Vorhersage wie die »geballte Faust« nach heutigen wissenschaftlichen Maßstäben sehr grob ist, kann man annehmen, daß Kombinationen von mehreren dieser Verfahren die Genauigkeit der Vorhersage substantiell verbesserten.

Wenn wir annehmen, daß die Menschen eines oder mehrere dieses Dutzends von Verfahren anwandten, können wir dann mit Sicherheit schließen, daß dies ihre Gesellschaft veränderte? Den Einfluß des Schamanens vergrößerte? Auf Stammesebene soziale Organisationsformen zu entwickeln half, vielleicht mittels so attraktiver Schauspiele, wie Kolumbus eines inszenierte? Den kundigen Protowissenschaftlern beim Kampf um die Anführerschaft eines Stammes zu einem gelegentlichen Triumph über die Stärksten und Tapfersten verhalf?

Würden wir erfahren, daß eine alte Kultur eine Form von Schießpulver erfunden hätte, könnten wir mit gutem Recht daraus schließen, daß dies jene Formen sozialer Organisationen erweitert hätte, die mit der Kriegführung in Zusammenhang stehen – obwohl ohne ausdrücklichen Beweis ein sturköpfiger Skeptiker immer argumentieren könnte, daß Explosivkraft bloß zu Feuerwerkskörpern führe. Sollten Archäologen Spuren dieser einigermaßen akkuraten Methoden der Eklipsen-Vorhersage in einer alten Kultur erkennen, wird es interessant werden zu diskutieren, welcher Gebrauch von dieser Fähigkeit zur Vorhersage gemacht wurde. Vielleicht dienten solche Praktiken nur dazu, die Taschen von Wahrsagern zu füllen, und nicht Menschenmassen zu manipulieren, die Anfänge sozialer Organisationsformen in großem Maßstab zu erleichtern und religiöse Praktiken zu befördern. Aber ich denke, die Annahme ist nicht unvernünftig, daß die Eklipsen-Vorhersage einige dieser Veränderungen ausgelöst haben könnte.

Eine prädiktive physikalische Wissenschaft könnte sich nicht nur vor der Mathematik und Geometrie der alten Griechen und Chinesen entwickelt haben, sondern auch schon lange Zeit vor der organisierten Aufzeichnung von Ereignissen geblüht haben, möglicherweise schon damals zu den Zeiten der Jäger und Sammler während des langen Wegs durch die Eiszeiten, als sich das Gehirn der Hominiden immer noch vergrößerte und reorganisierte.

> Die Freude des ersten Gewahrwerdens, des sogenannten Entdeckens, kann uns niemand nehmen; verlangen wir aber auch Ehre davon, die kann uns sehr verkümmert werden, denn wir sind meist nicht die Ersten.
>
> Was heißt auch erfinden, und wer kann sagen, daß er dies oder jenes erfunden habe?
>
> Johann Wolfgang von Goethe

Von den Schamanen bis zur wissenschaftlichen Revolution war es auch ein langer Weg (daß ich darüber nachdachte, war eine Rationalisierung meiner häufigen Zwischenstops). Genau so wie es hier auf dem New Tanner Trail Strecken gibt, die nichts besonderes darstellen, finden sich auch steile Abschnitte, die das Tempo drosseln.

Und dabei mußte ich mir noch nicht einmal einen Weg durch diese Klippen bahnen, sondern nur im Schnee den Fußstapfen der anderen vor mir folgen. Der erste Indianer, der diese Klippen hinaufkletterte, hatte es viel schwieriger als Alan, der uns anführte. Wenn es keinen Weg gibt, behilft man sich mit dem, was man über andere Wege weiß – vielleicht indem man sich daran erinnert, daß Serpentinen eine gute Möglichkeit darstellen, einen steilen Abhang zu bewältigen, statt ihn geradewegs hinaufzuklettern.

Was aber geschieht, wenn man *niemals* zuvor eine ähnliche Klippe hinaufgestiegen ist und auch keinen hat, der einen darin einweist? Und wenn man nichts von Serpentinen weiß? Oder davon, daß man einen Halt erst daraufhin prüfen muß, ob er auch das eigene Gewicht trägt (und sich auch noch vorher vergewissern muß, daß man nicht in eine Klapperschlange greift)? Oder davon, daß man ein oder zwei infrage kommende Routen planen muß, wenn man noch weit genug von der Klippe entfernt ist, um eine gute Übersicht zu haben, und nicht erst unmittelbar davor, wo das Blickfeld stark eingeschränkt ist?

Ohne einen Bestand bewährter Methoden, auf die man zurückgreifen kann, muß es auch der Protowissenschaft schwergefallen sein, ihren Weg zu finden. Manch einer, der Eklipsen-Methoden ausprobierte, wird entnervt aufgegeben haben, ganz wie ein unerfahrener Wanderer schon nach dem ersten Stück einer Klippe wieder kehrt macht, weil er von all den Sackgassen und Rückziehern völlig frustriert ist und sich um seine zitternden Knie Sorgen macht, die zu lange zu viel Gewicht tragen mußten.

Die moderne Wissenschaft hütet einen wunderbaren Schatz von Methoden und Metaphern, die sich oft von einem Gebiet aufs andere übertragen lassen. Ich denke dabei weniger an meine Freunde in der Psychiatrie, die aus der mangelhaften Einrichtung von Computer-Software Erkenntnisse über Neurosen gewinnen (und wie solche falschen Einstellungen die Maschinen-

Äquivalente von Tunnelblick, vorzeitiger Reaktion und anderen seltsamen Verhaltensweisen hervorrufen). Oder die Erkenntnisse, die Psychiater aus den Vor- und Nachteilen friedenstiftender Verhaltensweisen gewinnen, wie man sie bei Primaten während Zeiten sozialer Unruhe beobachtet – diese Art modellhaften Tierverhaltens stellt eine ziemlich direkte Analogie dar, wenigstens im Vergleich zu den abstrakteren Analogien und Metaphern, die sich manchmal herausbilden. Einige Denkweisen, die Ozeanographen entwickelt haben, um sich ein Bild von den abrupten Wetterwechseln in Europa zu machen, haben mit Sicherheit die Art und Weise beeinflußt, wie ich über abrupte Stimmungswechsel bei Geisteskrankheiten nachdenke, wenn unglückliche Patienten geradezu in Gewaltausbrüchen explodieren, statt daß sich ihr gewalttätiges Verhalten nach und nach entwickelt, während der Ärger sich aufstaut. Und die Hard- und Software-Probleme bei Computern haben einer ganzen neuen Generation von Neurologen unverbrauchte Möglichkeiten eröffnet, auch über verschiedene andere Arten von Gehirnstörungen nachzudenken.

Die Protowissenschaft und unsere moderne Wissenschaft unterscheiden sich auf grundlegende Weise. Wie der Biologe Mahlon B. Hoagland bemerkte, ist die moderne Wissenschaft »die natürliche Suche nach Erklärungen in uns selbst und in unserer Umgebung. Sie ist der Prozeß, mittels Entdeckung und Erklärung anhand einfacher Gesetze das verständlich zu machen, was bis dahin ein dunkles – und oft erschreckendes – Mysterium war.« Die Protowissenschaft hingegen mag gerade daran mitgewirkt haben, statt dessen Mysterien zu *erschaffen*, Geheimnisse zu bewahren, statt sie anderen zu erklären. Auf einigen Gebieten kommt es gegenwärtig zu einer postmodernen Umkehr: Mangels ausreichender öffentlicher Finanzierung wird die biologische Grundlagenforschung von Biotechnologie-Unternehmen privatisiert. Neue Erkenntnisse werden unter Verschluß gehalten, statt im öffentlichen Interesse verbreitet und allgemein diskutiert zu werden, wie es bislang bei der Grundlagenforschung akademische Tradition war.

Abrupte Klimawechsel bringen mich wieder darauf, warum damals, ehe die Schrift erfunden wurde, Rituale wahrscheinlich für die Protowissenschaft so wichtig waren. Wenn zum Beispiel Regenfälle ausfielen, müssen frühe Völker innerhalb nur weniger Jahre (in einigen Fällen bestimmt weniger als eine Dekade), in große Schwierigkeiten gekommen sein. Die Bevölkerungsdichte brach mit Sicherheit zusammen. Wissen, das nur im Besitz weniger Menschen war, ging verloren, weil sie alle starben, bevor sie Nachfolger darin unterweisen konnten. Die Überlebenden mögen vielleicht nicht mehr gewußt haben, daß sich jene Sonnenwend-Peillinien für die Vorhersage von Eklipsen eigneten. Sie haben vielleicht nur noch gewußt, daß der religiöse Ritus von ihnen die Beobachtung der Sonne und des Mondes verlangte.

Und das könnte genügt haben, daß irgend jemand die Eklipsen-Vorhersage wiederentdecken konnte. Das Ritual an sich könnte die meisten der Elemente enthalten haben, die man für die Vorhersage braucht. Der neue Sonnenpriester könnte die Regeln auf etwas andere Weise neu formuliert haben als seine verstorbenen Vorgänger und so von einer Vorwarn-Methode zu einer anderen übergegangen sein. Aber die priesterliche Macht, die sich auf erfolgreiche Eklipsen-Vorwarnung stützte, mag zur Wiedereinsetzung einer Priesterschaft geführt haben, die großen Einfluß auf ganze Stämme ausübte, und es ihr sogar ermöglicht haben, mit Geschichten von ihrem Einfluß über Sonne und Mond Feinde abzuschrecken. Vor dem Lesen und dem Schreiben waren es die Rituale und das Geschichtenerzählen, die die abstrakteren Aspekte der Kultur weitergaben.

Der Gipfel eines Berges erlegt einem eigenartige Beschränkungen auf: Während man sich ihm nähert, wird die Wahl der Möglichkeiten, wo man als nächstes seinen Fuß hinsetzt, immer beschränkter. Wenn man oben ankommt, bleibt man stehen, einfach weil man nicht mehr weitergehen kann. Am Gipfel kann man weiter sehen und neue Perspektiven erlangen – aber um zu jenen Orten zu gelangen, muß man zunächst ein ganzes Stück seinen Weg zurückgehen.

Aus dem Grand Canyon hinaufzuklettern, stellt ein gutes Bild für den Aufstieg der Wissenschaft dar. Erreicht man das Ende des Weges, der die steilen Klippen hinaufführt, kann man in der Tat weiter sehen – aber der schmale Pfad öffnet sich zugleich auf ein weites Plateau hinaus. Es ist ein leicht zugängliches Land voller Gelegenheiten, mit vielen neuen Möglichkeiten für den nächsten Schritt.

Es ist ein Kennzeichen heutiger Ignoranz zu glauben, daß wir zunehmend klüger geworden sind . . . Wer kann beurteilen, ob die Aufgabe, ein Problem ohne die Segnungen eines hochentwickelten Bestands von Methoden und Informationen anzugehen, nicht weit größere intellektuelle Kraft und Originalitat erforderte, als man [heute] braucht, um sich im Rahmen etablierter Disziplinen sicher von Problem zu Problem zu hangeln? Die prähistorische, die frühgeschichtliche und auch die mittelalterliche Wissenschaft standen vor solch einer Aufgabe.

Der Historiker Thomas Goldstein, 1980

Anmerkungen und Literaturhinweise

Zunächst möchte ich mich bei allen Lesern der südlichen Hemisphäre dafür entschuldigen, daß meine Beschreibungen der Ausrichtungen von Sonne und Mond von einem Beobachtungsstandpunkt der nördlichen Hemisphäre ausgehen. In den Tropen, auch denen der nördlichen Hemisphäre, werden die Leser ebenfalls wissen, daß meine Beschreibungen des Sonnenlaufs über dem Himmel zu bestimmten Jahreszeiten keine allgemeine Gültigkeit beanspruchen können. Die meisten Leser außerhalb der nördlichen gemäßigten Zonen werden jedoch, vermute ich, die für ihre Verhältnisse wichtigen Verschiebungen mit größerer Verläßlichkeit vornehmen können als der Autor, was zu meinem Entschluß führte, diese Probleme als »Übungen für den Leser« offen zu lassen.

Ich möchte Robert Euler, Donald Keller, Dabney Ford und Astrida Blukis Onat für anthropologische Beratung danken; Blanche Graubard, Leslie Meredith und Katherine Graubard für redaktionelle Vorschläge; Laurance Doyle, John DuBois und Woody Sullivan für archäoastronomische Anregungen; Larry Stevens für den vorbereitenden fotografischen Überblick über Cardenas und den Mitgliedern der Cardenas-Sonnenwend-Expedition (Jack Bunn, John und Jim DuBois, Alan Fisk-Williams, Katherine Graubard, Karen Kepler, Lynn Lively) für ihre umfassende Hilfe. Dem Tiefbauarchitekten Malcolm Wells ist es zu verdanken, daß meine Beschreibungen in nützliche Illustrationen verwandelt wurden.

1. Christoph Kolumbus, Zaubermeister

Seite

16 Brian Brewer, *Eclipse*, 2. Aufl. (Earth View, Seattle, 1991), S. 21. Teilw. Nachdr. in: F. Richard Stephenson, »Computer Dating«, *Natural History* 96(1):24-29 Januar 1987)

17 Der Vollmond am 29. Februar 1504 war 103 Minuten lang zum Teil verfinstert, dann 48 Minuten lang total, dann dauerte es nochmals 103 Minuten, bis er wieder ganz zum Vorschein gekom-

men war. Zur Mitte der Eklipse stand er über 4°N Breite und 7°W Länge. Nach: J. Meeus und H. Mücke, *Canon of Lunar Eclipses −2202 to +2526* (Astronomisches Büro, Wien, 1979). Dies impliziert, daß in Jamaica die Eklipse kurz vor Sonnenuntergang/Mondaufgang begann.

23 Was hinter der Regel *post hoc, ergo propter hoc* steckt, steht im Kapitel »Aplysia« meines Buches, *The Throwing Madonna* (Bantam, 1991).

23 Elman R. Service, *The Hunters* (Prentice-Hall, 1966).

2. Wie funktioniert Stonehenge?

30 Aubrey Burl, *The Stonehenge People* (Dent, 1987), S. 4

34 Zum Supranaturalismums der Jäger-Sammler siehe Service, S. 65.

38 Hekataios zitiert nach dem sizilianischen Historiker Diodorus, um 44 v. Chr.

39 R. J. C. Atkinson »Decoder misled?« *Nature* 210 : 1302 (1966).

39 Gerald S. Hawkins und John B. White, *Stonehenge Decoded* (Dell, 1965).

40 Gerald S. Hawkins, »Stonehenge Decoded«, *Nature* 200 : 306–308 (1963); Fred Hoyle, *On Stonehenge* (Freeman, 1977); H. C. Hostetter, in: *Archeoastronomy* 4 : 29–30 (1981); C. A. Newham, *The Astronomical Signficance of Stonehenge* (John Blackburn, 1972); eine Besprechung findet sich in: Douglas C. Heggie, *Megalithic Science: Ancient Mathematics and Astronomy in North-west Europ*e (Thames and Hudson, 1981), S. 101-104. Bei Hoyle findet sich ein ausgezeichneter Anhang über die Geometrie. Hawkins' Methode der 56 Löcher ist eigentlich ein Vorwarnungs-Schema und weniger ein Countdown; seine »Eklipsenzeiten« beruhen genauso auf der Erkenntnis, daß jeder sechste Vollmond eine Tendenz zur Eklipse hat, wie mein Abzählen in Sechserschritten, und die 56 Löcher dienen dazu, die Bewegung der kritischen Positionen des Vollmond-Aufgangs am Horizont abzuzählen.

41 Anthony F. Aveni, *Skywatchers of Ancient Mexico*. University of Texas Press. Harvey M. Bricker und Victoria R. Bricker, »Classic Maya prediction of solar eclipses«, *Current Anthropology* 24(1) : 1–24 (Februar 1983).

43 Zur Datierung der Weihnachts-Supernova siehe: Nigel Henbest, »New stars for old«, in: *New Scientist*, S. 764 (18.–25. Dezember 1980).

48 In neuerer Mathematik gebildete Leser werden die »geballte Faust«

als ein *modulo-6*-Schema erkennen; Digitalcomputer bedienen sich der Schemata *modulo-8* (»oktal«) und *modulo-16* (»hexadezimal«) zur internen Berechnung und übersetzen dann das Ergebnis ins Dezimalsystem.

50 Alison Jolly, »The evolution of purpose«, in: *Machiavellian Intelligence*, hrsg. v. Richard W. Byrne und Andrew Whiten (Clarendon Press, 1988), S. 363–378.

3. Die verfinsterte Sonne, durchs heilige Blatt gesehen

54 Einmal habe ich auch eine Beinahe-Verfinsterung nahe des Sonnenuntergangs gesehen: Zu einer Sonnenfinsternis kam es nicht, aber man konnte den Schatten des Mondes in der Atmosphäre sehen, der am Horizont begann und sich ein wenig weitete, bevor er den Zenit erreichte. Dieser Schattenkegel war an der Ostküste der USA bei Neumond Anfang Februar 1989 beinahe eine halbe Stunde lang zu sehen; einen Monat später kam es zu einer partiellen Solareklipse, die mittags an der Westküste zu sehen war.

57 Pueblo-Stämme benutzen in Kivas Kristalle, um das durch das Rauchloch eintretende Licht zu reflektieren: A. M. Stephen, *Hopi Journal of Alexander M. Stephen*, hrsg. v. E. C. Parsons, *Columbia University Contributions to Anthropology* 23 : 959–962 (1936).

61 Der »Scheinwerfer« des Delicate Arch ist einen Monat vor und nach der Sommersonnenwende zu sehen, immer wenn der Azimut der Sonne *293, 5*° übersteigt und ihre Höhe mehr als 3,0° beträgt; beim ersten Auftauchen steht der Lichtfleck ziemlich hoch am stämmigen Pfeiler des Delicate Arch nördlich des Redner-Podests. Näher zur Sonnenwende hin beginnt er von unterhalb des Pfeilers zum Redner-Podest empor zu wandern. Genau zur Sonnenwende liegt der Ausgangspunkt tief unterhalb des Pfeilers (etwa so viel, wie der Bogen hoch ist).

66 Robert C. Euler, George J. Gumerman, Thor N. V. Karlstrom, Jeffrey S. Dean und Richard H. Hevly, »The Colorado plateau: Cultural dynamics and paleoenvironment«, *Science* 205 : 1089–1101 (14. September 1979). Und Jeffrey S. Dean, Robert C. Euler, George J. Gumerman, Fred Plog, Richard H. Hevly und Thor N. V. Karlstrom, »Human behavior, demography and paleoenvironment on the Colorado Plateau«, *American Antiquity* 50 : 537–554 (1985).

68 Ray A. Williamson, *Living the Sky: The Cosmos of the American Indian* (Houghton Mifflin, 1984).

68 Die Geschichte vom »Sonnendolch« des Chaco Canyon ist zu-

sammengefaßt in: Anna Sofaer, Rolf M. Sinclair und L. E. Doggett, »Lunar markings on Fajada Butte, Chaco Canyon, New Mexico«, in: *Archaeoastronomy in the New World*, hrsg. v. A. F. Aveni (Cambridge University Press, 1982), S. 169–181; was die Berücksichtigung der Sonne allein angeht, siehe: A. Sofaer, V. Zinser und R. M. Sinclair, »A unique solar marking construct«, *Science* 206:283–291 (1979). Williamson (1984) bringt einen Kommentar und vergleicht mit einem anderen Anasazi-»Sonnendolch« in Hovenweap. Einige Zweifel an der Interpretation von Sofaer et al. formulierten Michael Zeilik, *Science* 228:1311–1313 (1985) und Jonathan E. Reyman, *Science* 229:817 (1985).

68 J. C. Brandt, S. P. Maran, R. Williamson, R. S. Harrington, C. Cochran, M. Kennedy, W. J. Kennedy und V. D. Chamberlain, »Possible rock art records of the Crab nebula supernova in the western United States«, in: *Archaeoastronomy in Pre-Columbian America*, hrsg. v. A. F. Aveni (University of Texas Press, 1975), S. 45–48. Ein Foto des Piktogramms vom Chaco Canyon findet sich in: Carl Sagan, *Cosmos,* S. 232. Der erste Bericht aus dem Gebiet östlich des Grand Canyon war: William C. Miller, »Two possible astronomical pictrographs found in northern Arizona«, *Plateau* (Museum of Northern Arizona) 27(4):6–13 (1955).

68 Zu den Anasazi als Astronomen siehe: John A. Eddy, »Archaeoastronomy in North America: Cliffs, mounds, and medicine wheels«, Kapitel 4 in: *In Search of Ancient Astronomies*, hrsg. v. E. C. Krupp (Doubleday, 1978) und Williamson (1984). Wegen weiterer Felsenwohnungen und Kunstwerke der Anasazi siehe Prestons Entdeckungen in: *Arizona Highways*, S. 22–25 (Februar 1983).

4. Von oben nach unten und umgekehrt: Ansichten aus dem Grand Canyon

71 Pamela Hansford Johnson, *The Unspeakable Skipton (Scribner's 1981).*

74 D. W. Schwartz, R. C. Chapman und J. Kepp, *Archaeology of the Grand Canyon: Walhalla Plateau* (School of American Research Press, Santa Fe, 1980–81).

74 Zum Monsun siehe Arthur M. Phillips III, »And then came the rains: Wildflowers in response to climate«, in: *Plateau* 58(3):3–7 (1987) .

80 Der richtige Zeitpunkt zur Messung des Schattens ist der Moment, wenn das Zentrum der Sonne in einer Linie mit dem Him-

melshorizont liegt; in Kenntnis der Paralaxe und der atmosphärischen Lichtbeugung (die sich auf mehr als einen Sonnen/Mond-Durchmesser nahe des Horizonts summieren kann) wird ein heutiger Beobachter eher den Punkt benutzen wollen, wo die Unterkante der Sonne einen halben Durchmesser über dem Horizont steht. Zu dem Zeitpunkt, da die Sonne auf dem Horizont aufsitzt, ist sie gemessen an der wahren Horizontalen bereits untergegangen.

81 Der Astronom Gerald Hawkins kam auf die Regel »Mondaufgang kurz vor Sonnenuntergang«, während er in Stonehenge auf eine Mondfinsternis wartete (vgl. *Stonehenge Decoded*, S. 146), und weist darauf hin, daß man die Stunde der Eklipse anhand der abnehmenden Intervalle zwischen Mondaufgang und Sonnenuntergang an den Abenden, die dem Vollmondaufgang vorausgehen, vorhersagen könnte. Meine Regel »mehr als ein paar Durchmesser« bedarf einiger Erklärungen. Bei der Mondfinsternis vom 6. August 1990 stand die Oberkante des Mondes bei 1,8°, als die Unterkante der Sonne auf dem westlichen Horizont stand; acht Stunden später begann die Eklipse, kurz vor Monduntergang. Im Winter, wenn der Vollmond doppelt so lang wie im Sommer oberhalb des Horizonts sein kann, braucht man einen größeren Bereich als vier Durchmesser. Aber »mehr als drei bis vier Durchmesser« sollten ausreichen, um Mondeklipsen auszuschließen, die sich vor Mitternacht ereignen würden; dann sähen nur noch solch hingebungsvolle Beobachter, die die ganze Nacht aufblieben, die gelegentlichen Überraschungen.

82 Die Regel der geraden Linie gilt nicht fur Eklipsen, die sich in den Stunden vor der Morgendämmerung ereignen werden; während der Nacht bewegt sich der Mond weit genug auf seiner Umlaufbahn, um die Winkel um etwa acht Monddurchmesser zu verschieben. Am Abend der Mondfinsternis vom 6. August 1990, die in Seattle nur in den Stunden kurz vor Sonnenaufgang zu sehen war, ging der Mond zum Beispiel am Himmelshorizont bei einem Azimut von *119, 2*° auf, und sieben Minuten später ging die Sonne am entgegengesetzten Himmelshorizont bei *295,6*° unter (so daß das Zentrum des Schattenkegels bei *115,6*° lag, ungefahr 3,6° nördlich vom Mondaufgang). Simultane Messungen aber, etwa jene mit Silberstreifen und Schattenlinien, hätten eine Differenz von 4,9° für die meiste Zeit zwischen Mondaufgang und Sonnenuntergang ergeben. Wenn Differenzen von zehn Durchmessern auftreten, wird es meistens zu keiner Eklipse komnzen.

82 Bei einer bevorstehenden Eklipse ist es oft der Fall daß der Mond

bei seinem Aufgang schon im Halbschatten steht und bereits weniger Sonnenlicht bekommt, das auch noch großenteils durch die Erdatmosphäre gefiltert wird. Daher kann der Mond rötlicher als gewöhnlich aussehen.

87 Kriterium des Beobachters: Wenn zum Beispiel der aufgehende Mond symmetrisch hinter dem Sonnenpriester positioniert wird, sollte die untergehende Sonne symmetrisch hinter dem Mondpriester positioniert werden. Man kann sich entweder der Oberkante oder der Unterkante am Horizont bedienen, solange beide Beobachter dieselbe Regel anwenden; man beachte, daß die Abschätzungen nicht simultan vorgenommen werden, sondern erst der Mondaufgang, und dann, wenn er sich ereignet, der Sonnenuntergang beobachtet wird.

Wenn die Horizonte wirklich flach sind (das heißt, dem Himmelshorizont rechtwinklig zur Vertikalen entsprechen), müssen beide Beobachter dieselben Regeln anwenden. Wenn aber der östliche Horizont ein wenig erhöht ist, wird sich der Mondaufgang etwas südöstlich der eigentlichen Position ereignen; ähnlich verschiebt sich bei einem erhöhten westlichen Horizont der Sonnenuntergangs-Winkel nach Südwesten, wodurch es zu einem abknickenden Winkel statt einer geraden Linie zwischen Mondaufgang und Sonnenuntergang kommt. Eine Möglichkeit, einen Höhenunterschied von 0,5° zu korrigieren (das entspricht annähernd dem Durchmesser von Sonne und Mond), besteht darin, das erste Aufleuchten des Mondes zu berücksichtigen (die Oberkante), die Sonne jedoch dann, wenn sie mit ihrer Unterkante auf dem Horizont sitzt.

Für größere Höhendifferenzen (bei unveränderlichem Beobachtungsstandpunkt, etwa einer hohen Mesa) können zwei Beobachter ein Korrekturverfahren entwickeln, indem sie ein wenig laterale Asymmetrie einführen. Zum Beispiel könnte der Mondpriester sich selbst so positionieren, daß die Nordseite des aufgehenden Mondes die Südseite des Sonnenpriesters berührt, als würde der Mond in einem L eingerahmt. Dann schaut der Sonnenpriester, ob die untergehende Sonne die Südseite des Mondpriesters berührt, um ein weiteres L zu bilden. Wenn sie weit genug auseinanderstehen, wird dieser Sonne-Mond-Winkel knapp 180° betragen; rücken sie näher zusammen, wird sich der Winkel bis auf 175° reduzieren und so weiter. So könnte sich eine Tradition ausbilden, in einer ganz bestimmten Entfernung voneinander zu stehen, um einen Korrekturwinkel zu etablieren, der für die lokale Eklipsen-Vorhersage funktioniert. Das ist nichts, worauf man zufällig stoßen könnte, wenn man anfanglich die Methode der geraden Linie entdeckt; ein Stamm aber, der von seinem ursprünglichen Wohnort in eine andere Ebene oder auf eine andere Mesa umzieht, könnte herausfinden, daß mit ein paar kleinen Veränderungen die ursprüngliche symmetrische Methode auch hier korrekt funktioniert. Solange der Horizont nicht gleichförmig erhöht ist (wie ich es für die Wälle und Gräben bei den Megalith-Monumenten postuliere), muß die Korrektur mit den jahreszeitlichen Veränderungen in der Sonnenuntergangs-Richtung variieren.

87 E. C. Parsons, *Pueblo Indian Religion* (University of Chicago Press, 1939), S. 86, 181.

87 Florence H. Ellis, in: *Archaeoastronomy in Pre-Columbian America*, hrsg. v. Anthony F. Aveni (University of Texas Press, 1975), S. 82–83 .

88 Einige Eklipsen-Methoden erwähnte ich erstmals (wenn auch ziemlich kryptisch in einer Anmerkung, die ich erst im Umbruch einfügte) in: *Der Strom, der bergauf fließt. Eine Reise durch die Evolution* (Carl Hanser Verlag, München 1994), S. 160.

92 Horizont-Kalender in: Williamson (1984) und Stephen C. McCluskey, »Historical archaeoastronomy: The Hopi example«, in: *Archaeoastronomy in the New World*, hrsg. v. A. F. Aveni (Cambridge University Press, 1982), S. 31–57.

5. Der Blick aus einer Anasazi-Höhle

97 Jacob Bronowski, *The Origins of Knowledge and Imagination* (Yale University Press, Vorlesung 1967, veröffentlicht 1978), S. 9

99 Eine der ganz großen Fehlbenennungen bei Affen ist auch auf die Voreingenommenheit in Sachen Höhlenmenschen zurückzuführen. Die lateinische Bezeichnung für den gemeinen Schimpansen ist *Pan troglodytes*. Schimpansen und Bonobos (»Pygmäenschimpanse«, Pan paniscus) sind sicherlich von allen heute lebenden Affen die vielseitigsten, aber es ist *niemals* beobachtet worden, daß sie in einer Höhle lebten, ausgenommen in einem Zoo. Schlafnester in Bäumen sind schon eher typisch für sie. Es gibt auch einige Vögel mit dem Artennamen Troglodytes, diese leben jedoch wirklich in Löchern oder Höhlen.

100 Typische Themen der Höhlenkunst: Der Anthropologe Dale Guthrie in einem Referat an der University of Washington (17. Februar 1988).

109 Messungen mit dem Geologenkompaß können für sich allein

nicht als ausreichender Beweis gelten; aufgrund des Eisenanteils im Sandstein kann es immer zu magnetischen Anomalien kommen, und in der Hand gehaltene Instrumente sind nicht so genau wie die auf stabile Gestelle montierten. Der beste Beweis ist ein Foto des Sonnenauf- oder -untergangs, das man am zu untersuchenden Ort macht; wenn man zur Zeit der Wintersonnenwende den Ort nicht aufsuchen kann (die steilen Abstiege ins Anasazi-Valley können im Winter gefahrlich vereist sein), kann man einen Theodoliten (ein hochpräzises Winkelmeßgerät für große Entfernungen in der Vermessungstechnik) benutzen, um die Winkel zu messen, und das Bild der Sonne kann als Referenzrichtung für die Messungen der Ecken genommen werden (die Umrechnungen auf Azimut und Höhe zu einem gegebenen Zeitpunkt sind einfach zu bewerkstelligen). Unglücklicherweise kann man aufgrund jener schattenspendenden Überhänge die Sonne im Sommer an vielen Stätten nicht sehen. An Plätzen mit freierer Sicht, etwa im Chaco, habe ich den Sonnenstand genommen, um Abweichungen aufgrund lokaler magnetischer Anomalien zu korrigieren, indem ich den Geologenkompaß auf einer waagerechten Fläche (eine nivellierte Plastikplatte auf einem Kamerastativ) aus der Sonnenrichtung (ermittelt aus Berechnungen anhand von Breite, Länge und Zeit) in die Richtung der Peillinie drehte und die abgelesenen magnetischen Differenzen benutzte, um daraus auf den Azimut zu schließen. Angesichts der späteren Erfolge bei Sonnenwend-Ausrichtungen von Kivas müßten die unkorrigierten Messungen mit dem Geologenkompaß im Anasazi Valley recht genau gewesen sein.

115 Das Dach des Perfect Kiva ist nicht ganz im Onginalzustand; Archäologen mußten es reparieren. Und vermutlich haben sie es verstärkt, um es vor törichten Besuchern zu schützen. Vor vielen Jahrzehnten ritt eine große Touristengruppe zu Pferd das Anasazi Valley hinunter, »und alle 40 Leute stellten sich zugleich auf das Perfect Kiva, um ein Gruppenfoto machen zu lasen. Das ein Jahrtausend alte Dach zerbrach.«

116 Aussichten auf Sonnenauf- und -untergang am Perfect Kiva: Obwohl Fotos der Wintersonnenwende die beste Möglichkeit darstellen, die aus den Messungen mit dem Geologenkompaß resultierenden Unsicherheiten abzuklären, muß man auch daran denken, daß die Neigung der Erdachse in den vergangenen 1000 Jahren etwas abgenommen hat, ungefahr 0,1° (ein Fünftel Sonnendurchmesser). Die Schätzungen sind genau genug um sie »passend zu machen«, wobei man zweckmäßigerweise von einer be-

stimmten Annahme ausgeht, was die Anasazi wohl als ihren Meßpunkt nahmen. Den »ersten Strahl« der Oberkante? Den Anblick der Unterkante? Oder hübsch in eine Ecke geschmiegt? Letzteres ist mir erst später, im Chaco Canyon, eingefallen, aber die Sonne steht so hoch am Himmel (15°), wenn sie hinter den Stufen am Honzont aufgeht, daß die Methode, sie in voller Sicht unten und links einzurahmen, am Perfect Kiva nicht funktionieren würde. Man muß sich eines verdeckenden Rahmens bedienen, und das Horizontmerkmal bei 135° scheint sich hervorragend für diesen Zweck zu eignen.

118 Beispiele für Pfosten oder Säulen als Vordergrund-Drehpunkte für Peilungen: Der Heel Stone in Stonehenge ist vielleicht das bekannteste Beispiel hierfür, obwohl tägliche Bewegungen um einen Standard-Anblick herum in der Literatur über die Megalith-Monumente nur selten erwähnt werden. Hinsichtlich der Anasazi sei verwiesen auf die Untersuchung von Michael Zeilik und Richard Elston, »Wijiji at Chaco Canyon: A Winter Solstice Sunrise and Sunset Station«, in: Archaeoastronomy 6:66–73 (1983); zusammengefaßt in: Ray A. Williamson, Living the Sky: *The Cosmos of the American Indian* (Houghton Mifflin, 1984). Vermutungen über nivellierte Sonnenuntergangs-Peilungen anhand der Inseln vor der Küste des neolithischen Schottland schließen explizit die Vorstellung täglicher Seitwärtsschritte ein: A. Thom und A. S. Thom, in: *In Search of Ancient Astronomies,* hrsg. v. E. C. Krupp (Doubleday, 1977), S. 55–65.

6. Peilungen nach irgendwo

121 Elman R. Service, *The Hunters* (Prentice Hall 1966), S. 68

132 »Zu viele Kivas«: Einst nannte man alle runden unterirdischen Räume »Kiva«, aber inzwischen ist klar, daß 1. einige Kivas auch rechteckig waren und überirdisch lagen (etwa an der Turkey-Pen-Ruine) und 2. es sich bei einigen runden Fundamenten nicht um Kivas im Pueblo-Sinn eines Zeremonialraums oder Versammlungshauses handelt. Kivas haben meistens einen Belüftungsschacht an ihrer Südwand, durch den Luft zu einer Feuerstelle unterhalb der Leiter durch die Dachöffnung geführt wird; üblicherweise gibt es am Fußboden eine Luftleitplatte am Ende des Belüftungsschachts, so daß die Flammen nicht seitwärts in den Raum geblasen werden. Bei runden Räumen ohne diese Merkmale handelte es sich eher um Lagerräume oder ähnliches.

134 Eine solche Wahrscheinlichkeits-Analyse muß man für jede einzelne Stätte anstellen, und das Beispiel im Text basiert auf einer Situation wie in Stonehenge, wo es nach allen Seiten freien Blick gibt. In Betatakin gibt es zum Beispiel nur zwei oder drei deutliche Horizontmerkmale im Westen, die man hätte nehmen können, aber keine Bandbreiten von 60° im Osten wie im Westen, aus denen man auswählen könnte, da der Alkoven nach Süden geht und der Blick auf den südöstlichen wie den südwestlichen Horizont von jedem Standpunkt innerhalb des Alkovens deutlich eingeschränkt ist, so daß die Wahrscheinlichkeit statt 1:120 eher 1:25 beträgt. Im Text erwähne ich auch nicht die Extrempunkte des Mondauf- und -untergangs, die jene 60°-Sektoren meistens um weitere 8° nach jeder Seite vergrößern, wenigstens in den Breitengraden der »Four Corners«.

135 Wenn man auf der Autobahn von Phoenix nach Norden fährt, kommt man zu einer besonders eindrucksvollen Mesa. Schilder am Straßenrand erklären, daß sie »Table Mesa« heißt (also Tafel-Tafel). Ich stelle mir immer vor, daß die vielen Amerikaner mexikanischer Abstammung, die in Anzona leben, sich kaputtlachen, wenn sie dort vorbeifahren; wer auch immer diesen Namen erfunden hat, scheint nicht gewußt zu haben, daß er eine Tautologie produzierte.

138 Velma Garcia-Mason, »Acoma Pueblo«, in: *Handbook of North American Indians,* Bd. 9, hrsg. v. Alfonso Ortiz (Smithsonian, 1979), S. 450–466.

138 Zitiert nach Ward A. Minge, *Acoma: Pueblo in the Sky* (University of New Mexico Press, 1976).

142 Paul R. Ehrlich, *The Machinery of Nature* (Simon and Schuster, 1986), S. 234.

142 Der Unterschied zwischen Hopi und Navajo legt nahe, die zwei Populationen auf Zwillingsraten und andere Merkmale zu untersuchen, die auf eine evolutionäre Spezialisierung entlang des *r-K*-Spektrums schließen lassen, das ich in einem weiteren Buch diskutiere: *The Ascent of Mind: Ice Age Climates and the Evolution of Intelligence* (Bantam, 1990, deutsche Ausgabe in Vorbereitung), Kapitel 6 und 7.

144 Einige Indianerstämme stimmten den Mond- und den Sonnenkalender dadurch aufeinander ab, daß sie alle drei Jahre einen 13. Mond-Monat anhingen (wie es heute noch im jüdischen Kalender gemacht wird). Der beste Beleg dafür findet sich in: Alexander Marshack, »A lunar-solar year calendar stick from North America«, in: American Antiquity 51(1):27–51 (1985).

145 Ruth F. Benedict, *Zuni Mythology*, Bd. 2, S. 66–67 (AMS Press, New York, 1969).

146 R. W. Effland jr., A. T. Jones und R. C. Euler, *The Archaeology of Powell Plateau: Regional Interaction at Grand Canyon* (Grand Canyon Natural History Assocation, monograph 3, 1981).

147 Die Geschichte der Hopi nach: Stephen C. McCluskey, »Historical archaeoastronomy: The Hopi example«, in: *Archaeoastronomy in the New World*, hrsg. v. A. F. Aveni (Cambridge University Press, 1982), S. 31–57.

149 Crow Wing (1925), zitiert nach: McCluskey (1982), S. 38.

7. Im Canyon die Sonne in die Ecke stellen

156 Chris Kincaid (Hrsg.), *Chaco Roads Project, Phase I: A Reappraisal of Prehistoric Roads in the San Juan Basin* (U.S. Departnzent of the Interior, Bureau of Land Management, Albuquerque, 1983). Ich danke der Chaco-Archäologin Dabney Ford für ihren Rat und das mir entgegengebrachte Interesse.

162 Robert H. Lister und Florence C. Lister, Chaco Canyon: *Archaeology and Archaeologists* (University of New Mexico Press, 1981), Abb. 80.

164 Eine Möglichkeit, wie man die Sommersonnenwende akkurat messen kann, fand ich am Nordrand des Grand Canyon: Zur Sommersonnenwende wird die am weit entfernten Honzont aufgehende Sonne von einer Klippe ein paar Kilometer nordöstlich von Cape Royal eingerahmt, wenigstens wenn man am richtigen Platz steht. Der Horizont liegt ziemlich tief, was das Verfahren des *offenen Rahmens* genauso erlaubt wie das des *verdeckenden Rahmens*. Aufgrund der großen Entfernung ist die tägliche Seitwärtsbewegung von erheblichem Ausmaß, sogar nahe des Stillstands. In der Nähe des Sommersonnenwend-Umkehrpunktes gab es einst eine Ruine, aber heute ist dort bloß ein Parkplatz fur die Besucher von Angel's Window.

166 Die perfekte Nord-Süd-Ausrichtung des großen Kiva ist besprochen in: Ray A. Williamson, »Casa Rinconada, a twelfth century Anasazi kiva«, in: *Archaeoastronomy in the New World,* hrsg. v. A. F. Aveni (Cambridge University Press, 1982), S. 205–219.
Trotz der Nord-Süd-Symmetrie stehen die vier großen Säulen, die das Kiva-Dach trugen (welches nicht mehr existiert), in den Richtungen der Sonnenwend-Auf- und -Untergänge, wenigstens bei einem Sonnenstand von ungefahr 15-16° Höhe am Himmel

(vgl. Williamsons Tabelle 1). Dazu möchte ich folgendes anmerken: Wenn es dort ein zentrales Rauchabzugsloch nach Art von Hadrian's Pantheon gab, hätte ein paar Stunden nach der Morgendämmerung ein länglicher Sonnenfleck eine Säule passieren müssen; man kann sich eine Markierung rund um den Pfosten D im Nordwesten vorstellen, über die hinaus der Sonnenfleck niemals kam, wobei die Maximalhöhe beim Sonnenaufgang der Wintersonnenwende erreicht wird (und ähnliches für den Sonnenuntergang am Pfosten A im Nordosten). An den Tagen vor der Sommersonnenwende würde der Sonnenfleck am Pfosten C im Südwesten herabwandern und umkehren, wenn er eine Markierung in derselben Höhe erreichte. Und Gleiches gilt für den Sonnenuntergang am Pfosten B.

167 Die Ja-Nein-Entscheidung bei der Tagundnachtgleiche ist Teil eines allgemeines Meßprinzips, das sich auf alles anwenden läßt, was vorwärts und rückwärts pendelt: Man messe das Objekt, solange es sich schnell bewegt, nicht wenn es sich verlangsamt, um in die andere Richtung umzukehren. Wenn man zum Beispiel die Mittagszeit bestimmen will, zu der die Sonne am höchsten am Himmel steht, sitzt man nicht einfach da und mißt die Längen der kürzer werdenden Schatten und wartet darauf, daß sie wieder länger zu werden beginnen. Statt dessen markiert man den Zeitpunkt, wenn die Sonne Mitte des Vormittags halbhoch steht, und dann markiert man die Zeit am Nachmittag, zu der die Sonne wieder auf dieselbe Höhe zurückgekehrt ist und folglich einen Schatten derselben Länge wie am Vormittag wirft. In der Mitte zwischen diesen beiden Zeiten war Mittag, als die Sonne am höchsten am Himmel stand. Das ist es wahrscheinlich, was die Hopi tun, wenn sie den Sonnenpriester kontrollieren: Sie passen auf, wenn die Sonne ein charakteristisches Horizontmerkmal Wochen vor der Sonnenwende und dann wieder Wochen nach der Sonnenwende passiert, und daher wissen sie, daß in der Mitte zwischen den beiden Daten der genaue Tag der Sonnenwende war. Und man kann nur hoffen, daß ihre Soyal-Feier auch wirklich an jenem Tag abgehalten wurde.

167 Die Sonne in eine Ecke gestellt zu sehen, so daß sie sich mit einer Seite anlehnt und mit der Unterkante auf dem Horizont sitzt, ist ein völlig anderes Kriterium als der erste Sonnenstrahl (die Sonnenoberkante, wie es in den Tabellen der Almanache der Fall ist). Da die Sonne zur Wintersonnenwende entlang einer Linie aufgeht, die um ungefähr 40° gegen den Horizont geneigt ist, bedeutet dies zugleich, daß auch der erste Sonnenstrahl in der Ecke auf-

leuchtet. Das Hauptproblem bei dem Verfahren, den ersten Sonnenstrahl als das Kriterium zu nehmen, besteht darin, daß man im Gegensatz zum Fall eines flachen Horizonts nicht weiß, welchen Teil des Sonnenrands man sieht, bis die Sonne ein bißchen weiter aufgegangen ist und man mehr von ihrem Umfang sehen kann. Das Hauptproblem jenes Verfahrens, die Sonne in einer Ecke einzurahmen, besteht darin, daß man in die voll sichtbare Sonne blicken muß, was ziemlich hell sein kann. Folglich funktioniert diese Rahmungsmethode nur nahe der Horizontalen, wenn die Helligkeit der Sonne durch den überlangen Weg durch die Atmosphäre gedampft wird. In größerer Höhe würde das niemals funktionieren.

8. Ein halber Blick zeigt den Trick

171 Mitglieder des Taos Pueblo zitiert nach: Jeannette Henry, Vine Deloria jr., M. Scott Momaday, Bea Medivine und Alionso Ortiz (Hrsg.), *Indian Voices: The First Convocation of American Indian Scholars* (The Indian Historical Press, San Francisco, 1970), S. 35.

181 Die Perlenhalskette ergäbe auch ein gutes Lineal; was den Weg zum Abzählen eröffnen würde.

182 Die Regel der gleichen Winkel funktioniert nur am Himmelshorizont ganz genau, weil die Sonne am südöstlichen Horizont in einem flacheren Winkel aufgeht als am nordöstlichen; bei einem gleichförmigen Horizont von 5° Höhe beträgt die Maximalabweichung 1° (zwei Sonnen/Mond-Durchmesser entlang des Horizonts). Aber die Veränderungen über Nacht sind oft viel größer als diese Abweichung, und folglich stellen sie den Grenzfaktor zur Bestimmung dar, wie dicht »dicht genug« ist.

185 Auch der Beobachtungspfad muß waagerecht sein; wenn er bergauf und bergab führt, macht er die Vorteile eines erhöhten, aber nivellierten Wallhorizonts zunichte. Ich würde empfehlen, entlang des Beobachtungspfads einen flachen Graben auszuheben, der mit Wasser und etwas Kreide gefüllt wird. Und wenn dann das Wasser verdunstet oder versickert ist, füllt man den Graben mit Steinen bis an die Kreidemarkierung der Hochwasserlinie. Auch die Beobachter müssen immer die gleiche Augenhöhe einhalten (etwa mittels einer Markierung an einer Stange), andernfalls braucht jeder Beobachter seine eigenen Sonnenwend-Markierungen.

187 Was man eigentlich braucht, ist die Symmetrie des Beobachtungs-

pfads zu beiden Seiten der Peillinie auf den Sonnenaufgang der Tagundnachtgleiche, und das entspricht aufgrund des erhöhten Horizonts nicht genau Osten. Wenn man also nach nivellierten Beobachtungspfaden Ausschau hält (und das gilt genauso für die Zimmerwände in Nord-Süd-Richtung, die später angeführt werden), mag man erwarten, sie um ein paar Grad von einer Senkrechten zur Ostrichtung versetzt zu finden. Ohne eine solche Kompensation ergäbe sich jedoch auch nur eine so geringe Abweichung, daß das Fehlen einer solchen Verschiebung ohne Bedeutung ist.

188 Die Methode des Schattenschlitzes ist ebenfalls ungenau, weil sie sich einer Schattenlinie statt des direkten Anblicks der Sonne oder des Monds bedient. Schattenlinien sind unscharf, besonders wenn das Fenster weit entfernt ist; blickt man mit einem Auge nahe der Schattengrenze in Richtung Sonne, beginnt man irgendwann ihren Rand zu sehen; bewegt man sich weiter, kommt nach und nach die ganze Sonne in den Blick. Aufgrund des Sonnendurchmessers von einem halben Grad ist der Halbschatten der Grund, warum jeder ernstzunehmende Vergleich von Kreisbögen so schwierig ist. Obwohl längere Hebelarme theoretisch eine Verbesserung darstellen, vergrößern sie aber auch den Halbschatten. Direkt die Sonne oder den Mond anzupeilen und in einem Rahmen zu positionieren, ist daher wesentlich genauer. Wenn der zur Verfügung stehende Raum es nicht erlaubt, den Kopf auf den Weg des Lichtflecks zu positionieren, kann die Reflexion des Lichtes mittels eines Kristalls einen guten Ersatz darstellen.

188 Fehlende Beweise für Sonnenbeobachtungen aus Kivas: M. Zeilik, in: *Archaeoastronomy* 7:76–81 (1984).

9. Die Sonne als leuchtendes Auge: Wintersonnenwende vom Grund des Grand Canyon aus gesehen

195 Arlette Frigout, »Hopi ceremonial organization«, in: *Handbook of North American Indians,* Bd. 9, hrsg. v. Alfonso Ortiz (Smithsonian, 1979), S. 574.

199 Figürchen aus gespaltenen Weidenzweigen: R. C. Euler und A. P. Olsen, Science 148:368–369 (1965).

200 Mischa Titiev, »Old Orabi: A Study of the Hopi Indians of Third Mesa«, in: *Papers of the Peabody Museum of American Archaeology and Ethnology* (Harvard University), 22(1) (1944).

200 Die Monatsnamen der Hopi werden dargelegt in: S. C. McCluskey (1982), S. 44–46.

203 Da das Perihel gegenwärtig im Januar liegt und die Erde sich dann auf ihrer elliptischen Umlaufbahn schneller bewegt, sind die beiden Halbjahre (von Sonnenwende zu Sonnenwende) eine ungleiche Anzahl von Tagen lang; diese Abweichung stellt zwar eine potentielle Fehlerquelle dar, wirkt sich aber nur in geringem Maß auf die Vorwarnung vor Mondfinsternissen in den Stunden nach Sonnenuntergang aus.

203 Nur solche Horizontpositionen sind relevant, die sich auf das »Sonnenlineal« beziehen lassen; wenn der Vollmond außerhalb der Extrempunkte des Sonnenaufgangs aufgeht, sind Eklipsen unmöglich.

205 Alexander M. Stephen, 1893 in einem Brief an J. Walter Fewkes, zitiert nach McCluskey (1982).

207 D. W. Schwartz, R. C. Chapman und J. Kepp, *Archaeology of the Grand Canyon: Unkar Delta* (School of American Rescarch Press, Santa Fe, 1980–81).

207 Gebetsschreine können in erheblicher Entfernung von Wohnstätten liegen: McCluskey (1982), S. 34.

214 Packratten: Donald F. Hoffmeister, *Mammals of the Grand Canyon* (University of Illinois Press, 1971), S. 137–139.

222 Selbst bei einem Ablesefehler von 0,5 Meter stellt die langhebelige Peillinie von Cardenas noch ein ziemlich gutes, wissenschaftliches Meßinstrument dar: Das entspricht einer Abweichung von 20 Bogensekunden. Und das ohne Metall, bloß als *objet trouvé.*

224 Die früheren Neigungswinkel der Erdachse (die Schieflage) sind anhand Fourierscher Reihen berechnet, die André Berger in *Nature* 269:44–45 (1977) veröffentlichte. Da die Deklination seit der Maximalneigung vor 9500 Jahren um 0,83° abgenommen hat (was 1,38° am Horizont bei 36° Breite entspricht) und da die Ruine 7,4 Meter tiefer liegt als die Beobachtungspositionen entlang des Grats, folgt aus der 3100-Meter-Distanz zum »Fenster«, daß die Wendeposition um 84,5 Meter Richtung Ruine von dem gegenwärtigen Punkt (82,3 Meter von der nächstgelegenen Ruinenecke) verschoben lag. Eingeschlossen sind hierbei auch kleinere Korrekturen der Art, daß frühere Beobachter 0,3 Meter kleiner waren als ich (basierend auf Mesa-Verde-Anasazi) und daß sich die Sonnenwende 1982 zwölf Stunden nach den angestellten Beobachtungen ereignete. Die 82,3 Meter, die entlang des Wanderpfads auf dem Grat gemessen wurden, übertreffen die geradlinige horizontale Distanz um schätzungsweise 3,0 Meter, was darauf schließen läßt, daß der einstige Wendepunkt 5,2 Meter innerhalb der Ruine lag, deren Diagonale 9,2 Meter betragt.

225 Wind und Wetter und der Zerfall der Cardenas-Ruine: Abgesehen vom Wetter beschleunigen heutige Besucher den Verfall; es führt nicht nur ein vielbegangener Wanderpfad an der Ruine vorbei, vielmehr kampieren auch jede Nacht während des Sommers direkt unterhalb ganze Bootsladungen von Flußfahrern. Für einen Ort, an den man nicht mit dem Auto gelangt, hat diese Ruine eine große Menge jährlicher Besucher – ein Grund mehr, warum ihre archäologische Erforschung bald in Angriff genomnwen werden sollte.

225 R. H. Lister und F. C. Lister, *Those Who Came Before* (University of Arizona Press, 1983), S. 16 .

225 Der Wendepunkt aller Wendepunkte: Die Ruinenstätte auf der Spitze des Cardenas Hill kann einfach nur der erste solche Wendepunkt gewesen sein, den man vor 9000 bis 10 000 Jahren herausfand (die genauere Datierung hinge noch davon ab, welcher Teil der Ruine mit dem Wendepunkt korrespondiert – die Südseite, die Mitte und so weiter). Daß man damals wußte, daß es der Wendepunkt aller Wendepunkte ist, wäre eine noch gewagtere Behauptung, die ich gar nicht machen möchte; dann hätten sie schon ein paar tausend Jahre früher hier in der Gegend sein müssen und beobachtet haben, daß sich ihr Winter-Wendepunkt immer weiter nach Nordosten verlagerte, und dann bemerkt haben, daß der Wendepunkt wieder in umgekehrte Richtung zu triften begann, wobei sie ihr Bauwerk an diesem Extrempunkt errichtet hätten.

10. Der lange Aufstieg: Vom Schamanen zum Wissenschaftler

227 James Clerk Maxwell, zitiert in: *The Science* (Juli 1986), S. 9

234 Richard W. Wrangham und Jane Goodall, »Chimpanzee use of medicinal leaves«, in: *Understanding Chimpanzees,* hrsg. v. Heltne und Linda A. Marquardt (Harvard University Press, 1989), S. 22–37.

235 »Respekt« durch neue Verhaltensweisen zu verschaffen: Jane Goodall, *Wilde Schimpansen. Verhaltensforschung am Gombe-Strom* (Rowohlt, Reinbek 1991).

235 Hierarchien bei den weiblichen Schimpansen: Frans de Waal, *Chimpanzee Politics: Power and Sex Among the Apes* (Harper and Row, 1982). Vgl. auch Goodall (1991) und Toshisada Nishida, »Social interactions between resident and immigrant female chimpanzees«, in: *Understanding Chimpanzees* (1989), S. 68-89. Zur Frage

der »Affensprache« siehe: Sue Savage-Rumbaugh, »Language acquisition in a nonhuman species: Implications for the innateness debate«, in: *Developmental Psychobiology* 23 : 599–620 (1990).

240 Goethe: aus einem Notizbuch, veröffentlicht als »Naturwissenschaftliche Sprüche g« (*Schriften der Goethe-Gesellschaft* 8,245), und aus *Erfinden und Entdecken,* Sophien-Ausgabe, II. Abteilung, 11. Band, 1. Teil, S. 259.

241 Frans de Waal, *Wilde Diplomaten. Versöhnung und Entspannungspolitik bei Affen und Menschen* (Carl Hanser Verlag, München 1989).

241 Mahlon B. Hoagland, *The Roots of Life* (Houghton Mifflin, 1977), S. VIII.

244 Thomas Goldstein, *Dawn of Modern Science* (Houghton Mifflin, 1980).

Abbildungsverzeichnis

Über den Autor

Nach ersten Versuchen mit dem Fotojournalismus und der Elektrotechnik studierte William Howard Calvin an der North Western University Physik (B.A. 1961) und verbrachte dann ein Jahr am Massachusetts Institute of Technology, wo er die frische Luft einer neuen Forschungsrichtung atmete, die zur Neurowissenschaft werden sollte. Danach ging er an die University of Washington in Seattle, wo er unter Charles F. Stevens arbeitete und 1966 mit dem Ph. D. in Physiologie und Biophysik abschloß. Die nächsten 20 Jahre verbrachte er am anderen Ende desselben Gebäudes im Department of Neurological Surgery, wo er nicht nur seine akademische Ausbildung vollendete, sondern auch mit seinen theoretischen wie praktischen Arbeiten über repetitive Feuermechanismen von Neuronen ein Zuhause fand. 1978/79 verbrachte er ein Jahr als Gastprofessor an der Hebrew University in Jerusalem. Anschließend verlagerten sich seine Interessen auf theoretische Fragen hinsichtlich der Ensembleeigenschaften von neuralen Schaltkreisen und der Großhirnentwicklung in der Hominidenevolution. Nachdem er Bücher zu schreiben begonnen hatte und nach und nach die Honorare flossen, nahm er immer öfter unbezahlten Urlaub, hörte auf, Forschungsstipendien zu beantragen, und legte Verantwortlichkeiten zurück. Freunde aus der Psychologie, Zoologie, Archäologie und physischen Anthropologie leisteten ihm wacker Beistand, als er in den achtziger Jahren in ihren Disziplinen herumzustochern anfing (dieses Buch über Archäoastronomie ist ein Ergebnis solcher Bemühungen). Seit einigen Jahren ist er nun Fakultätsmitglied des Department of Psychiatry and Behavioral Sciences an der University of Washington, wo er sich abermals weiterbildete (allerdings ist er jetzt genauso wenig Psychiater, wie er früher Neurochirurg war). Interessierte Leser können eine aktualisierte Fassung dieser Odyssee eines Neurophysiologen im Datennetz finden: Der vollständige Text vieler seiner Aufsätze und ein Kapitel aus jedem seiner Bücher (sowie Abbildungen für Buchbesprechungen) finden sich unter **http: //weber.u.washington.edu/~wcalvin/** sowie unter **http: //www.well.com/user/wcalvin/.**

Register